PALOMAA
PUBLISHING

Für Jolle und für alle anderen, von denen etwas bleibt

Laura Letschert &
Julia Felicitas Allmann

BYE

Wir sprechen von Tod, Abschied und dem, was bleibt

PALOMAA
PUBLISHING

Alle Inhalte, Hinweise, Ratschläge und Übungen in diesem Buch sind von den Autorinnen sorgfältig geprüft worden. Sie ersetzen jedoch nicht die persönliche Begleitung und Abklärung durch behandelnde Ärzt:innen, Therapeut:innen oder Trauerbegleitungen. Bitte wende dich bei allen medizinischen Auffälligkeiten oder unklaren Symptomen direkt an deine Ärzt:innen oder Therapeut:innen. Dies schließt körperliche sowie seelische beziehungsweise mentale Symptome mit ein. Eine Haftung vonseiten der Autorinnen oder des Verlages wird ausdrücklich ausgeschlossen. Bitte beachte hierzu auch den wichtigen Hinweis zu Beginn des Buches.

1. Auflage März 2024
www.palomaapublishing.de
Umschlag: Julie Ann Tarr, Düsseldorf
Layout und Satz: Katja Rub, Leipzig
Verlag: Palomaa Publishing, Leipzig
Herstellung: BoD – Books on Demand, Norderstedt

ISBN Softcover: 978-3-949598-10-4
Dieses Buch ist auch als eBook erschienen unter der ISBN: 978-3-949598-11-1

Foto Julia Felicitas Allmann & Laura Letschert (S. 15) sowie Foto Julia Felicitas Allmann (S. 288) und Foto Laura Letschert (S. 289): Sandra Socha Fotografie, Foto Holger Scharf (S. 191): Holger Scharf, Foto Johanna Klug (S. 241): Hendrik Nix, Foto Alexa von Heyden (S. 11): Juliane Dunkel-Bakx, alle weiteren Bildrechte bei Laura Letschert

Bibliografische Information der Deutschen Nationalbibliothek:
Die Deutsche Nationalbibliothek verzeichnet diese Publikation in der Deutschen Nationalbibliografie; detaillierte bibliografische Daten sind im Internet über http://dnb.d-nb.de abrufbar.

Wichtiger Hinweis:
In diesem Buch geht es um verschiedene Gesichtspunkte von Tod, Sterben und Trauer. Wir möchten dich zu Beginn darauf hinweisen, dass dieses Buch dadurch auch sehr sensible Inhalte – zum Beispiel zu Themen wie Verlust des eigenen Kindes, Suizid oder Sterbehilfe – enthält, die dich möglicherweise belasten oder triggern können. Bitte sei achtsam mit dir selbst, wenn du dieses Buch liest und hole dir (professionelle) Unterstützung, wenn du mit den Inhalten nicht allein sein möchtest. Im Anhang findest du Adressen verschiedener Anlaufstellen, beispielsweise zu akuten Hilfsangeboten bei suizidalen Gedanken oder psychischen Belastungen.

INHALT

Vorwort von Alexa von Heyden

Eine meiner frühesten Kindheitserinnerungen ist die Trauerfeier für meinen Vater. Er hatte sich im Alter von 38 Jahren das Leben genommen.

Zusammen mit meiner Mutter und meinen Geschwistern saß ich in der ersten Reihe in einer schmucklosen Kirche mit niedriger Decke und schaute auf den Sarg aus hellem Holz. Ich drehte mich um und sah in das verweinte Gesicht meiner Tante. Ich war fünf Jahre alt und verstand nicht, was es bedeutet, dass mein Vater „tot" ist. Er hatte doch gerade noch mit mir im Pool gespielt.

Nach der Trauerfeier lief der Pfarrer hinter meiner Mutter her und rief: „Beruhigen Sie sich doch." Aber meine Mutter beruhigte sich nicht. Sie war verzweifelt, weinte wochenlang, manchmal aus dem Nichts im Supermarkt an der Kasse oder einfach so beim Autofahren, wenn ein bestimmtes Lied im Radio lief. Die Menschen um uns herum gaben ihr Tipps, was sie machen könnte, um wieder fröhlicher zu werden: Sport treiben, einen Kuchen backen, Urlaub am Meer verbringen oder sich eine entspannende Massage gönnen. Sie verstanden nicht: Die Trauer um meinen Vater gehörte nun zu unserem Leben. Man konnte sie nicht wegmassieren.

Weihnachten schauten wir uns gemeinsam die Fotoalben an, die mein Vater liebevoll für uns gebastelt hatte, während seine Asche im Meer längst für immer verschwunden war. Meine Brüder und meine Schwester weinten. Ich weinte nie. Mich machte diese melancholische Stimmung bei uns zu Hause wütend. Er hatte uns doch verlassen und meiner Mutter eine Million D-Mark Schulden hinterlassen: Warum auch nur eine Träne an ihn verschwenden? Hätte er ein Grab gehabt, hätte ich den Grabstein umgetreten, ganz sicher.

Ich musste erst lernen, meine Trauer zuzulassen. In der Schule schämte ich mich für das, was in unserer Familie geschehen war. Ich kannte niemanden, der etwas Ähnliches erlebt hatte, wollte nicht als verrückt gelten und verlangte mir deshalb Gefühlskälte ab. Erst als ich zur Uni ging, war ich in der Lage, mich emotional auf jemanden einzulassen. Vorher datete ich nur Jungs, deren Verlust ich verkraften konnte oder von denen ich wusste, dass sie mich irgendwann ohnehin verlassen würden. Zu Gast bei vermeintlich „perfekten" Familien mit Vater und Mutter saß ich mit am Esstisch und fühlte mich wie ein Alien, das eine andere Spezies beobachtet, so fremd war mir das alles.

Weder in der Schule noch im Fernsehen oder auf öffentlichen Plätzen gab es einen Raum, in dem über das Sterben gesprochen wurde. Hätte es schon damals Bücher wie „BYE" gegeben, hätte mich das persönlich ermutigt, offen über unsere Geschichte zu sprechen und den Verlust meines Vaters nicht als Stigma, sondern als Teil des Lebens zu begreifen.

Nur in meinem eigenen Buch „Hinter dem Blau" traute ich mich, über meine Erfahrungen als Kind zu schreiben. Nach der Veröffentlichung hatte ich große Angst, dass ich nie wieder einen Job als Redakteurin bei einem coolen Magazin finden würde. Ich ahnte nicht, was ich mit der Veröffentlichung auslöste. Das Buch stand wochenlang auf der *Spiegel*-Bestseller-Liste und an meiner Tür klingelten Menschen, die mir mit bebender Stimme gestanden: „Ich habe das noch nie jemandem erzählt, aber mir ist das Gleiche passiert." Wir umarmten uns, eigentlich fremd und doch so vertraut durch die Abschiede, die wir erlebt hatten.

Durch eine eigene Lebenskrise mit anschließender Langzeittherapie fand ich schließlich einen Zugang zu meiner

Trauer, aber auch zu meiner jahrelang unterdrückten Wut. Ich war nicht nur sauer auf meinen Vater, sondern auch darauf, wie ablehnend und schockiert die Gesellschaft auf sein Schicksal und damit auch auf mich als seine Tochter reagierte. Erst nachdem ich mich mit der Krankheit meines Vaters auseinandergesetzt hatte, konnte ich Frieden mit ihm und seinem Tod schließen. Ich machte ihm keine Vorwürfe mehr, dass er uns verlassen hat.

Im Gegenteil: Ich erkannte, wie viel Mitgefühl und Liebe in mir steckt und dass mein Trauma, ihn so früh verloren zu haben, meine Superpower ist. Ich stelle mir diese Energie wie ein Leuchten in meinem Inneren vor. Wenn ich dem nachspüre, kann ich fühlen, wie warm und großzügig diese Kraft ist.

Der Tod und die Trauer haben mich und meinen Blick auf das Leben also geprägt. Aber nicht nur negativ. Der Tod nimmt viel, aber er lässt immer auch etwas zurück. Er trennt, schafft aber auch neue Verbindungen. Ich weiß, dass sich unser Leben von der einen Minute auf die andere ändern kann. Und wie hilflos wir uns fühlen, wenn wir einen Verlust erleben.

Irgendwo habe ich mal gelesen, dass die Trauer im Laufe eines Lebens nicht weniger wird, man aber lernt, ihr Gewicht zu tragen. Nachdem ich so viele positive Rückmeldungen zu meinem Engagement gegen die Stigmatisierung von Trauer und psychischen Krankheiten bekommen hatte, erkannte ich: Das Gewicht fühlt sich nach einem Austausch mit anderen Menschen leichter an. So als würde man einen Bierkasten nicht allein, sondern zu zweit tragen.

Ich habe meinen Vater verloren, meine Großeltern, meine Tante, meine Schwägerin und ein ungeborenes Kind. Während ich diese Zeilen schreibe, macht sich meine Familie für den nächsten Impact bereit. Schneller als uns allen lieb ist, werde ich wieder ein Paar dieser Hände sein, das auffangen muss. Was ich weiß: Ich schaffe das, denn ich habe meine Superpower trainiert, seitdem ich fünf Jahre alt bin. Auch wenn das niemals über den Verlust meines Vaters hinwegtröstet: Ich trage diese Kraft heute mit Stolz, denn sie befähigt mich, anderen gegenüber nicht sprachlos zu sein, sondern für sie da zu sein und sie fest in den Arm zu nehmen.

In diesem Sinne wünsche ich dir als Leser:in die Zuversicht, dass du nach der Lektüre von „BYE“ nicht traurig bist, sondern erfüllt von den Geschichten der Protagonist:innen und bestärkt darin zu akzeptieren, dass Abschiede von geliebten Menschen oder Lebewesen unveränderbare Bestandteile des Lebens sind. Auch deines eigenen. Seitdem ich mir meiner Sterblichkeit bewusst bin, lebe ich jeden Tag unter dem Motto: „Jetzt erst recht!“

Alexa von Heyden

Schön, dass du da bist ...

... und direkt eine Frage zum Start: Wie fühlst du dich, wenn du an den Tod denkst?

Wenn es dir geht wie den meisten Menschen, dann drehst du dem Thema im ersten Impuls lieber den Rücken zu – aus Unsicherheit, Angst, Schmerz und Sorge. Dabei ist die einzige Gewissheit im Leben, dass wir alle irgendwann Abschied nehmen: von geliebten Menschen, von Lebensabschnitten oder vom Leben selbst.

Deshalb ist es mutig von dir, dass du unser Buch „BYE“ in den Händen hältst. Denn es zeigt, dass du bereit bist, gesellschaftliche und innere Tabus aufzubrechen und dich traust, auf eine besondere Entdeckungsreise zu gehen. Egal, ob du das Buch zufällig entdeckt hast, ob du gerade einen geliebten Menschen verloren hast, ob du in deinem privaten oder beruflichen Umfeld mit dem Tod konfrontiert bist oder ob dieses Buch dich dabei begleitet, selbst Abschied zu nehmen. Dafür wirst du auf den folgenden Seiten Menschen kennenlernen, die dem Sterben und der Trauer auf ganz unterschiedliche Weise begegnet sind und die sehr offen und persönlich davon erzählen. Ihre Geschichten sind sehr bewegend, doch keinesfalls nur traurig. Es sind auch Geschichten vom Leben, von der Liebe und von dem, was wirklich zählt. Es sind Geschichten, die Trost und Kraft schenken und uns einladen, ungeschönt und gleichzeitig liebevoll auf unser jetziges Leben zu blicken. Dazu gibt es kleine Impulse von uns Autorinnen, die wir – oft inspiriert durch die Erfahrungen mit unseren Gesprächspartner:innen – für dich formuliert haben, und drei Gedankenräume, um innezuhalten und nachzuspüren, was du auf dieser Reise erlebst.

All die Eindrücke in diesem Buch hinterlassen Spuren in dir, vielleicht werden sie dich sogar verändern – so, wie es die meisten guten Reisen tun. All das sacken zu lassen und zu verarbeiten, kann auch anstrengend sein, manchmal sogar aufreibend. Sei dir selbst also ein:e liebevolle:r Reisebegleiter:in, bestimme dein eigenes Tempo, lege Pausen ein und achte auf dich. Vielleicht tut es auch gut, dir zwischendurch die Frage zu stellen: Wie kannst du dir das Reisen so leicht und schön wie möglich machen? Da dieses Buch keine chronologische Aneinanderreihung ist, kannst du es auch immer wieder zuklappen und zur Seite legen, die einzelnen Gespräche mit Abstand lesen oder dich ganz bewusst für ein Kapitel entscheiden, dessen Überschrift dich in diesem Moment anspricht. Vielleicht möchtest du es auch mit jemandem gemeinsam lesen. All das ist möglich und wichtig.

Gleichzeitig ist dieses Buch eine Einladung, dir bewusst Zeit für dich zu nehmen, dich treiben zu lassen und Raum für etwas „Serendipity“ zu geben – also für die Offenheit, dass dir abseits des Weges etwas begegnet, nach dem du gar nicht suchst. So passiert es, dass aus dem kurzen Vorbeischauen einer Freundin ein tiefes Gespräch entsteht, weil „BYE“ auf deinem Couchtisch liegt. Vielleicht wird bei dir ein ganz bestimmter Satz hängenbleiben, der ab sofort ein Anker in deinem Alltag ist. Oder du entwickelt ein ganz neues Interesse für etwas, das dir bis zu diesem Tag noch nie aufgefallen ist.

Wenn wir uns etwas für dich wünschen dürfen, dann ist es also, dass du von konkreten Erwartungen oder Vorhaben loslässt und dich überraschen lässt. Immer in dem Vertrauen: Es kann nichts Schlimmes passieren, wenn du in die Welt rund um Abschied und Sterben eintauchst – und im besten Fall sogar etwas sehr Wertvolles für dich entstehen.

Mit dieser Intention haben wir drei besondere Kapitel – sogenannte Gedankenräume – für dich kreiert. Sie sind eine schöne Gelegenheit, deine Erfahrungen, deine Erkenntnisse und auch Veränderungen auf deiner bisherigen Entdeckungsreise zu reflektieren. Somit wartet vor dem ersten Gespräch ein kurzes Gedankenexperiment, das wir dann in der Mitte und zum Ende des

Buches gemeinsam fortführen. Mehr wollen wir dir an dieser Stelle gar nicht verraten, sondern dich, wie oben beschrieben, einladen, dich einfach überraschen zu lassen.

Warum es für uns beide so wichtig ist, dieses Buch in die Welt zu bringen

Die Idee für dieses Buch entstand, als wir nach einem schönen Abendessen in Köln noch zusammen auf der Couch saßen: Ich, Laura, erzählte Julia von meinem Wunsch, ein Buch von unserer Endlichkeit zu schreiben und damit gleichzeitig auch etwas vom Leben zu erzählen. Doch ich war unsicher, ob ich jetzt schon dafür bereit wäre und außerdem wusste ich nicht, wie es funktioniert, ein Buch zu schreiben.

Ich, Julia, war von der Idee sofort begeistert und ermutigte Laura, sie einfach umzusetzen – oder sie mit mir zusammen anzugehen. Ich hätte mich damals noch nicht getraut, mich dem Thema in dieser Intensität allein zu widmen, hatte aber bereits zwei Bücher geschrieben und konnte mein Wissen und meine Erfahrung als Autorin beisteuern. Ich wollte die Audio- und Video-Aufnahmen der Gespräche, die Laura führt, gemeinsam mit ihr in ein Buch verwandeln.

Also starteten auch wir in eine abenteuerliche Reise und seitdem ist dieses Buch ein großer Teil unseres Alltags. Trotz Elternzeit, beruflichem Neuanfang und räumlicher Distanz zwischen Köln und Barcelona haben wir es geschafft, unser Vorhaben zu verwirklichen: Wir haben recherchiert und in Videokonferenzen diskutiert, wir haben Ideen gesammelt, viel geschrieben und Inhalte wieder umgeworfen. Wir haben mitgefiebert, uns gegenseitig bestärkt und uns Halt gegeben. Wir haben miteinander gelacht und ganz viel über unsere Leben und über das Sterben gesprochen. Dabei waren wir unendlich froh, all das gemeinsam zu machen – denn ja, die Gespräche und die Entstehung dieses Buchs haben definitiv etwas mit uns gemacht und sie haben uns noch einmal viel näher zusammengebracht.

Und obwohl wir von so unterschiedlichen Ausgangspunkten in dieses Abenteuer gestartet sind, spürten wir beide von Anfang an den gleichen inneren Auftrag und die damit verbundene gesellschaftliche Relevanz: Wir wollen die Themen Tod und Sterben enttabuisieren, wir wollen sie trotz der Gefühle von Schwere, Traurigkeit und Schmerz, die immer wieder aufkommen, mehr in unseren Alltag integrieren und nicht in einer angestaubten Kiste wegsperren.

Und wir wollen sie modern, zeitgemäß und zukunftsfähig angehen: im Inhalt, in der Art und Weise, in der Sprache und auch im Design. Dabei sollte aus diesem Buch kein Trauerratgeber werden, sondern ein Buch, das uns alle erreichen und bereichern kann, einfach, weil der Tod uns alle etwas angeht. Dabei ist uns wichtig, all das mit Respekt, Achtsamkeit und Ernsthaftigkeit zu machen, genauso wie mit einer neugierigen Haltung, mit Leichtigkeit und mit Humor. Denn „BYE" sollte von Anfang an ein lebensbejahendes Buch sein, das voller Chancen steckt. Jetzt, wo wir das Buch endlich in den Händen halten, glauben wir, dass diese Vision aufgegangen ist.

Was wir dir zu den Gesprächen mit auf den Weg geben möchten

Uns ist bewusst, welche große Verantwortung wir tragen, den persönlichen und berührenden Geschichten in diesem Buch einen angemessenen und wertschätzenden Rahmen zu geben. Wir möchten den 16 Menschen, die uns in ihr Leben lassen und uns ihr Vertrauen schenken, ein gutes Gefühl geben und wir hoffen, dass sie glücklich und vielleicht sogar stolz sind, ein Teil dieses Buchs zu sein. Wir sind auf ganz unterschiedliche Weise auf diese Menschen gestoßen. Einige kannten wir bereits persönlich, andere wurden uns als wertvolle Gesprächspartner:innen vorgeschlagen und nach manchen haben wir gezielt gesucht. Wir folgten bei der Auswahl unserer Intuition, unserer Neugierde und den Fragen, die uns selbst beschäftigen, wenn wir uns mit unserer Endlichkeit konfrontieren und uns ihr gleichzeitig annähern wollen. Wir blicken also in den Gesprächen auf vielfältige Aspekte – ohne dass wir damit eine Vollständigkeit erzielen möchten oder können. Es ging uns außerdem nie darum, in diesem Buch die schwerstmöglichen Schicksalsschläge zu erzählen oder eine Art Ranking zu schaffen, wer wirklich berechtigt ist, von Tod und Verlust zu sprechen – denn das kann und darf jede:r einzelne von uns. Wir alle haben unsere eigene, wertvolle Lebensgeschichte, die sich im Laufe dessen immer neu erzählen lässt, bis wir irgendwann selbst als Sterbende Abschied nehmen.

Du wirst sehen, dass die Gespräche keinem festen Muster oder vorgegebenen Fragenkatalog folgen, es sind echte, persönliche Dialoge. Deswegen haben wir uns entschieden, die Texte so authentisch wie möglich zu lassen und sie gleichzeitig in gut lesbare Kapitel zu verwandeln. Dazu haben wir die wörtlichen Transkripte bearbeitet, einiges weggelassen, lose Gedankenfetzen flüssiger formuliert und auch mal spätere Nachträge an sinnvollen Stellen eingefügt – natürlich alles in Abstimmung mit unseren Gesprächspartner:innen.

Wie du siehst, gendern wir in unseren Texten. In den Gesprächen haben wir die Formulierungen allerdings so beibehalten, wie sie von der jeweiligen Person benutzt wurden. Außerdem haben wir die Antworten von Laura in den Interviews für dieses Buch oft stark gekürzt, da die Protagonist:innen im Fokus stehen sollen. Trotzdem spürst du hoffentlich, dass es keine Frage-Antwort-Interviews sind, sondern ein lebendiger, sehr persönlicher Austausch, in den auch Laura viel von sich selbst gesteckt hat und der sich für dich im besten Fall so anfühlt, als würdest du ebenfalls mit am Tisch im Café oder auf der Parkbank sitzen.

Was wir an dieser Stelle in den Vordergrund rücken möchten: Dass sich diese Menschen so für uns öffnen, ist ein großes Geschenk. Sie teilen ihre Geschichten und somit an vielen Stellen ihre persönliche Meinung zu diversen Themen. Sie geben keine glattgebügelten Antworten oder hochglanzpolierten Statements, sondern sie zeigen sich echt. Dabei kann es gut sein, dass du manche Dinge anders siehst und das ist völlig okay, ja sogar wertvoll, denn aus dieser Reibung kann etwas überraschend Gutes entstehen. Wir möchten dich deswegen ermutigen, offen für all diese Perspektiven zu sein und deine Bewertungen auch mal zu hinterfragen, wenn du an einer Stelle direkt widersprechen möchtest. Wir wissen, das ist manchmal gar nicht so leicht, aber was helfen kann, ist – neben ein bisschen Abstand – die Frage: Was genau stört mich an dieser Aussage – und warum?

Und wir sollten uns bei allem Gesagten immer bewusst machen, dass es sich um Momentaufnahmen handelt. Zum Zeitpunkt des (digitalen) Treffens waren es genau diese Gefühle, Eindrücke und Erinnerungen, die unsere Protagonist:innen beschäftigten. Wenn du dieses Buch liest, kann es schon wieder ganz anders in ihrem Leben aussehen oder sie würden eine Frage aus einem veränderten Blickwinkel heraus beantworten. Andere führen ihr Leben vielleicht auf eine andere Weise, sind in ihrer Trauer oder persönlichen Entwicklung bereits in einer neuen Phase.

Was wir dir zu den Impulsen mit auf den Weg geben möchten

Zwischen den Gesprächen gibt es kürzere Kapitel mit Impulsen von uns beiden, die du dir wie kleine Inseln vorstellen kannst. Inseln, um eine Pause zwischen den berührenden Gesprächen einzulegen, innezuhalten, zu träumen, dich inspirieren zu lassen und um dich an das zu erinnern, was in diesem Augenblick oder in dieser Phase deines Lebens wesentlich für dich ist. In diesen Texten teilen wir mit dir persönliche Gedanken und Fragen, die durch die Gespräche in uns aufgekommen sind oder die uns grundsätzlich im Leben bewegen – besonders, wenn wir an unsere eigene Endlichkeit denken. Mal nachdenklich, mal ermutigend, mal poetisch, mal lustig und immer ehrlich und frei aus unserem Herzen heraus.

Vielleicht kannst du in diesen Kapiteln für dich verlorene Schätze wiederfinden, neue entdecken und diese mit in deinen Alltag nehmen. Und so wie jedes der Gespräche stehen auch die Impulse für sich allein und du kannst sie losgelöst vom Rest des Buchs lesen, wann und so oft du willst.

Hilfestellungen und Inspirationen für dich

Du findest im Anhang dieses Buchs Seiten mit Hilfestellungen, falls du merkst, dass du sie zu bestimmten Themen benötigst. Außerdem haben wir für dich Adressen von Verbänden, Initiativen, Anbieter:innen von Beratungen, Apps, Magazinen etc. zusammengestellt, die uns im Entstehungsprozess und in unserer Recherche begegnet sind und die wir toll finden – was auch bedeutet, dass diese Liste nur ein kleiner Ausschnitt von großartigen Angeboten darstellt. Denn es gibt zum großen Glück so viele Menschen, die Personen liebevoll beim Sterben begleiten, die die Themen Tod und Abschied für jede:n zugänglich machen oder die Trauernde in ihrem individuellen Prozess unterstützen, die moderne und persönliche Bestattungen anbieten, Erinnerungsworkshops für Angehörige gestalten oder die alles dafür tun, um Sterbenden ihre letzten Wünsche zu erfüllen.

Wir freuen uns, wenn wir dir so weitere Anhaltspunkte, Ideen und Inspirationen mitgeben können, die dir helfen, die deine Neugierde erneut wecken und die Lust machen, deine Entdeckungsreise weiter fortzuführen.

Wir wünschen dir eine wunderbare Zeit beim Lesen.

Alles Liebe
Julia & Laura

GEDANKENRAUM – TEIL 1

Die Themen Tod und Sterben sind häufig unsere ungeliebten, manchmal sogar gefürchteten Rumpelkammern – oder zumindest eine Ecke oder Schublade zu Hause, vor der wir am liebsten schnell die Augen verschließen würden. Wir machen sie immer nur kurz auf, um etwas Neues darin zu verstauen, mit dem wir gerade nichts anfangen können – oder nichts anfangen wollen. Erst einmal ist es schön, sich selbst überhaupt einzugestehen, dass es diese Zimmer und Ecken gibt und dass genau das völlig okay ist. Und für uns alle ist es mit Sicherheit auch immer wieder ein befreiender Reminder, dass sie uns alle einen, dass jede:r von uns ein solches Zimmer oder eine solche Ecke hat. Wir brauchen sie also nicht zu verstecken – vor allem nicht vor unseren engsten Vertrauten oder vor uns selbst.

Das Gemeine an diesen Zimmern und Schubladen aber ist: Auch wenn wir die Tür schließen oder sie unters Bett schieben, bleiben sie immer da und sind unterschwellig präsent. Manchmal erinnern wir uns nur im Vorbeigehen an sie, an manchen Tagen spüren wir sie intensiv und sie belasten uns. Und dann wollen wir uns selbst beruhigen, indem wir sagen: „Irgendwann schau ich mir das mal an und bringe das in Ordnung, aber jetzt nicht." Dabei brauchen wir dafür gar keinen riesigen Masterplan, sondern wenn wir einfach loslegen und dranbleiben, dann geht es voran, manchmal kommen wir sogar in einen echten Flow. Denn wir machen uns den Berg Arbeit in unserem Kopf oft vorher größer, als er tatsächlich ist. Und genauso machen wir auch die negativen Gedanken, Vorurteile, Ängste oder Befürchtungen zum Thema Tod oft größer und stellen sie uns bedrohlicher vor als sie vielleicht nachher für uns sind, wenn wir uns auf sie einlassen und sie uns überhaupt einmal richtig anschauen. Alles andere wird sich Schritt für Schritt ergeben. Und das Gute ist: Wir können die Tür dieser Kammer zu jeder Zeit wieder schließen oder an ihr vorbeigehen, wenn uns nicht nach ihr ist oder wir gerade keine Kraft haben, uns um sie zu kümmern. Die Tür darf jederzeit geschlossen sein – doch von nun an können wir gut mit ihr unter einem Dach leben.

Außerdem ist so eine Rumpelkammer kein einmaliges Projekt, das man einmal fertigstellt, sondern etwas, das immer mal wieder unsere Aufmerksamkeit und Zeit braucht – wie die meisten Dinge im Leben. Vielleicht wird es mit der Zeit sogar möglich, die eigentlich ätzende Rumpelkammer in einem neuen Licht zu betrachten und neu einzurichten – sodass ein Raum entsteht, um den wir uns zukünftig auch mit mehr Liebe und Sorgsamkeit kümmern wollen.

Ohne zu wissen, was sich am Ende dieses Buches in deiner Rumpelkammer verändert haben wird, entweder nur durch das Lesen oder weil du bewusst etwas in deinem Denken oder Handeln verändert hast, lass uns jetzt mit diesem ersten Schritt anfangen – zusammen geht das ja bekanntlich leichter. Wir verschaffen dir einen ersten Überblick.

Erstbegehung deiner Rumpelkammer

Nimm dir dafür gern einen Augenblick Ruhe und, wenn du möchtest, auch etwas zum Schreiben zur Hand. Dann schließe die Augen und atme vor dem Start dieses kleinen Experiments ein paar Mal tief durch.

ERSTER SCHRITT: Erstelle eine Art Mind Map. Dazu notierst oder malst du zu folgender Frage alles auf, was in dir aufkommt – völlig ungeordnet und ganz wertfrei, direkt ehrlich aus dem Bauch heraus.

Welche Assoziationen kommen dir in den Sinn, wenn du folgende Begriffe liest? Welche Gedanken, Gefühle, Bilder und Empfindungen entstehen?

- Tod
- Meine Endlichkeit
- Abschied
- Sterben

ZWEITER SCHRITT: Sieh dir das Aufgeschriebene oder Aufgemalte an, betrachte es gern mal aus etwas Distanz, zum Beispiel im Stehen. Nimm eine Metaebene ein und stelle dir vor, es wären die Notizen von einer fremden Person.

Was kannst du anhand der Wörter und Zeichnungen von dieser Person und ihrem Raum erfahren? Was siehst du, was nimmst du wahr, was ist besonders sichtbar oder auffällig? Steht etwas besonders im Vordergrund? Welche Aussagen, Fragen, Gefühle sind besonders spürbar? Vielleicht findest du sogar eine Überschrift für das entstandene Werk?

DRITTER SCHRITT: Bewege dich kurz durch, suche dir vielleicht einen neuen Platz im Raum, um wieder deine eigene Sicht einzunehmen.

Welche wesentlichen Erkenntnisse hast du aus diesem kleinen Perspektivwechsel gewonnen?

Welche Intention darf dich beim Lesen dieses Buches und bei der Begegnung mit Tod, Abschied und Sterben begleiten, weil sie dir guttun wird und dir immer wieder Halt gibt?

Notiere dir deine Intention gern auf einem Post-it oder einem Lesezeichen, um es dir ins Buch zu heften und dich selbst immer wieder an diese Intention zu erinnern. Du kannst sie natürlich jederzeit verändern, wenn und wann du möchtest.

Lege deine Aufzeichnungen jetzt zur Seite – du brauchst sie erst für den zweiten Teil unseres Experiments wieder. Nimm dir einen Moment, um diese Übung nachwirken zu lassen und tue dir noch etwas Gutes.

Wie war dieses Gedankenexperiment für dich? „Spannend, schwer mich darauf einzulassen, aufwühlend, hat Spaß gemacht, ungewohnt ...“ Egal, was deine Antwort ist: Schön, dass du dich darauf eingelassen hast und den ersten Schritt gegangen bist.

DR. SYLVIA BRATHUHN

„Es gibt diesen Silberfaden zwischen uns, der für immer bleibt."

Als Philosophie-Dozentin lehrt und diskutiert sie über existenzielle Fragen, als Intensivkrankenschwester arbeitete sie früher an der Grenze zwischen Leben und Tod. Auch persönlich hat Dr. Sylvia Brathuhn (*1957) schon erlebt, wie endlich das Leben ist: Ihre Mutter starb früh, sie selbst erkrankte zweimal an Krebs. Außerdem engagiert sie sich vielseitig, sie war unter anderem vier Jahre Bundesvorsitzende der Frauenselbsthilfe Krebs und ist Mitherausgeberin von „Leidfaden – Fachmagazin für Krisen, Leid, Trauer". Im Gespräch erklärt sie, warum der Tod immer plötzlich und unerwartet kommt, wieso wir Menschen so sehr mit der Endlichkeit hadern und wie bei diesen schweren Themen auch Leichtigkeit möglich ist.

Frau Dr. Brathuhn, mit unserem Buch möchten wir die Menschen einladen, ins Gespräch zu kommen. Was wäre für Sie persönlich ein passender, schöner Ort oder auch ein Wohlfühlort, um von Tod und Sterben zu sprechen?
Ich habe gerade gestern einen solchen Gesprächsort erlebt: mit einer Freundin im Saunagarten. Wir lagen dort eingemummelt in unsere Handtücher und sprachen über den Tod. Wie es ist, wenn man selbst gerade gar nicht davon betroffen ist und darüber spricht – und wie es ist, wenn man davon betroffen ist und darüber spricht. Über diese Unterschiede. Es war ein sehr schönes Gespräch und ein sehr schöner Ort dafür. Darüber hinaus ist jeder Ort geeignet, wenn der Mensch, der mir gegenübersitzt, diesen Raum eröffnet und der Augenblick stimmt. Dann kann es auch die Bahnhofshalle oder eine Parkbank sein.

Es hängt also stark von den Menschen ab, die sich begegnen. War es mit Ihrer Freundin eine Gesprächssituation, in der diese Themen zufällig aufkamen, oder wollten Sie in diesem Moment explizit mit ihr etwas besprechen oder ansprechen?
Es ergab sich. Wir lagen dort, guckten in die Wolken und ich erzählte, dass ich mit einer verstorbenen Freundin zuletzt immer Wolkenreisen gemacht habe. Und oft, wenn ich in den Himmel schaue, denke ich daran. So sind wir in dieses Thema hineingekommen. Es war nicht so, dass ich dachte: Wir gehen heute in die Sauna, werden im Garten liegen und jetzt endlich mal vom Tod sprechen – es ergab sich. Es braucht dafür auch die entsprechende Offenheit. Meine Freundin hätte auch einfach sagen können: „Ja, schön." Dann verrinnt der Augenblick und man wendet sich der Frage zu, welcher Saunagang als nächstes folgt. Das tat sie nicht und so ergab sich daraus ein tieferes Gespräch.

Wir lagen dort, guckten in die Wolken und ich erzählte, dass ich mit einer verstorbenen Freundin zuletzt immer Wolkenreisen gemacht habe.

Würden Sie mir verraten, was sich hinter den Wolkenreisen verbirgt?
Wir haben in unserem Wohnzimmer ein riesengroßes Fenster mit einem gemütlichen Kuschelsofa davor. Als meine Freundin schon sehr fortgeschritten in ihrer Erkrankung war, hat

sie viele Stunden auf diesem Sofa verbracht. Sie ist unglaublich gerne gereist, das konnte sie zu diesem Zeitpunkt leider nicht mehr. Dann haben wir irgendwann dort gelegen und ich habe gesagt: „Wie wäre es, wenn wir uns einfach auf eine Wolke setzen und gucken, wohin sie uns treibt?" Dann waren wir in Neuseeland, ohne dass sie oder ich jemals dort gewesen sind. Wir haben bei *Google Earth* geguckt, was es da alles gibt. Wir haben uns einfach auf eine Wolke gesetzt, sind manchmal auch nur in die Eifel geflogen. Wir haben viele Orte aufgesucht, Sehnsuchtsorte und Erinnerungsorte von ihr.

Es gab aber genauso Begegnungen, da hätte ich mir einen Reset-Knopf gewünscht.

Das hat für mich etwas von einem Schatz, den wir als Kinder immer wieder für uns entdecken: Wir geben der Fantasie Raum – weil wir in diesem Alter noch nicht die Mittel und Entscheidungsbefugnis haben, um es wirklich zu tun. Aber wir besuchen die Orte in unserer Fantasie und irgendwie fühlt es sich so an, als wären wir wirklich da.

Ich glaube, dass wir diese Fähigkeit immer in uns haben. Die Fähigkeit der Imagination, sie wird häufig so überlagert durch Routine, Gewohnheit, Alltag und Rationalität. Vielleicht legt sich davon wieder etwas frei, wenn wir dem Tod entgegengehen.

Das ist ein sehr schönes Bild. Dann geht es darum, dass wir diese Hüllen, die wir uns im Laufe des Lebens übergeschmissen haben – häufig als Schutz – wieder freilegen. Und uns dadurch auch verletzlich machen.

Jetzt möchte ich der Frage nachgehen, die sich die Leser:innen bestimmt gerade stellen werden: Wer ist diese beeindruckende Gesprächspartnerin, die mit einer Freundin gerne einen gemütlichen Abend in der Sauna verbringt und die auf ihrem Sofa zuhause eine andere Freundin beim Sterben begleitet hat?

Ich denke jetzt gerade an diesen Satz: „Ich bin, ich weiß nicht, wer. Ich komm, ich weiß nicht, woher. Ich geh, ich weiß nicht, wohin. Mich wundert, dass ich so fröhlich bin." In diesem mittelalterlichen Satz verbergen sich interessante Menschfragen. Also, wer bin ich? Zunächst würde ich sagen, ich bestehe aus vielen Rollen und Facetten. Ich beginne mit der beruflichen Seite: Ich habe 13 Jahre als Intensivkrankenschwester gearbeitet, da bin ich in Hülle und Fülle mit dem Thema Sterben, Tod und Trauer in Begegnung gekommen.

Häufig waren es Begegnungen, die gut waren, bei denen ich sehr zufrieden aus den Gesprächen gekommen bin. Es gab aber genauso Begegnungen, da hätte ich mir einen Reset-Knopf gewünscht. Die ständige Unsicherheit war für mich auch eine Belastung. Man muss sich vorstellen, wir reanimieren drinnen einen Menschen und draußen sitzen die Angehörigen und warten. Dann gehen wir raus und sagen entweder: „Sie können jetzt reinkommen, Ihr Mann, Ihre Mutter, Ihre Tochter ist wieder da.“ Oder: „Es ist uns leider nicht gelungen, sie wiederzubeleben.“ Das waren schon schwere Situationen. Wenngleich mein Berufsleben diesbezüglich über 30 Jahre zurückliegt, bin ich sehr überzeugt, dass es noch exakt die gleichen Situationen geben wird. Das ist die eine Seite, die hat mich viel über das Thema gelehrt.

Haben Sie die Entscheidung für die Intensivmedizin sehr bewusst getroffen oder sind Sie da eher hineingestolpert?

Krankenschwester bin ich eher zufällig geworden – ich hatte überhaupt keine Ahnung, was ich machen sollte. Mein damaliger Freund, der heute mein Mann ist, hatte die Idee. Und ich dachte: „Warum nicht?“ Der Wunsch, dann die Weiterqualifizierung zur Intensivfachschwester zu machen, hatte damit zu tun, dass meine Mutter auf einer Intensivstation verstarb. Sie war 42 und es war ein grässliches Erlebnis. Ich dachte, so darf man nicht mit Angehörigen umgehen. So darf man Sterbende nicht liegen lassen. Es war unsäglich, wie es gelaufen ist. Sie hatte nach einer Gallenblase-OP eine Sepsis bekommen und lag eine Woche auf der Intensivstation. Und dann war sie einfach tot. Es war ganz furchtbar.

Ein sehr einschneidendes Erlebnis. Wie alt waren Sie da?

Ich war 19. Es war eine schreckliche Erfahrung und ich dachte, die hätten anders mit mir umgehen müssen. Meine Mutter wurde nach ihrem Tod auf den Flur geschoben, damit wir sie nochmal sehen können. Sie war nur mit einem Tuch bedeckt. Und nach einer Sepsis sehen Menschen nicht gut aus.

Ich dachte, so darf man nicht mit Angehörigen umgehen. So darf man Sterbende nicht liegen lassen.

Da geht es darum, als Angehörige:r würdevoll Abschied nehmen zu können und als Sterbende:r würdevoll zu sterben. Mensch sein und noch als Mensch gesehen werden – ob als Angehörige:r oder als Sterbende:r.

Was ich denke, was sich Pflegende und Ärzt:innen vor Augen führen müssen: In all den Situationen vorher geht man als Angehörige:r aus dem Krankenhaus raus mit der Gewissheit, dass man wieder zurückkommt. Es ist immer Hoffnung da. Dann plötzlich geht man raus und draußen ist zwar alles unverändert, aber man weiß, dass es das letzte Mal war – man kommt nicht wieder. Außer vielleicht, um Sachen des verstorbenen Menschen abzuholen.

Wenn es auf der Station klingelte, habe ich geguckt, ob jemand anders geht – das kannte ich nicht von mir.

Aus dieser persönlichen schmerzlichen Erfahrung heraus sind Sie bewusst in die Intensivpflege eingestiegen. Und dann?

In der Pflege aufgehört habe ich wieder aus einer sehr einschneidenden Erfahrung heraus, weil ich damals an Krebs erkrankte. Nach meiner ersten metastasierten Krebserkrankung habe ich einfach weitergearbeitet. Dann kam die zweite Erkrankung, wieder ein Rezidiv. Da habe ich gemerkt, dass sich in mir etwas verändert. Ich fühlte, dass ich nicht mehr gut für die Patienten war und sie waren auch nicht mehr gut für mich. Wenn es auf der Station klingelte, habe ich geguckt, ob jemand anders geht – das kannte ich nicht von mir. Dann gab es eines Morgens einen Satz von einem Arzt, der anderthalb Stunden in meinem Kopf herumgeisterte – dann wusste ich: Ich kündige.

Was war das für ein Satz?

Wir hatten freitags einen 42-jährigen Patienten, bei dem eine Not-Operation durchgeführt wurde, es war Bauchspeicheldrüsenkrebs. Mein damaliger Chefarzt sagte: „Wir müssen alles dafür tun, dass dieser Mann noch einmal nach Hause kann, um Abschied zu nehmen und wichtige Dinge zu regeln. Er hat drei Kinder und gerade eine Autowerkstatt eröffnet." So habe ich an dem Wochenende Zwölf-Stunden-Schichten gemacht, um es zu schaffen. Dann stand ich Montagmorgen vor dem Zimmer des Patienten und ein junger Assistenzarzt kam vorbei und fragte: „Habt ihr den noch das ganze Wochenende durchgeschleppt?" Ich bin wirklich nicht auf den Mund gefallen, aber in dem Moment wusste ich einfach nicht, was ich erwidern sollte, und spürte ganz deutlich: Ich ertrage das nicht mehr.
Ich habe in der Abendschule das Abitur nachgemacht und guckte, was ich in der Nähe meines Heimatortes studieren konnte, weil ich damals schon einen siebenjährigen Sohn hatte. Da gab es Pädagogik in Koblenz.

Ich finde das unglaublich, was Sie in dieser Grenzerfahrung der zweiten

Krebserkrankung alles beschlossen und gemeistert haben. Wie kann ein Mensch das annehmen und auch damit umgehen? Wie war Ihnen das möglich?

Bei meiner Erstdiagnose hatte ich metastasierten Schilddrüsenkrebs, da gab es eine große Operation, ein Jahr später fand man ein neues Rezidiv, da musste eine noch größere OP durchgeführt werden, ich wurde auch bestrahlt. Damals hielt ich es für eine ziemliche Unverschämtheit vom Schicksal, ich fand es frech. Ich dachte, ich bin ein guter Mensch, ich bin eine gute Mutter, ich rauche nicht, ich trinke nicht, ich mache Sport – warum bekomme ich Krebs? Meine Einstellung war: Okay, Irrtümer passieren, eigentlich war ich sicher nicht gemeint, aber da muss ich jetzt durch. Ich bin da ziemlich stramm durchgegangen und weiß noch, dass ich während der Bestrahlungen wieder arbeiten ging, weil ich dachte, das bisschen Bestrahlung macht doch nichts.

Bei der zweiten Diagnose war es irgendwie anders. Da merkte ich, ich muss mich damit auseinandersetzen. Ich hatte in dieser Zeit unfassbare Angst, mein Kind nicht aufwachsen zu sehen. Ich erinnere mich an eine Nacht, in der ich das Gefühl hatte, mit Gott einen Deal auszuhandeln und ihn darum zu bitten, dass ich das überleben darf. Dass ich mein Kind aufwachsen sehen darf. Ich habe wirklich gelobt, immer dankbar zu sein und mich dafür zu engagieren – das tue ich ja auch bis heute. Jetzt habe ich einen neuen Deal: Ich will meine drei Enkelmädchen aufwachsen sehen.

Ich bezeichne mich auch als eine Person, die von einer gesunden Zuversicht gekennzeichnet ist. Ich sehe nicht alles im Leben rosarot und optimistisch – und doch bin ich zuversichtlich, dass etwas Gutes auf mich wartet. Auch wenn ich es im aktuellen Moment vielleicht noch nicht sehe. So habe ich erlebt, dass es für mich unfassbar gute Begegnungen gab und dass sich mir Türen öffneten, die ich gar nicht gesucht habe.

Ich hatte in dieser Zeit unfassbare Angst, mein Kind nicht aufwachsen zu sehen.

Welche Tür hat sich durch Ihr Pädagogikstudium für Sie geöffnet?

Ich habe schon hier gemerkt, dass mich eigentlich nur der existenzielle Ansatz wirklich fesselt. Ein Professor ließ immer wieder philosophische Aspekte einfließen und brachte mir zum Beispiel Martin Buber sehr nahe. Zu diesem Professor bin ich immer wieder in die Sprechstunde gegangen – nicht mit einem Anliegen, sondern einfach, um zu reden. Anfangs war er

etwas verwundert, aber später haben wir das über seine Lehrtätigkeit hinaus weitergeführt, ich habe ihn einmal im Quartal besucht, dann sprachen wir über Gott und die Welt.
Ich habe in dieser Zeit ebenfalls angefangen, mich in der *Frauenselbsthilfe Krebs* zu engagieren. Und aus irgendwelchen Gründen bekam ich erste Anfragen, Vorträge zu halten. Ja, und jetzt bin ich seit über 30 Jahren in der *Frauenselbsthilfe Krebs* tätig, eine für mich – bis heute – bereichernde und erfüllende Tätigkeit.
Dann habe ich promoviert, weil ich damals einen beeindruckenden Philosophie-Professor an der Uni hatte, der mich forderte und förderte, mich bis heute sehr geprägt hat und noch immer prägt. Ja, und so sitze ich heute hier.

Um da einmal die Brücke zu schlagen: Wir sprechen heute auch miteinander, weil Sie eine meiner Dozentinnen im Fachbereich Philosophie waren. Ich habe damals bei Ihnen ein Seminar über existenzielle Fragen und existenzielle Philosophie belegt, da hat mich vieles sehr berührt und bewegt – Sie als Mensch und die Fragen, die sich in mir aufgetan haben. Verraten Sie doch bitte, was Ihre persönliche Definition von Philosophie ist?
Für mich persönlich ist Philosophie der Antrieb für eine Suchbewegung, die es mir ermöglicht, Fragen zu stellen, Gegebenheiten in Frage zu stellen und eigene Antwortmöglichkeiten zu finden. In diesem Sinne ist die Philosophie für mich auch eine Möglichkeit, die Welt mit ihren vielen Deutungsmöglichkeiten zumindest in Ansätzen zu verstehen. Gleichzeitig sind die Antworten, die gefunden werden, immer nur von zeitlich begrenzter Gültigkeit und wir müssen wieder von vorne beginnen.

Für mich ist es durchaus hilfreich, mein Leben vom Tod aus zu betrachten.

Sie hatten jahrelang mit dem Tod einen nahen Kontakt in der konkreten Praxis. Wie hat es Ihnen geholfen, durch Ihr Studium und Ihre Promotion an diese Praxis nun philosophische Fragen anzuknüpfen? Und inwiefern kann die Philosophie uns alle in der Auseinandersetzung mit der Endlichkeit unterstützen?
Eine der kantischen Fragen lautet: „Was soll ich tun?“ Sie hat mich zu diesem Zeitpunkt stark beschäftigt. Ich verstand auf einmal, wie die Erfahrung die Theorie befruchtet und die Theorie in die Erfahrung eingeht. Das war ein Kreislauf, der sich mir erschloss. So verstand ich auch ein Stück weit, warum diese Ärzte bei meiner Mutter damals so furchtbar waren. Es hat sich für mich ein Verstehenshorizont eröffnet. Er machte

das Ganze nicht besser, aber wenn ich jetzt lehre, dann geht es nie darum zu sagen: „So und so musst du es machen." Sondern es geht darum, die eigenen persönlichen Bedürfnisse in solchen Situationen zu reflektieren und gleichzeitig Haltungs- und Handlungsmöglichkeiten zu erkennen.
Ein Satz von Montaigne führt uns alle vielleicht auf eine Spur, wie Philosophie uns unterstützen kann: „Philosophieren heißt sterben lernen." Für mich ist es durchaus hilfreich, mein Leben vom Tod aus zu betrachten. Also nicht auf den Tod hin, sondern mich als Sterbende versuchen zu sehen und zumindest in einer Annäherung auf mein bisheriges Leben zu blicken: Womit war ich im Einvernehmen? Was war nicht gut? Wo habe ich nicht so gelebt, wie ich es wollte? Was habe ich unterlassen, obwohl ich es tun wollte? Wo war ich oberflächlich, obwohl Tiefgang gefragt gewesen wäre? So eine Meditation kann immer wieder aufs Neue Kompass für mein Leben sein. Ob das uns schließlich hilft, anders in den Tod zu gehen, wenn es mal so weit ist, bleibt eine große Frage. Doch es kann mich im Hier und Jetzt unterstützen.

Gibt es aus Ihrer Sicht eine philosophische Erklärung, warum der Tod und das Sterben für uns Menschen so beängstigend und gleichzeitig faszinierend sind?

Wir Menschen haben zwar ein Denkwissen darüber, dass wir sterben müssen, auch wenn der Tod „nur" als kleiner, schwarzer Punkt in weiter Ferne sichtbar oder eben unsichtbar ist. Unser Menschsein impliziert gleichzeitig, dass wir auch in die Zukunft denken und Pläne machen können. Nun steht das Wissen um das Sterbenmüssen der Zukunft im Weg. Also versagen wir uns daran zu denken, weil es uns nicht glücklich macht, wie Blaise Pascal sagt, und wir sind – mit den Worten von Sigmund Freud gesprochen – „unbewusste Unsterblichkeitsillusionisten". Das heißt: Wir versuchen, den Tod in jeglicher Hinsicht im täglichen Leben zu umgehen. Wir bauen Häuser, die uns nicht auf den Kopf fallen, wir gehen bei Glatteis sehr vorsichtig und in der Medizin haben wir in vielfacher Hinsicht die Fähigkeit erlangt, Leben zu erhalten, sogar dem Tod zu entreißen. Nicht zuletzt fällt es mir als Mensch schwer, etwas zu verstehen und anzunehmen, das außerhalb meines Verstehens liegt.

Wir versuchen, den Tod in jeglicher Hinsicht im täglichen Leben zu umgehen.

Ich finde es extrem bereichernd, dass Sie diese persönliche Berührung mit dem Tod durch die Erfahrung mit Ih-

rer Mutter und Ihrer eigenen Krebserkrankung, die berufliche Erfahrung und schließlich die philosophische Arbeit miteinander verbinden und dadurch viele Menschen auf so unterschiedliche Weise unterstützen. Gerade ist Ihr neues Buch erschienen: „Wenn das Leben am Tod zerbricht". Wollen Sie mir einen Einblick geben, was die Intention dieses Werkes ist?

Ich wollte in dem Buch viele praktische Inhalte und auch wertvolle Gesprächsauszüge aus meiner Trauerbegleitung veröffentlichen. Ich protokolliere alle meine Begleitungen und manchmal sagen Trauernde etwas, das druckreif ist. So etwas kann man sich gar nicht ausdenken – es fließt aus den Menschen und ihrer Trauer heraus.

Gleichzeitig hatte ich große Lust, in diesem Buch eigene Gedanken und Modelle einfließen zu lassen. Natürlich stehe ich immer auf den Schultern von Anderen, aber ich gebe den Dingen, die Andere in einer Form vorgedacht haben, eine eigene Richtung und Bedeutung. Ich habe ein Modell entwickelt, das „Grundkompetenzenmodell", das ich in diesem Buch beschreibe und das Wissensexpertentum mit „Menschexpertentum" nebeneinanderstellt: Wenn ich als Ärztin einem erkrankten Menschen gegenüberstehe, bin ich ihm mit meinem Fachwissen immer überlegen. Ich bin ihm auch in meiner Position und Rolle (Arzt-Patient-Verhältnis) überlegen. Es ist eine asymmetrische Begegnung. Wenn ich mir dessen bewusst bin, dann weiß ich, dass ich Symmetrie beziehungsweise Augenhöhe erzeugen muss. Ich kann mich nicht nur auf mein Expertentum berufen, denn mir gegenüber steht ein Mensch und dieser befindet sich in einer Notsituation, das muss ich verstehen und entsprechend handeln.

Es sterben in Deutschland 950.000 Menschen pro Jahr – das ist eine Zahl, die wir uns gar nicht vorstellen können.

Ich habe das im Umgang mit Ärzt:innen auch oft erlebt, wir befinden uns als Patient:innen immer in einer Abhängigkeit. Diese Augenhöhe, dass man sich als Mensch begegnet, die gerät oft in den Hintergrund. Deshalb freut es mich persönlich, dass Sie das zu einem zentralen Punkt in Ihrem Buch gemacht haben. Wenn Sie nun zwei bis drei Essenzen aus Ihrem Buch mit mir teilen, welche sind diese?

Das eine ist, wenn wir auf das Thema Trauer eingehen, muss uns klar sein, welche unfassbare Zäsur der Tod bedeutet. Es sterben in Deutschland 950.000 Menschen pro Jahr – das ist eine Zahl, die wir uns gar nicht vorstellen können. Trotzdem kann ich meinen Kaffee weitertrinken und es haut mich nicht um, es ist einfach so. Auch wenn ich daran denke, was es für die einzelnen Angehörigen bedeutet und es mir dadurch näher kommt, bleibt es abstrakt. Eine der Essenzen des Buchs ist, dass wir um das trauern, was wir lieben, und um den, mit dem wir eine Einheit eingegangen sind. Vor dem Tod gab es eine Wir-Welt, die aus einem Ich und einem Du bestand, diese wurde durch den Tod zerrissen. Wenn ich als Ärztin bei einem Verstorbenen am Bett stehe, bin ich vielleicht für einen Moment bewegt, aber ich kann rausgehen und froh sein, dass alles so weitergeht wie bisher. Für denjenigen, der diesen Verlust erlitten hat, geht nichts so weiter wie bisher. Alles ist plötzlich anders.

Doch der letzte Atemzug, der letzte Augenblick, der letzte Herzschlag, der kommt immer plötzlich.

Ich möchte, dass alle Beteiligten verstehen, dass für die Angehörigen eine – ihre – Welt am Tod zerbricht. Und damit meine ich kein unwiderrufliches Zerbrechen, die Welt kann wieder aufgebaut werden. Aber sie wird komplett anders sein, sie wird Narben und Schraffierungen behalten. Als Begleitende werden wir Zeugen eines existenziellen Erlebnisses – und das ist für mich ein großes und bedeutsames Thema.

Als zweites zentrales Thema habe ich in dem Buch über einzelne Begrifflichkeiten reflektiert. Wenn jemand über Monate oder Jahre an Krebs erkrankt und sein Zustand zusehends schlechter wird und derjenige dann verstirbt, sagen Angehörige oft: Wie kann es sein, es kam so plötzlich? Ich höre immer wieder von Ärzt:innen oder Pflegenden, dass sie sich darüber wundern – schließlich haben sie schon so oft darüber geredet. Doch der letzte Atemzug, der letzte Augenblick, der letzte Herzschlag, der kommt immer plötzlich. Es ist ein anderes „plötzlich", als wenn jemand bei einem Autounfall ums Leben kommt, aber es wird beides als plötzlich empfunden. Ich möchte, dass man das akzeptiert und versteht und nicht belächelt.

Um dazu noch eine kleine Anekdote zu erzählen: Ich habe neulich in einem Kurs eine Todesanzeige mitgebracht, in der stand, die liebe Mutter, Oma und Uroma sei mit 98 Jahren plötzlich und unerwartet gestorben. Viele Studierende fanden das etwas übertrieben – doch eine junge Frau meldete sich und erzählte von ihrer Oma, die mit 89 Jahren starb. Auch das sei plötzlich gewesen. Die Enkelin war einmal in der Woche zu ihr gefahren, hat ihr vorgelesen, es gehörte zu ihrem Leben. Und plötzlich konnte sie ihre Oma nicht mehr besuchen. Daran sieht man: Begrifflichkeiten bekommen im Zusammenhang mit dem Tod eine andere Bedeutung.

Die dritte Essenz, die ich mit dem Buch vermitteln möchte, ist es, auf die Sprache der oder des Anderen zu achten. Ich kann in ein Gespräch gehen und einfach alles erzählen, was ich weiß. Aber ich kann auch auf mein Gegenüber eingehen und herausfinden, welche Wörter benutzt sie oder er, welche Auslassungen werden gemacht und welche Umschreibungen genutzt? Da geht es um eine bestimmte Haltung, mit der ich mich den Trauernden annähern möchte, indem ich eben bewusst ihre Bilder und Sprache aufgreife und mit ihnen weiterarbeite.

Wenn ich das so höre, geht es ja bei diesen Essenzen darum, achtsame Begegnungsräume zwischen unterschiedlichen Welten zu schaffen. Wenn ich beispielsweise als zuständige Ärztin zum ersten Mal nach dem Tod eines Patienten auf dich als Angehörige:n treffe, dann bin ich gerade vielleicht voll im Stress wegen verschiedener Notfälle während meiner Schicht und habe eventuell heute schon den fünften Menschen sterben sehen, aber für dich ändert sich in diesem Moment alles. Dein Leben bricht plötzlich zusammen.

Und wenn die eigene Mutter im fortgeschrittenen Alter stirbt, ist es ja nicht nur die alte Mutter, die stirbt. Sondern auch die Mutter, die von meinem ersten Atemzug an dabei war. Die, die mich getröstet hat und mir vorgelesen hat. Die meinen ersten Freund zum Teufel gejagt hat. All diese Mütter sterben in diesem Moment auch mit. Und es stirbt die mit, die mir etwas über mich erzählen kann. Meine Oma war zum Beispiel die Einzige, die trotz meiner stattlichen Länge von 1,85 Metern „meine Kleene" zu mir gesagt hat. Als sie starb, sagte das nie wieder jemand zu mir.

Es gibt dazu ein passendes Gedicht von Jewgeni Jewtuschenko. Er sagt: „Und wenn ein Mensch stirbt, stirbt mit ihm sein erster Schnee, sein erster Kuss und sein erster Zorn: und all das nimmt er mit sich fort. Seine geheimen Welten können nicht wieder auferstehen und jedes Mal möchte ich von Neuem diese Unwiederbringlichkeit herausschreien."

Es stirbt also immer auch ein Teil von uns.

Absolut. Martin Buber sagte einst, der Mensch wird am Du zum Ich. Ich bin zum Beispiel im 43. Jahr verheiratet. Mein Mann ist zu einem Teil von mir geworden und mein Mann hat sich an mir entwickelt – so wie ich mich an ihm entwickelt habe. Er ist mein Resonanzhafen, das ist ein Wort

des Seelsorgers Traugott Rosa. Wenn mein Gegenüber jetzt stirbt, dann stirbt auch die Resonanz. Das finde ich so ungeheuerlich, dass dann auf einmal dieser Stillstand eintritt, der für einen Moment allumfassend empfunden wird. Der Stillstand der Welt, der Stillstand von mir, der Stillstand von allem. Dieser Stillstand liegt in der fehlenden Resonanz begründet.
Und wenn jemand Geliebtes stirbt, dann stirbt nicht nur ein Teil von mir mit, sondern ein Teil von dem Anderen bleibt auch in mir. Sigmund Freud sagte einst, wenn ein Mensch stirbt, muss man sich umdrehen und das Objekt der Liebe hinter sich lassen. Das hat er später revidiert, als seine Tochter gestorben ist. Es gibt einfach das Gesetz der fortgesetzten Bindungen. Es gibt diesen Silberfaden zwischen uns, der für immer bleibt.

Das finde ich ein sehr schönes Bild. Können Sie das versuchen, näher zu erläutern: Was ist es für Sie, das bleibt?
Das ist schwer zu beschreiben. Ich nehme mal das Beispiel meiner Schwiegereltern, die ich sehr geliebt habe. Sie sind mit 89 und 90 Jahren verstorben. Meinem Schwiegervater konnte ich viel sagen, aber wenn er keinen Bock mehr darauf hatte, hat er sich mit verschränkten Armen hingesetzt und gesagt: „Du kannst mir viel erzählen, bis mir ein Wort davon gefällt." Dieser Satz bleibt bis heute. Er ist präsent, auch nach seinem Tod. Manchmal, vor allem in Verbandsstrukturen und in der Männerwelt, wenn Menschen auf mich einreden, höre ich meinen Schwiegervater, nicke und denke mir genau das: „Du kannst mir viel erzählen, bis mir ein Wort davon gefällt."
Unser „Wir" liegt zwar zurück und besteht nur in der Erinnerung, aber diese Erinnerung hat sich in uns eingewoben, sodass sie uns verändert hat. Ich habe zum Beispiel früher nie Krimis gelesen. Meine Schwiegermutter hingegen liebte Krimis – je gruseliger und blutrünstiger, desto besser. Sie lebt nicht mehr, jetzt lese ich Krimis. Dieses Gefühl, dass sie einen Platz in mir hat, das bleibt. Und das Gefühl, geliebt worden zu sein, das bleibt auch.

Manchmal möchte ich weglaufen, weil ich es einfach nicht ertragen kann.

Möchten Sie eine konkrete Hilfestellung mitgeben, wie wir uns die Begegnung mit dem Tod und der Trauer leichter machen oder liebevoller gestalten können?
Ich habe am Ende meines Buches das Akronym „Sei da" benutzt.
S steht für Situation: Betrachte die Situation, erst einmal die eigene. Bist

du total gestresst aus dem Haus, weil die Kinder nicht zur Schule wollten oder der Mann aus Versehen den Autoschlüssel mitgenommen hat? Betrachte deine Situation und die des Anderen.

E steht für Einfühlen: Versuche dich einzufühlen und mache dir auch klar, was deine Einfühlungsgrenzen sind.

I steht für Interesse: Sei interessiert an deinem Gegenüber, höre zu, stelle Fragen. Und damit meine ich keine detektivische Neugier, sondern Entdeckergeist.

D steht für Durchhalten: Manchmal möchte ich weglaufen, weil ich es einfach nicht ertragen kann. Weil es mir zu nah ist, zu viel ist, zu schwer ist, zu ausweglos erscheint – und weil es überhaupt mein schönes Leben in Unordnung bringt. Durchhalten bedeutet, trotzdem dazubleiben und nicht wegzulaufen.

A steht für Abenteuer. Betrachte das, was du tust, als ein Abenteuer. Du kannst dich darauf vorbereiten, aber nicht auf alles. Sei offen für alles, was unvorbereitet eintritt und gib dir die Erlaubnis, auch Fehler machen zu können.

Dieses „Sei da" prüfe ich immer, wenn ich in Gespräche reingehe und auch wenn ich im Gespräch bin und merke, dass ich abschweife – dann fallen mir Wörter wie Interesse und Durchhalten ein.

Vielen Dank. Das ist etwas, was mir in jeder Lebenssituation Orientierung und Halt geben kann. Total schön finde ich es auch, dass es darum geht, die eigenen Grenzen wahrzunehmen. Wie ist heute meine Tagesform, wofür habe ich heute Kraft, wo ist es für mich gerade zu viel?

Zum Ende unseres Gesprächs würde ich gern von Ihnen wissen: Sie hatten ja in Ihren verschiedenen Rollen schon so viele Begegnungen mit dem Tod, mit dem Sterben. Wie hat Sie das zu dem Menschen gemacht, der Sie heute sind?

Ich kann darauf keine richtige Antwort geben. Ich glaube, dass das Erleben, die Erfahrungen, die Auseinandersetzung damit ein fortwährender Prozess ist. Und fortwährende Prozesse bewirken etwas. Vor diesem Hintergrund würde ich sagen: Ich schaue genauer hin, ich höre genauer hin.

Ich habe mich gerade an einen Moment in der letzten Woche erinnert: Ich bekam einen Anruf von einer jungen Frau, die schwanger ist und gleichzeitig Krebs hat. Da habe ich mich gefragt, warum ich mich einigermaßen gut in sie hineinversetzen kann. Wieso ahnte ich, was in ihr vorging? Ich hatte in diesem Telefongespräch nicht das Gefühl, ich bin die 65-jährige Dreifach-Oma, die gut ihr Leben lebt, ich fühlte mich von einer auf die andere Sekunde zurückversetzt in diese Lebenslage. Weil ich damals in einer ähnlichen Situation war – ich war nicht schwanger, aber ich hatte auch ein Kind, als ich erkrankte. Da erkannte ich, wie auf einmal die Jahre schrumpfen und ich sozusagen auf der Brücke der Ähnlichkeit das Gespräch führen konnte. Jemand hat mal sinngemäß gesagt, dass wir nur in der Lage sind, einen Menschen in seinem Schicksal zu verstehen, wenn wir etwas Ähnliches erlebt haben. Ich betrachte das als relativ anmaßend, denn ich habe keinen Krieg, keine Vertreibung, keine Vergewaltigung erlebt – trotzdem bin ich in der Lage, mich aufgrund meiner Menschkompetenz annähernd, in Spuren, in die Person hineinzuversetzen. Aber in diesem Gespräch ist mir noch einmal bewusst geworden, dass es bei einem ähnlichen Schicksal dennoch ein anderes Verstehen ist. Gleichzeitig birgt diese Ähnlichkeit gewisse Risiken: Denn es lauert die Verführung, dass ich denke, die Art und Weise, wie ich es erlebt habe, ist die gleiche, wie die andere Person es erlebt. Wichtig ist es für mich, zu wissen: Wenn ich eine Erfahrung nicht teile, erfordert es von mir immer ein Vorwärtsgehen und den Versuch, mich einzufühlen. Wenn ich Ähnliches erlebt habe, erfordert es ein Zurückgehen und meine eigene Erfahrung zurückzunehmen.

Ich finde, das kann man auf das ganze Leben übertragen: Wir gehen oft von uns selbst und unserer Wirklichkeit aus. Dadurch verlassen wir die Rolle der echten Zuhörer:in oder der neugierigen Entdecker:in. Wir denken, wir wissen alles, wenn wir das Gleiche erlebt haben und vergessen dabei, dass es nie dasselbe ist.

Total. Das ist auch in Selbsthilfegruppen so. Der große Schatz dieser Gruppen ist es, dass Menschen mit ähnlichen Erfahrungen zusammenkommen. Und dann gibt es unfassbar viele Individualitäten. Da muss erstmal verstanden werden, dass die Art und Weise, wie ich zum Beispiel die Krebsdiagnose erhalten habe und wie ich damit umgehe, nicht deine Weise ist. Häufig ist es so, dass eine neue Frau dazukommt und erzählt, was ihr widerfahren ist. Dann gibt es viele Nickende. Eine Regel heißt dann: Es geht nicht um dich. Sondern du hörst jetzt hin, was die Andere sagt. Höre mal mit ihren Ohren, sieh mal mit ihren Augen, fühle mal mit ihrem Herzen – und dann erst reagiere. Das ist tatsächlich schwierig und es zieht sich durch das ganze Leben.

Auch im Dialog mit Trauernden geht es immer um engagiertes Zuhören. Hier zitiere ich gern Michael Ende und Momo: „Was Momo konnte wie kein Anderer, war zuhören. Sie konnte so zuhören, dass dummen Menschen plötzlich kluge Gedanken kamen. Dass derjenige, der dachte, er wäre nur einer von Tausenden, plötzlich spürte, wie besonders er ist." In diese Momo-Haltung können wir uns alle einüben.

Genauso wie in die Kunst des guten Fragens. Das ist die sokratische Haltung. Und zu guter Letzt müssen wir Schweigen aushalten. Auch wenn es – wie Rilke schreibt – so schwer ist, das auszuhalten.

... manchmal braucht es auch ein Raustreten aus der Schwere.

Für mich ist es faszinierend, wie bunt und lebendig Ihr Leben geworden ist – nicht obwohl Sie sich mit den Themen Trauer, Tod und Leiden befassen, sondern genau deswegen.

Ja, das ist so. Und dennoch hatte ich vor einigen Jahren das Gefühl, die Schwere nimmt Überhand. Es war so vieles schwer im Innen und im Außen. Da habe ich mir überlegt, wie ich dagegen angehen und es aufhellen kann – daraufhin habe ich eine zweijährige Aus- und Fortbildung zu Clownerie und Pantomime gemacht, das war total schön. So konnte ich wirklich noch einmal mit dieser komplett unbeschwerten leichten Seite in mir in Kontakt kommen. Das hat mir großen Spaß gemacht und ich merke, manchmal braucht es auch ein Raustreten aus der Schwere. Dann ist es schön, sich einfach diesem Leichtsinn hingeben zu können.

Dr. Sylvia Brathuhn ist Lehrbeauftragte an der *Universität Koblenz-Landau* und Mitherausgeberin von „Leidfaden – Fachmagazin für Krisen, Leid und Trauer". Vier Jahre war sie Bundesvorsitzende der *Frauenselbsthilfe Krebs (FSH)*, seit 16 Jahren ist sie Landesvorsitzende der *FSH* in Rheinland-Pfalz/Saarland und hat für den Verband das „Netzwerk Leben mit Metastasen" gegründet. Sylvia Brathuhn ist Gründungsmitglied des *Bundesverbandes Trauerbegleitung e.V.* und Mitglied der internationalen Arbeitsgemeinschaft *IWG – International Workgroup on Death, Dying and Bereavement.* Sie hat mehrere Bücher geschrieben, unter anderem „Trauer und Selbstwerdung" und „Wenn das Leben am Tod zerbricht".

IMPULS
Wie schön es ist, Neues zu wagen

von Julia

Ein Funkeln in den Augen. Ein Kribbeln in den Fingern. Die Lust, etwas Unbekanntes zu entdecken – auch wenn es schief gehen könnte. Als Kinder sind wir mutig und neugierig aufs Leben, voller Tatendrang und Energie. Warum für immer krabbeln, wenn auch laufen möglich ist? Warum nur laufen, wenn ein Fahrrad bereitsteht? Warum hierbleiben, wenn eine ganze Welt darauf wartet, erkundet zu werden?

Seit ich selbst Kinder habe, bin ich immer wieder beeindruckt davon, was sie schaffen und erreichen wollen. Wie mutig sie sind, wie fokussiert und wie willensstark, wenn sie etwas unbedingt umsetzen möchten. So oft habe ich früher gesagt: „Lass das mal besser, das klappt nicht/da kommst du nicht dran/das hält nicht." Ich habe mir diesen Satz abgewöhnt, weil er so oft nicht gestimmt hat und weil er mir immer wieder vor Augen geführt hat, wie sehr ich in unseren Erwachsenen-Denkweisen gefangen bin.

Auch bei diesem Buch durfte ich immer wieder lernen, was alles möglich ist. Dürfen wir diese Person wirklich einfach anschreiben, dürfen wir all diese Fragen stellen, all diese Dinge veröffentlichen? Ja, wir durften – und es hat sich so sehr gelohnt. Auch bei meinem eigenen Umgang mit dem Sterben und mit Trauernden versuche ich nun, etwas mehr Offenheit und Neugier (im besten Sinne) mitzubringen: „Wie geht es dir damit wirklich?" oder „Möchtest du erzählen, wie es war, als deine Mutter starb?" Früher hätte ich mich nicht getraut, jetzt frage ich einfach.

Kinder gehen viel natürlicher damit um, sie stellen genau die Fragen, die sie interessieren. Sie bohren mit ihrem „Warum?" so lange nach, bis sie eine

Antwort bekommen, die sie zufriedenstellt. Wir alle können beobachten, wie aus diesen wissbegierigen Kindern irgendwann Erwachsene werden, denen die Neugier, die Energie oder der Mut fehlen, um nachzufragen und um selbst zu forschen. Wir müssen das Funkeln in ihren Augen oft lange suchen. Wir Erwachsenen schalten in den Autopiloten oder in den Energiesparmodus, wir kümmern uns zunächst um den Job, um die Steuer, um das Mittagessen, um den nächsten Zahnarzttermin. Alle Eigenschaften, die nötig wären, um auf eine mutige Entdeckungsreise zu gehen, werden dabei nicht priorisiert. Das ist schade, weil es uns so viele Möglichkeiten verwehrt.

Denn mit jedem neuen Schritt, den wir gehen, werden wir mutiger und wir erfahren, was alles möglich ist – und was wir selbst in der Hand haben. So oft ist in den Gesprächen in diesem Buch von Selbstwirksamkeit die Rede: Gemeint ist die Fähigkeit, unser Leben selbst zu gestalten, die Umstände selbst (zumindest ein Stück weit) zu beeinflussen. Wenn wir uns trauen, dann erleben wir oft, was möglich ist. Jedes neue Erfolgserlebnis sorgt dafür, dass wir diese Selbstwirksamkeit stärken und beim nächsten Mal wieder einen mutigen Schritt nach vorn gehen – und dass wir am Ende unseres Lebens zufrieden auf all unsere Abenteuer zurückblicken anstatt zu bedauern, dass wir uns so oft einfach nicht getraut haben.

Um noch einmal zu den Kindern zurückzukommen: Mich rührt es immer total, wenn ich sehe, wie sie für sich selbst applaudieren, wenn ihnen etwas gelingt. Sie freuen sich, sie feiern sich und sie zeigen es allen. Auch das verwehren wir uns im Erwachsenenleben oft selbst – da ist vermeintlich Bescheidenheit angesagt. Dabei finde ich es so schön, wenn wir selbst stolz auf uns sein können, wenn wir der Welt zeigen, was wir geschafft und gewagt haben. Und es bringt idealerweise Stück für Stück das Funkeln in unsere Augen zurück.

THOMAS KRAUSS

„Mein Mantra war immer: Was sagen wir dem Tod? Nicht heute."

Thomas Krauß (*1976) wartet auf ein Spenderherz. Bis er das bekommt, hält ihn ein Kunstherz am Leben. Es pumpt das Blut durch seinen Körper, weil sein Herz das allein nicht mehr schaffen würde – und ohne die zugehörige Tasche mit den Akkus würde es aufhören, zu arbeiten. Thomas kämpft seit elf Jahren immer wieder um sein Leben, seine Geschichte ist fesselnd und bewegend. Indem er sie mit uns teilt, schenkt er uns nicht nur spannende Einblicke in medizinische Abläufe, er nimmt uns auch mit in seine ganz persönlichen Gefühle und Gedanken zwischen Angst und Hoffnung. Und er erzählt, wie er sich einmal bereits vom Leben verabschiedete und die Augen schloss, um zu sterben.

Thomas, du hast bei der Terminabsprache für unser Gespräch erzählt, dass du gestern das erste Mal seit langem wieder im Büro warst – jetzt will ich natürlich wissen: Wie war das Wiedersehen für dich?
Es war schön, die Kollegen zu sehen. Ich arbeite schon länger wieder, aber gestern war ich das erste Mal seit vier Jahren wieder in der Firma, um an einem Workshop teilzunehmen. Ich arbeite aktuell drei Vormittage von zu Hause aus, das haben wir durch die Corona-Pandemie so eingeführt und es passt mir auch ganz gut, da ich mir so die Zeit frei einteilen kann – je nachdem, wie es mir gerade geht. Meinem Chef ist es auch lieber, dass wir es so beibehalten, damit ich mir im Büro nichts einfange, denn ich soll möglichst keine Infekte bekommen.

> Wenn man auf einer Warteliste für ein Herz steht, ist das keine Situation, in der man den ganzen Tag im Schlafanzug vor dem Telefon hockt und auf den Anruf warten sollte.

Was machst du beruflich?
Ich bin im Maschinenbau in der Konstruktion tätig. Wir stellen große Fertigungsanlagen für alle namhaften Automobilhersteller her. Ich habe das Glück, in einer großen Firma zu arbeiten, die kann es sich leisten, einen Mitarbeiter wie mich zu halten. Für einen kleinen Betrieb mit 20 Menschen wäre es sehr schwierig, einen Kunstherz-Patienten, der auf ein Spenderherz wartet, mitzuziehen, denn auch wenn ich gerade eine ganz gute Phase habe, bin ich nicht immer voll einsatzfähig. Deshalb bin ich wirklich dankbar, den Job weitermachen zu können. Es geht auch nicht in erster Linie darum, was ich in diesen drei Stunden am Tag für die Firma leisten kann. Vielmehr geht es darum: Wenn ich irgendwann transplantiert werde und fünf Jahre voll raus aus dem Job wäre, käme ich gar nicht mehr rein. So bin ich immer noch drin, bleibe in Kontakt mit den Kollegen und dem Produkt, verliere nicht den Anschluss. Nach einer erfolgreichen Transplantation könnte ich wieder zu hundert Prozent einsatzfähig werden. Und die Ärzte haben auch immer gesagt: Wenn man auf einer Warteliste für ein Herz steht, ist das keine Situation, in der man den ganzen Tag im Schlafanzug vor dem Telefon hockt und auf den Anruf warten sollte. Man muss für sich schauen, dass man wieder zurück ins Leben findet.

Und so sind wir direkt bei dem Grund angelangt, warum wir heute miteinander reden und du uns deine Geschichte erzählst, lieber Thomas: Du hast ein Kunstherz, das dich am Leben hält

und hoffst darauf, ein Herz von einem Menschen gespendet zu bekommen. Wie beginnt diese Geschichte?

Herzkrank wurde ich mit 36, das ist jetzt elf Jahre her. Ich war fit, eigentlich auf dem Höhepunkt im Leben eines jungen Mannes. Dann bekam ich nach einem Virusinfekt eine Herzmuskelentzündung. Man hat später bei einer Biopsie festgestellt, dass eine Bronchitis der Auslöser war. Ich habe damals gemerkt, dass meine Leistung schlechter wird, dass ich zum Beispiel beim Spazieren bergauf oder beim Treppensteigen nicht mehr so belastbar war. Davon habe ich meinem Hausarzt erzählt, aber es waren so schwammige Symptome, dass er sagte, es liege vielleicht daran, dass ich zur Winterzeit etwas schlapp sei. Es wurde aber nicht besser, ich bekam zusätzlich schlechter Luft. Am EKG konnte der Arzt nichts ablesen, wir haben dann ein Asthmaspray getestet und viel herumprobiert, aber nichts hat geholfen.

Ich hatte auch leider keine Schmerzen am Herz, sonst hätte man es gleich in der Akutphase erkannt und die Entzündung hätte direkt behandelt werden und ausheilen können – dann würde ich heute nicht auf ein Spenderherz warten. Aber da brauche ich mir jetzt auch keinen Kopf drum zu machen, manchmal läuft es im Leben eben so. Die Ärzte haben mir später gesagt, lehrbuchmäßig lag bei mir der allerschlechteste Fall vor, der eintreffen kann: Weil ich relativ jung und körperlich sehr fit war, konnte der Gesamtkörper die Herzschwäche zunächst relativ gut ausgleichen. Als man den Schaden dann endlich feststellte, war mein Herzmuskel schon zu stark angegriffen, denn es musste schneller schlagen, weil es weniger pumpen konnte. Somit wurde es größer, um das Volumen zu vergrößern. Dann leierte es aus und das ist etwas, das nicht reparabel ist und sich nicht zurückbilden kann. Das ist der Grund, warum ich jetzt ein neues Herz brauche. Doch bei diesem Wissensstand waren wir zu diesem Zeitpunkt ja noch lange nicht.

Die Ärzte haben mir später gesagt, lehrbuchmäßig lag bei mir der allerschlechteste Fall vor, der eintreffen kann.

Wie und wann bekamst du dann die endgültige Klarheit und Diagnose?

Als wir beim Hausarzt nicht weiterkamen, sagte meine Frau irgendwann, ich müsse zum Kardiologen. Der hat einen Ultraschall gemacht und nach zwei Minuten gesehen, dass die Lage ganz, ganz schlecht ist. Neben der schlechten Diagnose war das auch psychisch für mich ein schlimmer Moment: Der Arzt hat sofort seinen Kollegen gerufen und gesagt, das müsse er sich angucken – so ein schlechtes Herz würde man selten sehen. Bei dem Arzt bin ich nicht lange geblieben. Ich wurde schnell zu Spezialisten nach München geschickt, die gar nicht glauben konnten, dass ich meinen Alltag noch normal lebe, da mein Herz in einem so schlechten Zustand war. Die linke Seite hat nur noch mit 25 Prozent gepumpt. Ich habe zunächst verschiedene Medikamente bekommen und das Herz hat sich etwas stabilisiert, aber nicht so weit wie gehofft. Diese Phase, in der verschiedene Ärzte immer wieder versucht haben, mein Herz auf ein besseres Level zu bringen, zog sich über fünf Jahre und trotzdem waren wir noch weit weg vom Thema Herztransplantation. Dazu muss man wissen, dass ich ziemlich ländlich im Allgäu wohne. Hier haben viele Kardiologen wenig Kontakt mit diesem Thema. Ich habe irgendwann gemerkt, dass mein Arzt mit seinem Latein am Ende war, im Arztbrief stand nur, ich sei austherapiert. Doch das war für uns nicht akzeptabel, vor allem für meine Frau nicht, die mich in meinem damaligen Zustand nicht mehr zu Hause behalten konnte.

Das Schlimme war: Ich war todmüde, aber ich hatte einfach zu viel Angst, einzuschlafen.

Wie sah dieser Zustand konkret aus, wie ging es dir da?

Ich konnte die Einkäufe nicht mehr aus dem Auto ausladen und kaum noch Treppen steigen. Das Schlimmste war, dass ich nachts Erstickungsanfälle hatte, weil ich da immer wieder Wasser in der Lunge hatte. Das passiert, wenn das Herz überlastet ist, das Wasser nicht mehr aus dem Körper herausbekommt und sich dieses in der Lunge ansammelt. Zusätzlich war mein Gehirn so schlecht durchblutet, dass ich eine zentrale Schlafapnoe bekam. Normalerweise ist es so, dass sich beim Schlafen etwa 80 Prozent des Gehirns abschalten, aber das Atmen funktioniert ganz normal weiter. Bei mir war der dafür zuständige Bereich des Gehirns aber so schlecht durchblutet, dass ich beim Einschlafen aufgehört habe, zu atmen. Dann schreckte ich kurz darauf immer mit vollkommener Atemnot hoch – das war so ein schreckliches Gefühl. Ich bin in solchen Momenten panisch zum Fenster gelaufen und habe versucht, Luft zu kriegen, was aber nicht half, weil es ja nicht daran lag, dass die Lunge nicht genug Luft bekam – sondern dass das Herz nicht funktionierte. Dieses Spiel hat sich über mehrere Stunden gezogen, bis ich irgendwann in einen Halbschlaf fiel, der natürlich nicht erholsam war. Das Schlimme war: Ich war todmüde, aber ich hatte einfach zu viel Angst, einzuschlafen. In einem Schlaflabor stellte man irgendwann fest, dass ich in der beobachteten Nacht 200 Atemaussetzer hatte und null Minuten Tiefschlaf – und so habe ich ein dreiviertel Jahr gelebt.

Wie hast du das ausgehalten? Hast du dir nicht manchmal gedacht, dass du das nicht mehr schaffst?

Es war alles absolut an der Grenze. Die Ärzte an der *Uniklinik Großhadern* in München, die mich inzwischen seit Jahren kennen, sagen oft noch zu mir, dass sie noch nie einen Patienten erlebt haben, der so viel aushält, ohne zu jammern. Und ich will mir damit nicht auf die Schulter klopfen, denn für die Ärzte ist es für die richtige Einschätzung und Erkennung der Tragweite oft nicht hilfreich, wenn man immer nur stark sein will und sagt, dass das schon gehe oder auszuhalten sei.

Aber um zurückzukommen: Irgendwann hielten meine Frau und ich diesen Zustand nicht mehr aus und wir sind in die Notaufnahme der Uniklinik. Die haben mich dann zum Glück gleich dabehalten – und dort kam dann auch das erste Mal nach der Diagnose der Herzmuskelentzündung in 2013 das Thema Herztransplantation zur Sprache. Das war 2018.

Hattest du dich vorher schon mit dem Thema Organspende beschäftigt?

Nein. Ich wusste für mich, dass es eine gute Sache ist, aber ich habe mich nie näher damit befasst und hatte auch keinen Organspendeausweis, den man in Deutschland ja braucht, weil man zu Lebzeiten aktiv der eigenen Organspende zustimmen muss. Das Thema ist für viele junge, gesunde Menschen ja so weit weg. Ich dachte von mir selbst auch immer, ich werde mal 100 Jahre alt und bin einer von den Menschen, bei denen alles gut läuft. Jetzt sage ich jedem, der mich nach meiner Meinung fragt, wie wichtig ich es finde, einen solchen Ausweis zu haben.

Ich dachte von mir selbst auch immer, ich werde mal 100 Jahre alt und bin einer von den Menschen, bei denen alles gut läuft.

Wie ging es dann weiter?

Es hat fünf Monate gedauert, bis ich auf der Liste für ein Herz war – es ist nicht einfach, da drauf zu kommen. Da es so wenige Spenderherzen gibt, ist es eine richtig harte Auslese.

Weißt du noch, welche Faktoren dabei entscheidend waren?

Man muss als Patient zunächst überzeugt sein, dass man diesen Weg wirklich gehen will. Zusätzlich gibt es klare Messwerte, die mit Hilfe ei-

nes Herzkatheters untersucht werden – und diese Ergebnisse waren bei mir sozusagen zu gut, sodass die Ärzte mir gesagt haben, dass sie es nicht schaffen, mich auf die Liste zu bringen. Das ist ein Paradox, das mir immer wieder begegnet ist: Am Anfang denkst du, das Schlimmste, was dir passieren kann, ist, dass du ein neues Herz brauchst und auf die Liste kommst. Doch dann ist das Allerschlimmste, wenn du es nicht auf die Liste schaffst, weil es dir nach den medizinischen Kriterien zu gut geht. Also schickten sie mich nach Hause und ich war ganz schön am Boden.
Ich hatte das Glück, dass meine behandelnde Ärztin für mich drangeblieben ist. Sie rief mich nach drei Wochen zu Hause an und sagte: „Herr Krauß, das kann nicht sein, wir müssen Sie auf die Liste bringen. Ich kann nicht glauben, dass wir das nicht schaffen." Also konnte ich zurück nach Großhadern, bekam wieder einen Herzkatheter und die Ärzte haben nochmal gemessen – so, dass es schließlich passte von den Messkriterien. Mir ging es also endlich schlecht genug, um auf die Warteliste zu kommen, ich musste jedoch noch drei Wochen im Krankenhaus bleiben und täglich zwei Untersuchungen machen. Immer ausgestattet mit einem Laufzettel mit ganz vielen Haken, die gesetzt werden müssen, um wirklich auf die Liste zu kommen. Du gehst zum Zahnarzt und zum Hautarzt, zur Prostata-Untersuchung und zu vielen anderen. Du schwitzt jeden Tag, dass hoffentlich keiner der Spezialisten etwas findet. Doch ich war zum Glück komplett fit – außer meinem Herz natürlich – und schaffte es auf die Liste. Du denkst, jetzt ist es geschafft und dann bekommst du gesagt, dass es jetzt einige Jahre dauern kann, bis das passende Spenderherz gefunden wird, und es auch sein kann, dass es nie so weit kommen wird. Und wieder gehst du nach Hause.

Du schwitzt jeden Tag, dass hoffentlich keiner der Spezialisten etwas findet.

Wie ging es dir denn zu diesem Zeitpunkt körperlich?

Mein Problem war weiterhin, dass ich nachts nicht schlafen konnte. Ein Spezialist bestätigte, dass 30 Prozent der Patienten mit einer so starken Linksherzschwäche diese Schlafstörung haben – und dass man sie nicht behandeln kann. Die beiden Möglichkeiten sind Kunstherz oder Herztransplantation, sonst hilft nichts. Alle Geräte, die beim Atmen unterstützen können, helfen nur, wenn man selbst atmet.
Im Sommer 2019 ging es mir wieder sehr schlecht und es war wieder meine Frau, die den entscheidenden Anstoß gegeben hat, mich ins Kranken-

haus zu bringen, weil sie Angst um mein Leben hatte. Ich bin zurück nach Großhadern in die Uniklinik. Dort haben sie wegen meines schlechten Zustandes entschieden, dass sie versuchen, mich auf die HU-Liste für ein Herz zu setzen. Das steht für High Urgency, es ist die Dringlichkeitsliste. Es ist vorgeschrieben, dass auch hier noch spezielle Untersuchungen gemacht werden müssen, um gewisse Messkriterien zu erfüllen und zusätzlich ein Medikament ausprobiert werden muss, bevor man auf dieser HU-Liste aufgenommen wird. Das Medikament bekommt man intravenös unter Überwachung auf der Intensivstation, weil es im schlimmsten Fall zu Herzrhythmusstörungen kommen kann, es ist eine Art Dopingmittel für das Herz. Das funktionierte, mein Herz hatte plötzlich 30 Prozent mehr Leistung, aber der Ärztin war klar, dass es eine Sackgasse ist, weil das Mittel nur einige Wochen anhält und es dann zu einer Verschlechterung kommen wird – für mich fühlte es sich an wie Raubbau am Körper. So aufgeputscht wurde ich wieder nach Hause geschickt.

Ich bin nach einigen Wochen zur Auffrischung des Medikaments zurück ins Krankenhaus und diesmal sollte ich in eine kleinere Klinik in Neuwittelsbach – das schlugen die Ärzte vor, weil es auf der Intensivstation dort etwas ruhiger zugeht, wenn man das von einer Intensivstation behaupten kann. Aber dort warten auch einige andere Patienten auf ein Herz, die bereits HU-gelistet sind. Dort bekam ich wieder das gleiche Medikament und mittags kam ein relativ junger Arzt rein und sagte mir, er würde Herzrhythmusstörungen auf dem Monitor sehen. Er verringerte die Dosis. Irgendwann im Dämmerschlaf – richtig schlafen konnte ich ja nicht mehr – merkte ich, dass der Arzt immer öfter in mein Zimmer kam und dann mit seinem Oberarzt telefonierte und mit den Spezialisten in Großhadern. Da merkte ich natürlich, dass etwas nicht stimmte. Ich bin trotzdem wieder weggedämmert. Nachts um ein Uhr bin ich aufgewacht und da war der Arzt mit einer Schwester bei mir, alle waren sehr aufgeregt. Ich erfuhr, dass ich Herzkammerflimmern und einen Puls von 180 hatte. Ich hatte damals schon einen eingebauten Defibrillator und es war klar, dass er ab 200 reagiert. Ich war bei vollem Bewusstsein – was in dieser Situation wohl untypisch ist – und konnte mich noch ganz normal mit dem Arzt unterhalten. Dann hat mein Defi ausgelöst und das war das erste Mal, dass ich fast gestorben wäre.

Dann hat mein Defi ausgelöst und das war das erste Mal, dass ich fast gestorben wäre.

… ich habe einfach ein wahnsinniges Vertrauen in Ärzte und die medizinischen Möglichkeiten – irgendwie ein Urvertrauen.

Krass. Ich versuche irgendwie gerade hinterherzukommen und gleichzeitig ein Verständnis für die Situation zu erhalten, was da genau mit dir und in dir passiert ist. Nimmst du mich weiter in die Situation mit rein?

Der Defi hat insgesamt sieben Mal ausgelöst und konnte das Herzkammerflimmern trotzdem nicht beenden. Die Schwester hat versucht, mich zu sedieren und musste immer von mir weg, wenn der nächste Stromschlag kam. Nach dem fünften Stromschlag bin ich eingeschlafen, als ich aufwachte, hatte der Arzt mein T-Shirt aufgeschnitten und die Schwester richtete daneben irgendwas her. Für die beiden war das die Hölle, die haben wirklich um mein Leben gekämpft.

Ich wusste, dass es jetzt wirklich ernst ist, dass ich in den nächsten Minuten sterben werde, wenn etwas schief geht. Aber ich hatte komischerweise keine Angst, es war für mich einfach unheimlich spannend und eine sehr intensive Erfahrung, vermutlich die intensivste meines Lebens. Ich sah, was sie alles machten. Sie haben mir einen Zugang oben am Hals gelegt, mit dem man direkt oben in die Gefäße hineingeht, um einen ganz kurzen Weg zum Herzen zu haben. Alle Medikamente, die man gibt, kommen direkt ins Herz. Das Herzkammerflimmern hatte zu dem Zeitpunkt aufgehört.

Als ich am nächsten Morgen aufwachte, ging es mir gar nicht so schlecht, außer, dass ich enorme Rückenschmerzen von den Stromschlägen hatte. Aber das war in dieser Situation natürlich zweitrangig. Ich kam zum Glück mit der Erfahrung des Defis auch ganz gut klar, denn es gibt Patienten, bei denen muss man das Ding ausbauen, wenn es einmal ausgelöst hat. Sie haben ein richtiges Trauma, weil sie Angst davor haben, dass es noch einmal passiert. Bei mir war das zum Glück nicht der Fall, ich habe einfach ein wahnsinniges Vertrauen in Ärzte und die medizinischen Möglichkeiten – irgendwie ein Urvertrauen.

Ich habe den Eindruck, es ist bei dir auch ein Vertrauen ins Leben, oder? Ich bewundere, wie resilient du in deinem Umgang mit alldem bist.

Ja, das ist schon verrückt. Es gibt Leute, die können gut joggen und andere können gut Ballspielen, ich bin anscheinend gut darin, mental solche Situationen auszuhalten. Obwohl ich all die Statistiken kannte und so viele Patienten erlebt habe, bei denen es schlecht gelaufen ist – und obwohl es wirklich eine abartige Zeit war –, hatte ich noch immer das Vertrauen, dass alles gut werden wird. Ich glaube, sonst kannst du all das nicht aushalten.

Ich war nach dieser Nacht jedenfalls außer Lebensgefahr und am Morgen kam der Oberarzt freudestrahlend rein und sagte: „Es ist schlimm, was Sie erlebt haben, aber es ist so weit: Es reicht jetzt, um sie HU-listen zu können." Da war mir gleichzeitig klar, was das bedeutet: Wer auf der HU-Liste steht, darf nicht mehr nach Hause, sondern bleibt auf der Intensivstation. Also war klar: Entweder komme ich hier mit neuem Herz lebend raus oder ich werde hier drin sterben.

Entweder komme ich hier mit neuem Herz lebend raus oder ich werde hier drin sterben.

Somit war die Intensivstation dein neues Zuhause. Wie war es für dich dort?

Die Station dort war nicht groß, ein Gang, der etwa 20 Meter lang ist. Du bist ständig umgeben von Maschinen und Geräuschen. Die Wände sind dünn und die Privatsphäre gleich null. Wenn du nicht weißt, wie lange du dort aushalten musst – bei mir waren es drei Monate bis zur Implantation des Kunstherzes – ist das natürlich eine zusätzliche Belastung. Es gab Tage, vor allem am Ende, da wollte ich nur noch raus aus diesem Zimmer: Du riechst nichts, es gibt keine Sonne, keinen Wind, keinen Regen. Wochenlang siehst du nur die gleiche Decke und irgendeinen Punkt, den man nie weggewischt hat. Der Tag ist endlos und die Nacht ist unbeschreiblich.

Durftest du in deiner Zeit dort Besuch bekommen?

Wenn du auf der Intensivstation auf ein Herz wartest, sollst du zwar besucht werden, damit du nicht emotional kaputt gehst, gleichzeitig soll es nicht zu viel sein, damit niemand eine Infektion anschleppt, die eine Transplantation verhindern könnte. Außer meiner Frau war einmal ein Kumpel da und einmal meine Söhne – die waren damals 17 und 22 Jahre alt, sonst hat sich niemand mehr getraut, mich zu besuchen. Ich wurde immer schwächer, da war Besuch auch anstrengend – also kam irgendwann nur noch meine Frau. Und jemand anderen habe ich auch nicht gebraucht. Ich konnte sowieso nichts mehr aufnehmen. Ich habe aufgehört, *Whatsapp*-Nachrichten zu schreiben und bin aus allen Gruppen ausgetreten. Ich konnte nicht mehr fernsehen, nicht mehr lesen, ich war zu schwach für all das. Ich habe nur noch Musik gehört, das war mir immer wichtig.

… ein Kunstherz hatte ich nicht auf dem Schirm, weil man mit mir darüber nicht groß gesprochen hatte.

Du bist zu dieser Zeit also auf der Intensivstation, stehst auf der HU-Liste und wartest auf dein Spenderherz. Wie kam es dazu, dass dir ein Kunstherz transplantiert wurde?

Bis dahin war es noch ein steiniger Weg. Obwohl man es an meinen medizinischen Werten noch nicht ablesen konnte, habe ich gespürt, dass es mir immer schlechter ging. Ich bekam schlechter Luft, ich spürte Staudruck, ich war mir sicher, dass ich Wasser einlagerte. Es war erst schwer, die Pfleger und Ärzte davon zu überzeugen – mit einem Pfleger musste ich wirklich darüber diskutieren, am Ende sogar streiten, weil er meiner Einschätzung nicht glaubte, meiner Körperwahrnehmung nicht vertraute. Das ist wirklich zum Heulen, weil du so hilflos bist, sowieso schon Angst hast, dass kein Herz kommt, dass du es nicht schaffst, und dann musst du so etwas auch noch aushalten, wozu du überhaupt keine Kraft hast. Da war ich zwischenzeitlich wirklich verzweifelt.

Kurz darauf haben die Werte mein Gefühl bestätigt, die Nieren- und Leberwerte sind hochgegangen, ich war schlecht durchblutet, die Organversorgung reichte nicht mehr aus. Zwei Tage später hatte ich multiples Organversagen und ich wurde mit dem Nottransport zurück nach Großhadern verlegt.

Dort kam ich auf die Intensivstation, bekam andere Medikamente, die mich wieder aufputschten. Als auch die Wirkung des Medikamentes nachließ, dachte ich, dass wir alle Möglichkeiten ausgeschöpft hatten, ein Kunstherz hatte ich nicht auf dem Schirm, weil man mit mir darüber nicht groß gesprochen hatte. Das passende Herz war also zu dem Zeitpunkt meine einzige Hoffnung. In Österreich wäre ich schon längst transplantiert gewesen. Dort gilt, wie in den meisten europäischen Ländern die Widerspruchslösung: Wenn du nicht aktiv widersprichst, werden deine Organe gespendet.

Hast du für dich nie in Erwägung gezogen, nach Österreich zu ziehen?

Eine Herztransplantation ist nicht nur eine medizinische Sache, da muss auch mental und psychologisch viel funktionieren. Und ich habe ein unglaubliches Vertrauen in die Ärzte in Großhadern, die kennen mich und wissen genau, was ich brauche. Sie haben zwei Herzen abgelehnt, weil sie nicht gut genug für mich waren. Würde ich nach Österreich gehen, wäre ich dort unbekannt – und für den Arzt, der über mein Leben entscheidet, möchte ich nicht nur eine Nummer auf einer Warteliste sein.

Dir ging es also zunehmend schlechter und deine einzige Hoffnung war, wie du sagtest, das passende Herz. Wie hast du diese Tage voller Hoffnung und Angst ausgehalten?
Ich muss ganz klar sagen: Überlebt habe ich eigentlich nur für den Gedanken, dass am nächsten Tag meine Frau wieder an meinem Bett stehen wird. Für mich war sie mein Angelpunkt, ohne sie hätte ich es nicht geschafft. Wenn sie kam und meine Hand gehalten hat, gab mir das neue Hoffnung und Kraft.

Wie hat sie das alles verkraften können?
Für sie war es natürlich eine riesige Belastung, sie musste für die Kinder stark sein, die damals auch am Ende waren, anfangs ging sie auch noch arbeiten. Sie hat nur noch funktioniert. Dann haben ihre Kollegen, die wussten, wie schlimm es um mich stand, all ihre Überstunden gesammelt und in Absprache mit dem Betriebsrat ihr übergeben, damit sie nicht zur Arbeit kommen muss.
Sie kam immer die Strecke anderthalb Stunden nach München und ist weinend heimgefahren. Zu Hause dachte sie jedes Mal, wenn das Telefon klingelte, dass es vielleicht ein Herz für mich gibt – oder dass ich gestorben bin. Sie hat mir mal gesagt, sie habe in dieser Zeit nicht gewusst, auf was sie hoffen sollte, mein Überleben oder meinen Tod als Erlösung, weil es mir so schlecht ging.

Überlebt habe ich eigentlich nur für den Gedanken, dass am nächsten Tag meine Frau wieder an meinem Bett stehen wird.

Ich bin gerade so beeindruckt und ergriffen von all dem, was du erzählst. Wie hast du in dieser sehr kritischen Phase auf deinen Tod und auch auf dein Leben geblickt?
Ich lag den ganzen Tag im Bett, machte nichts, hörte nur Musik und dachte wahnsinnig viel nach, dazu hatte ich ja sehr viel Zeit. Ich habe mich ganz intensiv und bewusst mit meinem Tod beschäftigt. Dabei habe ich mein Leben und mich selbst angeschaut und mein Ziel war es, den Blick darauf zu richten, dass ich mit mir im Reinen und im Frieden bin. Ich wusste, ich kann nicht beeinflussen, ob ein Herz kommt oder nicht. Mein Ziel war natürlich nicht, dass ich sterbe – aber ich wollte es schaffen, ein gutes Gefühl zu haben, wenn es denn so weit kommt, dass ich sterbe. Also bin ich gedanklich eine Sache nach der anderen durchgegan-

gen. Über Arbeit und Geld habe ich nicht nachgedacht. Es waren nur die Kernthemen, zum Beispiel: Wie geht es den Kindern, wenn ich jetzt sterbe? Ich sagte mir, es sind tolle Kinder geworden, tolle junge Männer – die schaffen es auch ohne mich. Natürlich fragte ich mich, wann ich ein guter Vater für sie war und wann vielleicht auch ein schlechter. Ich kam zu dem Entschluss: Insgesamt passt das schon. Ich habe mir auch vor Augen gehalten, was ich erlebt habe, welche Leute mich begleitet haben, und mir wurde bewusst, dass ich ein gutes Leben hatte, in dem wahnsinnig viel drinsteckte. Natürlich war es noch nicht genug, natürlich wollte ich nicht sterben, aber ich dachte, dass ich in dieser Zeit gut gelebt habe – und ich fand, mit dieser Ausgangssituation wäre es okay, wenn ich jetzt Abschied nehmen müsste.

Gab es etwas, das dich sehr traurig gemacht hat?
Ich war extrem nachdenklich und etwas melancholisch, aber traurig war ich eigentlich immer weniger, je mehr ich nachgedacht habe. Natürlich haben wir ja alle eine Vorstellung von unserem Leben und einen Plan: Die einen wollen später Enkelkinder haben und mit ihnen spielen, die anderen wollen auf Reisen gehen, wenn sie in Rente sind. Das sind alles tolle Träume und Ziele – aber die kannst du dir auf der Warteliste für ein Herz nicht mehr leisten. Es ist eine extreme Situation, in der man viel loslassen muss, um sie überleben zu können. Ich musste also rückwärts träumen und nicht nach vorne. Genauso habe ich versucht, mich in Erinnerungen und Fantasiewelten zu flüchten, um so weit wie möglich weg von meinem Körper zu sein. Weil ich es nicht aushalten konnte, was ich in meinem Körper fühlte. Von Kampfgeist, Mut oder Größe war in diesen Wochen nichts mehr übrig, ich war nur noch ein Haufen Elend und manchmal lag ich auch weinend im Bett, wenn die Schwestern hereinkamen – zu viele Emotionen, das kann man nicht verarbeiten.

... ich fand, mit dieser Ausgangssituation wäre es okay, wenn ich jetzt Abschied nehmen müsste.

Gab es außer deiner Frau und den schönen Erinnerungen noch etwas, das dir die letzte Kraft gegeben hat?
Es gibt bei „Game of Thrones" den Spruch: „Was sagen wir dem Tod? Nicht heute." Das war mein Mantra, mein Leitsatz, Tag für Tag: Den Tag heute schaffe ich, dann sehen wir weiter. Die Pfleger hatten auch ein Ziel: In meiner Schicht stirbt er nicht. Irgendwann, als es noch schwerer

wurde, habe ich den Tag in Etappen eingeteilt und mir zum Beispiel vorgenommen, vor dem Mittagessen nicht zu sterben. Erst dann dachte ich bis zum Abendessen weiter.
Und ich glaube, auch genau wegen dieser Einstellung habe ich noch einige Tage durchgehalten. Aber dann habe ich an einem Samstag im Oktober gemerkt, dass es wieder losgeht, dass es alles nochmal schlechter wird.

Wie hast du das gemerkt?
Es fühlte sich an wie ein Druck im Brustkorb, ich habe gemerkt, dass sich wieder Wasser im Oberkörper staut. Ich fühlte mich dämmrig im Kopf und sagte meiner Frau, jetzt geht es dahin. Ich hatte nur für sie versucht, meine ganze Kraft zusammenzuhalten. Mir ging es dann aber so schnell so schlecht, dass ich wirklich dachte, ich sterbe an diesem Tag. Trotzdem musste meine Frau abends nach Hause, nachdem sie den ganzen Tag bei mir war. Ich habe mich also von ihr verabschiedet und dachte, es sei für immer. Ich lag dort im Bett und habe versucht, sie anzuschauen. Ich konnte kaum noch meine Augen offenhalten, aber ich habe versucht, ihr einen klaren Blick und ein kleines Leuchten zu geben. Dann habe ich gesagt: „Es tut mir leid, aber ich kann nicht mehr und ich werde jetzt gehen." Sie hat geantwortet: „Das ist okay, das ist gut und das darfst du auch." Und dann habe ich die Augen geschlossen und bin eigentlich gestorben. Ich habe gedacht, ich lasse jetzt einfach los und das war ein wunderschönes Gefühl. Wenn man sich vorstellt, dass der Körper eine Mannschaft von tausenden kleinen Menschen ist, dann waren die einfach alle kaputt. Und der Steuermann hat gesagt: „Kommando Stopp, ihr dürft aufhören." Alle haben gelacht und waren froh, sie haben gesagt: „Gott sei Dank, jetzt lassen wir los."
Es war ein warmes und gutes Gefühl, nach den vielen Monaten zu sagen, dass ich jetzt alles getan und versucht habe, dass ich kein schlechtes Gewissen haben muss, dass ich mir nichts vorwerfen muss – dass ich jetzt einfach einschlafen kann. Und dann bin ich eingeschlafen mit der Gewissheit, dass ich nicht mehr aufwache.

Ich habe gedacht, ich lasse jetzt einfach los und das war ein wunderschönes Gefühl.

Und glücklicherweise ist es doch passiert …
Als ich am nächsten Tag in einem Dämmerzustand aufwachte, habe ich wahrgenommen, wo ich bin und dass ich offenbar lebe, aber richtig zurückgekommen bin ich in der Woche nicht. Ich war irgendwo zwischen Le-

ben und Tod. Man hat mir Aufputschmittel gegeben und einen Schlauch in die Leiste eingeführt, durch den das Blut aus dem Körper herausfließt, sodass es außerhalb des Körpers mit Sauerstoff angereichert wird und dann wieder zurückfließt. Ich kannte die Maschine und wusste, dass es etwa acht bis zehn Tage lang auf diese Weise funktioniert. Ich bekam Morphium, lag auf dem Rücken und durfte mich nicht mehr bewegen, ich konnte kaum sprechen.

Es gab Hoffnung und ich war wieder im Kämpfermodus, um zu überleben.

Was ich mich die ganze Zeit frage: Warum hatte man dir bis dahin noch immer kein Kunstherz transplantiert? Warum hat man so lange damit gewartet? Wenn du sicher warst, dass du sterben würdest?
Die Ärzte warten oft bis zum letzten Moment mit der Option, als eine Art Notlösung, weil es deine Aussicht auf ein echtes Herz dann wieder verschiebt und das Ziel immer die Transplantation eines echten Herzens sein wird. In dieser Woche kam auch wieder ein Angebot für ein Herz, aber die Ärzte haben entschieden, dass es nicht gut genug für mich war – sie haben abgelehnt. Dann stand abends der Professor, der mich behandelt hat, an meinem Bett und fragte mich, was wir machen sollen. Wir könnten entweder vier Tage warten, bis das Wochenende und ein Feiertag im Anschluss rum war, in der Hoffnung, dass es dann ein gesundes Herz für mich geben wird. Falls das nicht der Fall wäre, und jetzt sprachen wir das erste Mal konkret über die Option, könnte man mir dann ein Kunstherz einsetzen. Oder man wartet nicht länger und setzt mir direkt morgen früh das Kunstherz ein. Ich habe gesagt: „Ich werde diese vier Tage nicht überleben, wir machen es morgen früh." Er hat gesagt: „Das sehe ich genauso." – und so bekam ich ein Kunstherz.

Du hattest dich kurz vorher von deiner Frau verabschiedet und jetzt solltest du morgen ein Kunstherz bekommen. Hattest du schon wieder die Kraft, weiter zu kämpfen?
Als mir der Professor die OP vorschlug, war keine Sekunde lang ein Zweifel in mir. Es war, als hätte er mir vorgeschlagen, zusammen eine Pizza essen zu gehen. Es gab Hoffnung und ich war wieder im Kämpfermodus, um zu überleben. Da wusste ich allerdings nicht, dass es einem nach der OP erst einmal schlechter geht als vorher, ich wurde aufgrund der drängenden Zeit darauf nicht weiter vorbereitet. Das Aufwachen aus der Operation mit dieser Narkose und der Herz-Lungen-Maschine, das ist

das Schlimmste, was man erleben kann. Mir graut es wahnsinnig davor, das im Falle einer weiteren Transplantation noch einmal machen zu müssen. Und auch sonst habe ich erst gar nicht verstanden, was sie mit mir gemacht hatten. Dass eine Pumpe in meinem Körper ist und ein Kabel aus mir herauskommt. Ich hatte einen Schlauch am Hals, an Arterie, Vene und Leiste einen Zugang, dazu eine riesige Narbe und vier Drainagen, um die Wundflüssigkeiten abzuleiten. Meine ganze Hoffnung, dieses gute Gefühl, das Krafttanken und Kämpfenwollen, das war alles weg. Ich war einfach nur stinksauer, dass sie mich nicht haben sterben lassen. Aber was vom ersten Moment nach der OP weg war, war die Atemnot: Ich bekam Luft und konnte schlafen.

Doch ein Arzt sagte zu mir: „Ab jetzt brauchen wir Sie an Bord, Sie müssen kämpfen, wir brauchen Blut, Schweiß und Tränen.“ Ich war fassungslos. Ich habe ihn angeschaut und gesagt: „Wissen Sie, was ich das letzte halbe Jahr hinter mir habe? Ihr habt so viel Blut und Schweiß von mir gehabt und jetzt könnt ihr auch meine Tränen haben, aber ich kann nicht mehr.“ Aber ich habe dann natürlich doch gekämpft.

Wie sah das Kämpfen in den ersten Wochen mit dem Kunstherz konkret aus?

„Ab jetzt brauchen wir Sie an Bord, Sie müssen kämpfen, wir brauchen Blut, Schweiß und Tränen.“

Zu diesem Zeitpunkt hatte ich vier Monate lang nur im Bett gelegen. Dann kommen die Physiotherapeuten zu zweit und sagen, dass wir jetzt üben, auf der Bettkante zu sitzen. Ich dachte mir, ich bin ein Mann im mittleren Alter, ihr müsst mit mir doch nicht üben, auf der Bettkante zu sitzen – und dann habe ich gemerkt, wie ich eine Minute dort sitze und danach vor Erschöpfung eine Stunde lang schlafen muss. Nach ungefähr anderthalb Wochen konnte ich ein paar Schritte allein laufen und habe der Schwester, die viel mit mir geübt hat, gesagt, dass ich allein auf die Toilette gehen möchte. Sie hat mir etwas geholfen, ich habe mich hingesetzt – und habe kurz darauf festgestellt, dass ich nicht mehr aufstehen konnte, weil ich keine Oberschenkelmuskulatur mehr hatte. Da hockte ich also: Der ganze Stolz, dass ich es so weit geschafft habe, war dahin. Ich konnte mich nicht einmal umdrehen und spülen, weil ich mit dem ganzen Kram an mir dran nicht an den Knopf kam. Also musste ich klingeln und die Schwester um Hilfe bitten. Es fühlte sich an, als hätte ich jegliche Würde verloren. Es kommt ja oft vor, dass man sich als Patient so fühlt und sich einfach nur schämt. Obwohl die Pfleger natürlich alle sagen, das alles sei ganz normal. Die Krankenpflegerin hat mir natürlich geholfen und gesagt, es sei alles super – aber als sie rausgegangen war, bin ich weinend zusammengebrochen. So komisch es sich anhört: Ich hatte endlich wieder genug Kraft, um zusammenzubrechen, denn mein Körper war mit Sauerstoff versorgt, die Organe funktionierten.

Als ich irgendwann mit Hilfe eines Gestells über den Flur lief, blieb ein Arzt stehen und fragte: „Herr Krauß, sind Sie es? Das ist ja der Wahnsinn, dass ich Sie hier stehend sehe." Das war kein Arzt, der mich behandelt hat, aber fast alle Mitarbeiter auf den Stationen kannten mich – mein Krankheitsverlauf und meine Geschichte waren kein Standardfall.

Ein junger Arzt hat später meinen Arztbrief gelesen und nur gelacht, er sagte: „Herr Krauß, Sie sind ein richtiger Held." Ich antwortete, dass ich mich als vieles fühlen würde, aber sicher nicht als Held. Er sagte dann: „So etwas überlebt man normalerweise nicht. Wenn ich Sie hier sitzen sehe, dann weiß ich, dass man wegen solcher Erfolgsgeschichten Arzt wird." Das hat mich berührt.

Ich hatte endlich wieder genug Kraft, um zusammenzubrechen …

Das glaube ich. Wenn ich dir zuhöre, habe ich das Gefühl, dass du sehr gute Erfahrungen mit den Menschen gemacht hast, die dich behandelt haben, oder? Das finde ich toll, weil bei vielen – einschließlich mir selbst – eher die negativen Eindrücke oder Erfahrungen überwiegen.

Ich bin bis auf wenige Ausnahmen nur auf Menschen getroffen, die mit Herz und Seele alles getan hätten, um mir zu helfen und das Leid zu vermindern. Als ich auf der Intensivstation lag, kam einmal ein neuer Pfleger zu mir und sagte: „Es ist Sonntag, das heißt, wir machen dich hübsch und unternehmen einen kleinen Ausflug." Ich verstand erst gar nicht, was er meinte. Er hat sich dann vier Stunden Zeit genommen, hat meine Haare gewaschen, mich richtig gut sauber gemacht und dann in einen riesigen Rollstuhl gepackt – mit all den Kabeln und Geräten, die ich bei mir hatte. Es hat ewig gedauert, aber er hat sich die ganze Mühe gemacht, um dann mit mir über das riesige Klinikgelände zu fahren. Ich war seit Ewigkeiten wieder unter Menschen und bin an einem Krankenhaus-Bistro vorbei, aus dem es nach Currywurst roch – ich habe noch nie so intensiv etwas gerochen wie in diesem Moment. Und der Professor, der mich in Großhadern betreut hat, ist ein Wahnsinnstyp, den treffe ich noch heute regelmäßig, wir waren auch mal zusammen einen Glühwein trinken. Das ist ein Mensch, der dir das Gefühl gibt, dass du es schaffen kannst. Vor allem in der Transplantationsmedizin habe ich nur ausgesprochen überzeugte Idealisten erlebt – ich glaube, sonst hält man den Job auch nicht durch.

Wie schön, Thomas. Und ich möchte dir einfach an der Stelle Danke sagen für all diese sehr persönlichen, sehr berührenden Einblicke. Wie sieht dein Alltag denn jetzt nach drei Jahren mit deinem Kunstherz aus? Wenn ich es richtig verstanden habe, spielt da ja auch die Tasche eine wichtige Rolle, die du immer bei dir trägst.
Genau, das ist meine Akku-Tasche. Das Kunstherz, das eigentlich Linksherz-Unterstützungssystem heißt, braucht sie, um zu funktionieren. Manche glauben, mein Herz wurde herausgenommen und durch ein künstliches ersetzt, aber so ist es nicht. Mein Herz ist noch in mir, aber ich habe an der linken Seite eine Pumpe, die Blut aus der Herzkammer nimmt, es am Herz vorbeipumpt und oben über einen Bypass wieder in die Aorta hineinführt. Und diese Pumpe hat ein Kabel, das am Bauchraum aus der Haut herauskommt. Da habe ich einen sterilen Verband, den ich alle zwei Tage neu machen muss, das macht bei mir zum Glück meine Frau, sodass ich nirgendwo hinfahren muss. Eine Hauptkomplikation beim Kunstherz ist eine mögliche Entzündung an dieser Stelle. Bis jetzt habe ich zum Glück keine Probleme gehabt, meine Wunde ist super verheilt. Die Tasche mit den Akkus und einem kleinen Controller habe ich immer bei mir, aber inzwischen bin ich vermutlich so fit, dass ich nicht direkt tot umfallen würde, wenn man das Kabel absteckt. Bei anderen Patienten ist es so, dass sie innerhalb von einer Stunde sterben würden, mich könnte man wohl noch bis in die Klinik transportieren. Das ist natürlich etwas, mit dem man lernen muss, zu leben. Man muss psychisch lernen, zu akzeptieren, dass man von einer Maschine abhängig ist – mit dem Gedanken habe ich zum Glück kein Problem. Und vielleicht muss man das alles etwas mit Humor nehmen, um nicht verrückt zu werden. Ich muss natürlich darauf achten, dass mein Kunstherz funktioniert, ich muss meine Blutgerinnung messen, Tabletten nehmen und wirklich diszipliniert sein, damit alles funktioniert. Ich soll auch körperlich fit werden, denn umso besser es mir geht, desto besser funktioniert auch das Kunstherz. Also versuche ich, hart an mir zu arbeiten, ich kann zwar keinen richtigen Sport machen, aber zehn Kilometer mit Steigung kann ich spazieren – und das finde ich schon ganz gut.

Thomas, du hast gesagt, dass du weiterhin auf der Liste für ein Spender-

herz stehst. Wie lange kannst du denn mit deinem Kunstherz leben?

Ich habe ein Kunstherz der neuesten Generation bekommen, das kann wohl fünf bis zehn Jahre funktionieren. Meistens ist es auch nicht das Kunstherz, das Probleme macht, sondern es sind Infekte am Kabel, von denen ich eben gesprochen habe, an denen man stirbt. Außerdem hat man ja bereits einen langen Weg hinter sich, bis man ein Kunstherz bekommt, und die Frage ist, wie geschädigt die anderen Organe sind. Meist sind es Niere oder Leber, die aufgeben.

Doch ich habe wahnsinniges Glück, ich wurde letzte Woche noch untersucht und die Ärzte hätten vor Freude tanzen können, es ist alles perfekt. Ich hatte ein Blutbild wie ein gesunder Mensch, meine Organe arbeiten alle wieder, alles geht in die richtige Richtung. Das ist einerseits toll, andererseits bedeutet es, dass ich gerade nicht die geringste Chance auf ein Spenderherz habe. Aber wer weiß, vielleicht geht es mir jetzt auch viel besser, als wenn ich mich transplantieren lasse, das kann man ja nie sagen. Aber das Ziel ist ein Leben mit einem Spenderherz, das ist immer im Fokus – die Transplantation steht über allem.

In der langen Zeit auf der Intensivstation, als du immer wieder um dein Leben gekämpft hast, hast du ja vieles mit dir selbst ausgemacht oder mit deiner Frau durchgestanden. Wie geht dein restliches Umfeld mit deiner Geschichte und deiner jetzigen Situation um?

Ich glaube, dass ich durch die intensive Auseinandersetzung mit meinem Leben wahrscheinlich grundsätzlich nicht immer ein bequemer Gesprächspartner bin. Ich habe über Dinge reflektiert, die viele Menschen gerne verdrängen. Und ich habe erlebt, dass viele Menschen mit der Konfrontation mit dem Tod durch meine Geschichte nicht klarkommen, vor allem bei Männern merke ich, dass sie nicht mit mir über die Situation und meine Geschichte reden möchten.

Was glaubst du, woran das liegt?

In meinem Umfeld sind viele Männer Ende 40 oder Anfang 50. Sie bekommen eine Ahnung davon, dass sie selbst und ihr Leben endlich sind, sie haben nicht mehr den leistungsstärksten Körper und die ersten Falten, vielleicht verlieren sie Haare oder werden grau und dick. Das an sich ist schon schlimm und dann kommt jemand wie ich, der ein fitter Typ war, nicht geraucht hat, nicht viel Alkohol getrunken hat und auch keinen Unfall hatte – und der bekommt so eine schwere Erkrankung. Dann erkennen sie vielleicht: Wenn es den Thomas fast getroffen hätte und immer noch treffen kann, dann könnte es ja genauso gut auch mich selbst treffen. Ich glaube, diese innere Angst wollen sie vermeiden, also meiden sie mich. Ich habe wirklich Freunde, die ich seit 30 Jahren kenne, die noch nie mit mir über die Situation gesprochen haben. Das Traurige daran ist ja: Weil sie mich nicht fragen, wie ich mit dem Kunstherz und der ganzen Geschichte leben kann, kann ich ihnen auch nicht sagen, dass ich ganz gut damit lebe. Ich könnte ihnen vielleicht einen Teil ihrer Angst nehmen.

Wir werden alle sterben, das ist es nun mal, was uns eint. Ich bin überzeugt, dass es gut ist, sich darüber Gedanken zu machen und das ist auch der Grund, warum ich meine Geschichte in diesem Buch teile. Wenn man sich über all diese Dinge im Klaren ist, dann ist es gar nicht mehr so schlimm, über den Tod zu reden. Und dann muss man auch keinen Bogen um Menschen machen, die krank sind oder im Sterben liegen – bloß, weil man selbst Angst vor dem Thema hat.

Nach all dem, was du erlebt hast, welches Gefühl hast du denn heute, wenn du an den Tod denkst?

Wir brauchen es nicht schönzureden, der Weg bis zum Tod kann richtig bitter werden und viel Leid und Schmerzen bereiten, aber vor dem Sterben an sich habe ich keine Angst mehr, weil ich es ja schon einmal fast gemacht habe. Und ich habe durch diese schlimme Zeit für mich erfahren, dass ich im Moment des Sterbens keine Angst haben muss, dann nur noch mich selbst zu haben: Es ist okay, wenn ich mit mir allein bin.

Wir haben vorhin über dein Mantra „nicht heute" gesprochen. Gibt es aktuell etwas, das dich Tag für Tag begleitet?

Momentan bin ich natürlich bei Weitem nicht in so extremen Situationen, aber natürlich braucht man immer etwas, auf das man sich freut und das einem Kraft schenkt. Mein Ziel ist immer noch die Transplantation und ich habe im Kopf dieses Bild, wie ich an einem schönen, warmen Sommertag aus Großhadern herausspaziere und sage: „Es hat alles geklappt." Viel mehr Träume habe ich gar nicht. Ich mache mir nichts vor, auch ich habe Tage, die richtig schlimm und anstrengend sind. Aber dieses Bild habe ich immer vor mir und es hilft mir, weiterzumachen und nicht aufzugeben.

Wenn du dich über Organspende informieren und selbst einen Ausweis beantragen möchtest, kannst du das auf der Website organspende-info.de tun.

IMPULS
Mit jeder Welle

von Laura

Sie fragte mich: „Ich bin müde von der ständigen Suche nach mir selbst, aber genau dazu ist das Leben doch da, um mich selbst zu finden, oder?"

Ich habe erlebt, dass das Leben wie der Ozean ist. Lebendig und unergründlich, mal klar, mal trüb, mal stürmisch, mal ruhig. Er leuchtet in den schönsten Farben, reflektiert die Sonne oder erscheint bedrohlich und düster. Und mit jeder Welle des Lebens verändert sich genau dieser Ozean. Jede Lebensphase ist anders, Träume verändern sich, Beziehungen verändern sich und wir stehen vor neuen Herausforderungen. Mit jeder Welle des Ozeans wird etwas Neues von mir selbst an die Oberfläche gespült, wird etwas Altes aufgewirbelt, und etwas anderes von mir weggespült. Ich bin genauso lebendig und in der ständigen Veränderung wie das Leben selbst. Mit jeder Phase meines Lebens, mit jeder neuen Erfahrung, durch jede Entscheidung, mit jedem Gedanken und mit jeder Bewegung verändert sich etwas, und wenn auch nur ein kleiner Strom in meinem Ozean.

Sich selbst zu finden, hört sich für mich so an, als würden wir nach langer Suche irgendwann an einem festen Ort ankommen. Und das, was wir dort vorfinden, ist das, was es schon immer war und auch immer sein wird. Wenn wir uns einmal gefunden haben, dann haben wir endlich die immer gültige Antwort auf die Frage, wer wir sind.

Ich glaube, durch diese Festschreibungen und Zuschreibungen wollen wir uns insgeheim ein Gefühl von Sicherheit vermitteln. Wir glauben, wenn wir uns gefunden haben, dann sind wir angekommen. Diese Vorstellung gibt uns natürlich Halt – vor allem in den stürmischen Zeiten auf dem Ozean des Lebens.

Und ja, auch mich verunsichern in turbulenten Zeiten die Weiten, die grenzenlosen Möglichkeiten dieses Ozeans, die Tiefe, die Ungestümheit. Und manchmal werde ich von den Wellen nicht getragen, sondern überrollt. Doch ich glaube, dass uns in diesen Zeiten nicht die Suche nach uns selbst hilft, sondern dass es uns hilft, wenn wir uns selbst ein liebevolles Zuhause sind in diesem Ozean. Dieses liebevolle beständige Zuhause, auf das wir immer vertrauen können, bedeutet, dass ich mich annehme, im Arm halte und aushalte in jeder noch so stürmischen Zeit.

In diesem Zuhause bin ich okay damit, wie ich heute bin, und auch okay, wenn ich ein Jahr später gar nicht mehr weiß, wer ich bin und was ich überhaupt will. Ist das nicht mal eine echte Erleichterung im überfüllten „To do-Listen-Alltag"? Ich muss gar nichts suchen, sondern kann mich viel mehr auf das freuen, was und wen ich in mir entdecke, wenn ich einem neuen Menschen begegne, in ein fremdes Land reise, wenn ich etwas zum ersten oder vielleicht auch zum zweihundertsten Mal tue. Und ja, manchmal verliere ich den Kontakt zu mir selbst, aber auch das ist eine Welle, die vorbeizieht.

Dieses konstante Zuhause schenkt uns Vertrauen und Gelassenheit, nicht anzukämpfen, sondern uns hinzugeben, diesem schönen, facettenreichen Ozean des Lebens.

Ich erwiderte: „Ich weiß nicht, was meine Antwort auf deine Frage in fünf Jahren sein wird – denn wer weiß schon, wer ich in fünf Jahren sein werde? Doch jetzt lautet sie: Ich glaube, das Leben ist da, um von dir gelebt zu werden und dabei die wunderbarsten Entdeckungen zu machen. Wenn du Glück hast, entdeckst du dabei dich selbst immer wieder aufs Neue."

MARA BORK

„Wir haben eine *Lego*-Sonderedition mit Särgen und Urnen – damit können die Kinder Trauerfeiern nachspielen."

Sie begleitet Kinder und Jugendliche in Trauerprozessen – und dabei kommen ihr manchmal auch selbst die Tränen. Mara Bork (* 1994) hilft Trauernden, die Wut am Schlagzeug herauszulassen, innere Burgen aus Sand zu bauen oder eigene Grabreden mit Lego-Figuren zu halten. In unserem Gespräch verrät Mara, was wir bei Tod und Trauer von Kindern lernen können, welche großen Erkenntnisse sie aus der Arbeit für sich gewonnen hat und warum es okay ist, wenn wir selbst mal richtig verzweifelt sind.

Mara, ich könnte mir vorstellen, dass es ganz unterschiedliche Reaktionen bei Menschen hervorruft, wenn du erzählst, dass du als Trauerbegleiterin für Kinder arbeitest. Was begegnet dir da häufig?
Das ergibt sich ja oft aus lockerem Smalltalk heraus. Alle sind gut gelaunt, plötzlich erzähle ich von meinem Beruf – und direkt breitet sich ein Nebel der Unberührbarkeit aus. Oft höre ich: „Oh, das ist aber schwierig, oder? Ich glaube, ich könnte das nicht ..." Tod und Trauer sind in unserer Gesellschaft so stark tabuisiert und viele Menschen kommen damit gar nicht in Berührung. Deshalb trauen sie sich gar nicht wirklich an das Thema heran. Obwohl sie es gleichzeitig interessant finden.

Ich schätze, dass bei vielen Menschen durch die fehlende Berührung im Alltag eine gewisse Unsicherheit da ist, welches Verhalten oder welche Reaktion denn jetzt „gesellschaftlich korrekt" wäre – niemand möchte unsensibel wirken.
Ja, bestimmt. Ich selbst versuche einfach, respektvoll mit Tod und Trauer umzugehen und das Thema zu würdigen. Es betrifft uns ja alle: Wir trauern nicht nur, wenn jemand stirbt, sondern auch, wenn etwas anderes wegfällt, das emotional wichtig für uns war. Es kann der Verlust von einer Beziehung, einer Freundschaft oder einer Heimat sein. Auch der Verlust einer Fähigkeit kann Trauer auslösen: Wenn man zum Beispiel nach einem Unfall plötzlich gelähmt ist. Mir ist es immer wichtig, das Thema niemandem aufzuzwängen, sondern eher eine Möglichkeit zu öffnen: Wir können darüber ins Gespräch kommen – aber wenn nicht, dann ist das auch vollkommen in Ordnung. Trauer ist oft sehr schambehaftet.

Alle sind gut gelaunt, plötzlich erzähle ich von meinem Beruf – und direkt breitet sich ein Nebel der Unberührbarkeit aus.

Merkst du das auch in deiner Arbeit?
Viele Kinder und Jugendliche sind bei den ersten Terminen sehr verschlossen. Sie sagen mir, dass sie traurig sind, wollen es aber nicht zeigen und überspielen es. Für mich ist das total in Ordnung: Es muss niemand über etwas sprechen, wenn er oder sie das nicht möchte. Das Gleiche gilt in meinen Augen, wenn man im Alltag trauernden Personen begegnet. Es ist immer gut zu sagen: „Ich bin für dich da, sobald du das möchtest. Aber ich dränge mich damit nicht auf." Vielleicht ist es der Person in diesem Moment nicht möglich, die Hilfe anzunehmen. Deshalb ist es gut, sie immer und immer wieder anzubieten.

Ich kann für die Trauernden einkaufen oder für sie kochen. Oft sind es Kleinigkeiten, durch die man sich nicht aufdrängt, die aber eine große Hilfe darstellen.
Oft hilft es auch, normale Gespräche zu führen. Meistens wird die Trauer dann ganz natürlich zum Thema. Zum Beispiel, wenn der oder die Trauernde in einer Situation plötzlich an den Verlust erinnert wird: vielleicht durch ein Essen, einen Geruch oder einen Ort, an dem man mit der oder dem Verstorbenen war. Dann ergibt sich das Gespräch über den Verlust und die Trauer von ganz allein und zum richtigen Moment.

Ich glaube, früher waren Gespräche über den Tod und die Trauer ja ganz normal. Der Tod gehörte in jeder Familie zum Leben, wie das Leben selbst. Man hat gemeinsam zu Hause getrauert, konnte vom geliebten Familienmitglied Abschied nehmen. Deine Arbeit ist so wertvoll, denn sie eröffnet Kindern und Jugendlichen die Chance, bei diesem Prozess unterstützt zu werden und sich ihrer ganz individuellen Trauer zu nähern. Wie kann ich mir deine Trauerarbeit mit Kindern und Jugendlichen vorstellen?
Das ist ganz unterschiedlich, jede Trauer ist so individuell, wie es auch jede trauernde Person ist. Ich lege viel Wert darauf, auf die Ressourcen jeder Person einzugehen. Wir nehmen nicht nur die Verstorbenen in den Fokus und reden darüber, wie schlimm die Situation und wie groß die Trauer ist. Sondern wir schauen uns an: Wer bist du, was macht dich ganz besonders? Was sind deine Stärken und Fähigkeiten? Ich möchte die Selbstwirksamkeit der Kinder und Jugendlichen wieder stärken. Viele von ihnen fühlen sich nach dem Verlust wie in einer Ohnmacht. Sie haben das Gefühl, nichts ausrichten zu können. Schließlich konnten sie auch nicht verhindern, dass ein geliebter Mensch aus dem nahen Umfeld, zum Beispiel die eigene Mama oder der Papa, gestorben ist.

Ich möchte die Selbstwirksamkeit der Kinder und Jugendlichen wieder stärken. Viele von ihnen fühlen sich nach dem Verlust wie in einer Ohnmacht.

Würdest du mich mal genauer mitnehmen in eine solche Situation? Was konkret machst du mit den Kindern?
Wir gehen zum Beispiel in einen kreativ-gestalterischen Prozess: Wir malen, töpfern, nähen oder basteln. Im musiktherapeutischen Bereich spielen wir Gefühle am Klavier nach oder lassen am Schlagzeug komplett die Wut raus, wenn gerade alles richtig scheiße ist. Daneben gibt es Entspan-

nungsmöglichkeiten oder erlebnispädagogische Angebote. Durch all das kann man beobachten, welche Selbstkräfte die Kinder und Jugendlichen entwickeln, wie sie Stück für Stück Lebensmut und Lebensfreude entwickeln. Das ist total schön.

Manche von ihnen durchleben den Verlust oder den Abschied von der verstorbenen Person im Spiel mit uns noch einmal. Wir haben zum Beispiel eine Sonder-Edition von *Lego*. Damit kann man einen Friedhof oder eine Trauerhalle mit Särgen und Urnen bauen. Kinder, die nicht an der Beerdigung eines Elternteils teilnehmen konnten oder sollten, können die Trauerfeier nachspielen. Das ist sehr emotional, viele Kinder fangen bei uns aus dem Nichts an zu weinen – und das ist völlig in Ordnung.

Sie lernen schnell, dass bei uns jede Emotion vollkommen in Ordnung ist. Auch bei einem Wutausbruch haben sie die Gewissheit, dass jemand da ist, der sie nicht wegstößt, der sie im Notfall einfach festhält.

Am Anfang ist es oft stockend, aber nach und nach wird es einfacher und wir können ganz viel gemeinsame Erinnerungsarbeit leisten. Das bedeutet, ins Gespräch über schöne Erlebnisse mit der verstorbenen Person zu kommen oder zu überlegen, was man von der Person gelernt, welche Eigenschaften man übernommen hat. Die Beziehungen waren auch nicht immer positiv und einfach. Manchmal geht es auch darum, noch offene Streitsituationen zu begreifen und zu schauen, wie die trauernde Person einen inneren Frieden schließen kann – auch wenn eine persönliche Versöhnung nicht mehr möglich ist.

Gab es in deiner Arbeit eine Erfahrung, die dich besonders berührt hat?
In meinem ersten Fall habe ich einen zehnjährigen Jungen begleitet, der seinen Papa verloren hat. Er kam zu uns, weil er viele Verhaltensauffälligkeiten gezeigt hat – bei Kindern zeigt sich Trauer ja nicht immer in Weinen. Er war in der Schule unkonzentriert, hat um sich getreten und geschrien. Am Anfang war er auch bei mir sehr verschlossen und es war erst einmal ganz wichtig, sein Vertrauen und auch sein Herz zu gewinnen. Wir haben im Sandkasten eine eigene innere Burg gebaut und ganz viele Drachen dorthin gestellt. Später hat er mit *Lego* eine Trauerrede für seinen Papa gehalten, die für einen jungen Mann, der Emotionen so abgestoßen hat, sehr berührend war. So ein Moment bleibt immer in Erinnerung.

Ich bin ja auch kein Trauerbegleitungs-Klotz, sondern ein Mensch mit eigenen Gefühlen.

Erlaubst du dir in so einer Situation auch selbst zu weinen?
Wenn Tränen kommen, könnte ich sie auch gar nicht zurückhalten, dafür bin ich zu emotional. Ich bin ja auch kein Trauerbegleitungs-Klotz, sondern ein Mensch mit eigenen Gefühlen. Ich finde es wichtig, authentisch zu bleiben, meine Emotionen zu zeigen und zu sagen, wie sehr mich das gerade berührt hat: Ich weine, weil es so schön ist, was das Kind gerade gesagt hat – und das bringt uns beide sehr nah zusammen.

Weil du gerade „authentisch" gesagt hast: Ich habe das positive Vorurteil, dass Kinder viel natürlicher mit dem Sterben umgehen können als wir Erwachsenen. Wie erlebst du das?
Kinder haben in diesem Bezug oft einen Forschungsdrang: Wenn sie einen toten Vogel oder eine tote Hummel auf der Straße finden, wollen sie das Tier genau anschauen, es vielleicht auch beerdigen. Ich glaube, hier können wir viel nachholen und beim Trauern viel von Kindern lernen. Oft schieben Erwachsene so ein Tier weg und wollen nicht darüber reden. Aber wenn man eine solche Szene mit einem Kind erlebt, kann man ganz sensibel und ehrlich auf sich selbst schauen: Wie reagiere ich darauf? Außerdem haben Kinder ein ganz anderes Todes- und Jenseitsverständnis. Für sie ist der Tod gar nicht so irreversibel. Bis zu einem gewissen Alter ist es für sie oft noch möglich, sich vorzustellen, dass der Tote auch wieder aus dem Himmel zurückkommt. Oder sie denken, dass der Tote als Vogel über den Himmel fliegt und trotzdem bei ihnen ist. Es ist natürlich wichtig, den Kindern zu vermitteln, dass der Tod endgültig ist. Der Tote kommt nicht zurück zu uns. Aber vielleicht könnten wir trotzdem versuchen, uns etwas von dieser kindlichen, magischen Vorstellung zu bewahren.

> Findet ein Kind einen toten Vogel auf der Straße, kann diese Situation genutzt werden, um zu fragen: Wie fühlst du dich jetzt?

Wie können wir Erwachsenen Kinder noch darin unterstützen, einen gesunden Umgang mit der Endlichkeit zu entwickeln?
Gerade Kinder mit ihrem Forschungsdrang könnte man viel stärker abho-

len und auf einer emotionalen Ebene darüber reden. Findet ein Kind einen toten Vogel auf der Straße, kann diese Situation genutzt werden, um zu fragen: Wie fühlst du dich jetzt? Was glaubst du, ist jetzt mit dem Vogel? Bist du traurig? Viele Kinder wissen gar nicht, wann sie traurig sind, wann sie wütend sind. Wie äußert sich das? Ich finde, da könnten alle Begleiter:innen ganz früh und offen darüber reden und sich auch selbst dabei reflektieren: Was bedeuten Tod und Trauer für mich selbst?
Man sollte im Umgang mit Kindern also nicht nur die lehrende Hand erheben, sondern sich selbst ganz bewusst mit all diesen Fragen auseinandersetzen. Das ist natürlich stark von der eigenen Persönlichkeit abhängig und mir ist bewusst, dass das nicht jeder und jede kann und das ist auch in Ordnung so. Aber es ist möglich, die Endlichkeit immer wieder zu thematisieren und gleichzeitig Kinder schon im kleinsten Alter immer zu motivieren und ihnen Mut zu machen: Was möchtest du gerade in diesem Moment machen, was möchtest du dir Gutes tun? Je älter die Kinder sind, desto konkreter kann man das Thema dann gestalten und angehen. Die Tabuisierung einfach ein Stück weit durchbrechen.

Du hast eben von der Endgültigkeit des Todes gesprochen. Was ist deine persönliche Vorstellung darüber, was nach dem Tod mit uns passiert?
Ich fände es total schön, wenn wir wiedergeboren werden – egal, als was. Dann könnte man den Hinterbliebenen irgendwann begegnen. Das ist für mich ein sehr schöner Gedanke, aber gleichzeitig fällt es mir schwer, ihn als realistisch anzunehmen. Ich habe eher die Vorstellung, dass wir alle an einen Ort kommen, an dem es uns einfach gut geht. Dort gibt es keine Schmerzen, keine Krankheiten, keinen Krieg, keinen Streit. Dort können wir mit den Lieben, die vor uns gegangen sind, zusammenkommen und gleichzeitig irgendwie auf die Hinterbliebenen gucken. Das passt vielleicht zu der klassischen Himmelsvorstellung.

Hast du selbst schon jemanden in deinem Leben verloren? Und wie hat sich deine eigene Trauer durch deinen Beruf verändert?
Bislang habe ich durch Tod tatsächlich nur einen Opa verloren, da war ich noch recht jung. Das habe ich damals ganz gut überwunden: Er war alt und krank und es war irgendwie okay, dass er gestorben ist. Meine Eltern haben zum Glück alles an Trauer für

mich zugelassen: Ich war bei der Beerdigung und konnte mich von dem toten Körper verabschieden, das war hilfreich.
Als Jugendliche hatte ich mehr damit zu kämpfen, dass ich Freundinnen verloren habe. Nicht weil sie gestorben sind, sondern durch einen Umzug oder weil wir uns auseinandergelebt haben. Ich investiere immer viel in Beziehungen und bin sehr traurig, wenn sie auseinanderbrechen. Bis ich Mitte 20 war, ging mir das sehr nahe, ich habe mir Selbstvorwürfe gemacht und mich gefragt, was ich falsch gemacht habe. Durch den Beruf trauere ich in dieser Hinsicht jetzt anders: Nach einer Trennung weiß ich, ich muss und darf auch verzweifelt sein und einfach heulen. Ich schaue natürlich nicht komplett von außen und analytisch drauf wie bei Kindern, mit denen ich arbeite. Aber ich weiß, es ist okay, dass ich traurig, wütend und auch mal richtig fertig bin.

Aber ich weiß, es ist okay, dass ich traurig, wütend und auch mal richtig fertig bin.

Dazu fällt mir der Begriff der Resilienz ein. Eine Definition dieses Begriffes, die ich persönlich besonders wertvoll finde, lautet, Resilienz als eine Fähigkeit zu betrachten, sich selbst anzunehmen und auszuhalten – in jeder Lebenssituation.
Ganz genau, man kann es aushalten und gleichzeitig wissen, dass es auch wieder anders wird. Es wird wieder besser und irgendwann wird es nicht mehr so sehr wehtun. Mir ist jetzt viel klarer, auf wen ich mich verlassen kann, wenn es mir schlecht geht. Ich habe durch meine Arbeit gelernt, in der Trauer Hilfe anzunehmen und mir Unterstützung zu suchen – und ich weiß, bei wem ich sie finde. Mit meiner Mutter kann ich zum Beispiel inzwischen über vieles reden, bei dem ich früher dachte, das sei nicht unser Thema.

Wie schön. Mara, ich glaube, du lernst durch deine Tätigkeit viel für dich, dein eigenes Leben und dein Lebensglück, oder?
Total. Es ist einerseits diese Ehrfurcht vor dem Leben – weil immer präsent ist, dass es endlich ist. Das spielt natürlich nicht in jeder einzelnen Sekunde eine Rolle, aber mir ist bewusst, dass das Leben vorbeigeht. Ich habe eine gewisse Zeit zur Verfügung und

versuche, das Beste aus ihr zu machen. Es bringt mich auch unheimlich weiter, so viele unterschiedliche Lebenskontexte mitzuerleben. Ich sehe und staune, wie manche Leute mit Hindernissen umgehen und für sich selbst so viel mitnehmen.

Es ist einerseits das Wissen, dass meine Zeit endlich ist und ich mich nicht immer nur auspowern und für andere da sein kann. Ich gehe sensibler mit mir selbst und meinen Möglichkeiten um, schöpfe sie nicht bis ins Unermessliche aus. Gleichzeitig habe ich eine Art Bucket List entwickelt: Was möchte ich in meinem Leben machen? Auf welche schönen Erinnerungen möchte ich mal zurückblicken?

Ich gehe sensibler mit mir selbst und meinen Möglichkeiten um, schöpfe sie nicht bis ins Unermessliche aus.

Verrätst du einen Punkt, der auf deiner Bucket List steht?

Ich möchte gerne einmal Island erkunden und nach Neuseeland fliegen, das sind meine Reisewünsche. Im sozialen Bereich ist es der Wunsch, positive Veränderungen und Spuren im Leben von anderen Menschen zu hinterlassen. Ich möchte eine Konstante bilden für Personen, die mir wichtig sind, und für sie da sein. Wir sind alle keine Einzelkämpfer, sondern Herdentiere, die aufeinander angewiesen sind. Ich glaube, deshalb habe ich auch so einen helfenden Beruf gewählt.

Ist das dein persönlicher Sinn des Lebens?

Ich möchte auf jeden Fall andere Menschen nach meinen besten Möglichkeiten unterstützen. Gleichzeitig sehe ich den Sinn meines Lebens darin, es in vollen Zügen zu genießen. Auch mal Dinge zu tun, für die mir zuerst der Mut fehlt. Über den eigenen Schatten springen, Sachen einfach ausprobieren – dann kann ich immer noch entscheiden, dass es jetzt genug ist.

Möchtest du zum Abschluss unseres Gespräches den Leser:innen dieses Buches noch etwas mitgeben, das du von den Kindern und Jugendlichen besonders gelernt hast?

Den eigenen Lebensmut nicht zu verlieren. Sich vielleicht auch mal am eigenen Kopf aus der ganzen Scheiße herauszuziehen. Gleichzeitig ist es auch wichtig, die Situation einfach mal auszuhalten. Und was Kindern oft viel leichter fällt als uns Erwachsenen: um Hilfe bitten. Sie sagen klar, wenn sie nicht mehr können oder eine Auszeit brauchen. Außerdem sieht man bei Kindern ganz gut, wie sie sprichwörtlich von Trauerpfütze zu Trauerpfütze springen. Sie sind nicht permanent in dieser Pfütze und verharren dort. Sie sind mal in der Trauer und dann gehen sie wieder heraus. Daraus können wir alle lernen, auch mal einen Schritt zurückzugehen und bewusst etwas anderes zu tun.

Der *Leuchtturm e.V. Schwerte* ist ein Beratungszentrum für trauernde Kinder, Jugendliche und Familien sowie Träger der freien Kinder- und Jugendhilfe. Hier können Kinder, Jugendliche, junge Erwachsene, Eltern und Zugehörige einen geschützten Raum für ihre Trauer nach dem Tod einer nahen Bezugsperson erleben. Auch in der Vorbereitung auf den bevorstehenden Abschied finden Familien im *Leuchtturm*-Beratungszentrum Halt und Unterstützung. Es gibt eine professionelle Verzahnung zwischen persönlicher Beratung und Onlinebegleitung. Weitere Informationen unter www.leuchtturm-schwerte.de.

IMPULS
Luft zum Leben

von Laura

Ich weiß noch, dass ich als Kind nie etwas verpassen wollte. Das ging sogar so weit, dass ich im Kindergarten immer bis zum letzten Moment wartete, um zur Toilette zu gehen – da gab es schließlich so viel zu entdecken und zu erkunden, das viel wichtiger war als der Umstand, dass meine Kinderblase mal dringend geleert werden musste.

Diese Begeisterung an der Welt, an den Menschen, die ist mir bis heute geblieben. Und doch hat sich irgendwann die Angst gelegt, etwas im Leben zu verpassen. Das Gefühl von Druck, alles mitnehmen zu wollen – denn wir haben ja schließlich nur dieses eine Leben –, hat sich nach und nach gewandelt. Ich habe gemerkt, dass überall sein zu wollen, bedeutet, nirgendwo so richtig zu sein. Dass alles machen zu wollen, bedeutet, nichts so richtig zu machen. Und mir wurde immer deutlicher, dass ich nicht mehr überall vorbeihuschen will und so das Gefühl habe, kurz beim Leben vorbeizuschauen, sondern dass ich selbst ein Teil davon sein möchte. Dass ich wirklich präsent sein möchte in meinem Leben. Und dafür brauchte ich vor allem Entschleunigung und mehr Luft zum Leben.

Zugegeben, das ist nicht einfach in dieser sich selbst überholenden Welt, in der wir uns und unser Smartphone mittlerweile in den Ruhemodus schalten müssen, um Leerräume zu schaffen. Doch ich versuche, mir meinen Terminkalender so gut es geht freizuhalten und mein Leben nicht vollzupacken mit Aktivitäten. Denn Luft zum Leben zu schenken, heißt für mich auch: weniger vom Tun und dafür mehr vom Sein. Es tut mir gut, mich immer wieder zu erinnern, dass meine Außenwelt nicht immer eine Handlung oder eine Reaktion von mir verlangt. Sie lädt mich vielmehr ein, anzukommen und da zu sein: ohne einen Auftrag, ohne produktiv zu sein oder etwas voranbringen zu müssen. Unser Dasein als Mensch meint vielleicht immer noch: sein zu lassen und zu erfahren, dass es nicht mit allen Eindrücken etwas zu tun gibt.

Heute habe ich keine Angst mehr, etwas zu verpassen und die Tage ohne Pläne sind mir oft die liebsten. Ich liebe es, mich treiben oder überraschen zu lassen, einfach zu sein und spontan zu entscheiden, wonach mir in diesem Moment gerade ist. Und wenn ich mir einen Plan für einen Tag mache oder auf Reisen gehe, dann ist es auf keinen Fall mehr mein Wunsch, so viel wie möglich zu erleben und rastlos von einem großartigen Spot zum nächsten zu kommen, sondern die Zeit dort, wo ich gerade bin, zu genießen und den Menschen, den Orten und allen Sinneseindrücken meine echte Aufmerksamkeit zu schenken – präsent zu sein und zu spüren: Ich bin hier.

Und mit diesen Gedanken lasse ich dich jetzt einfach mal für einen Moment sein.

„Ich stand bis zum Kinn im Wasser und dachte: Wenn jetzt das Ende kommt, dann kommt es."

Josefine Weber (*1931), die alle nur „Finchen“ nennen, verlor ihre Eltern, als sie neun Jahre alt war. Sie erlebte den Zweiten Weltkrieg und pflegte ihren kranken Ehemann bis zum Tod. Mit 90 Jahren wachte sie nachts davon auf, dass ihr gesamtes Schlafzimmer unter Wasser stand – es war die schwere Flut im Ahrtal 2021. Wie sie sieben Stunden lang allein im Nachthemd dort ausharrte, warum sie später unzählige Socken für andere Betroffene strickte und wieso sie fast ihr ganzes Geld gespart hat, um einen schönen Grabstein für ihren Mann und sich zu kaufen: Das erzählt sie in diesem Gespräch.

Finchen, es ist so schön, hier mit dir bei Kaffee und Kuchen in deinem neuen Zuhause zusammenzusitzen. Danke, dass ich dein Gast sein darf. Du hast eben schon angefangen zu erzählen, dass du vieles in deinem langen Leben erlebt hast und dass du als Kind mit dem Tod deiner Eltern konfrontiert wurdest. Du und deine Schwestern, ihr wurdet Vollwaisen. Kannst du dich noch an diese Zeit zurückerinnern?

Ja. Ich kann mich noch ganz gut erinnern. Die Mutter war schwer herzkrank, sie lag im Krankenhaus und sollte Karsamstag entlassen werden. Am Karfreitag ist sie dann gestorben. Mein Vater war da bei der Arbeit und ich war mit meinen beiden Schwestern allein zu Hause. Damals hatten wir ja kein Telefon, nur der Ortsvorsteher hatte eins. Der kam dann zu uns und sagte: „Wir müssen den Papa anrufen, die Mama ist gestorben."

Und elf Monate später brachten sie den Vater tot heim. Er war auf dem Motorrad unterwegs und ist vom deutschen Militär totgefahren worden – es war ein Unfall. Wie genau es abgelaufen ist, weiß ich nicht. Meine älteste Schwester hat mir später erzählt, dass der Fahrer, der schuld daran war, eigentlich für uns sorgen wollte. Aber er hat nie etwas von sich hören lassen.

Ihr wart von einem auf den anderen Tag auf euch allein gestellt? Wie alt wart ihr damals?

Die älteste Schwester war 14, sie ist jetzt vor kurzem gestorben. Die andere war damals elf und ich neun Jahre alt. Wir hatten früher auch noch zwei Brüder, aber den ältesten hat keiner von uns gekannt, der ist am Kindstod gestorben. Mein anderer Bruder war sieben Jahre alt, als er starb. Da weiß ich bis heute nicht genau, was passiert ist, meine Eltern waren ja auch nicht mehr da, um sie später zu fragen. Wenn ich als Kind die anderen Erwachsenen fragte, sagten sie immer, er sei jetzt im Himmel bei den Engelchen.

Aber woran ich mich noch gut erinnern kann, ist, dass ich immer mit ihm durch unsere Küche gerutscht bin, er war mein Pferdchen, ich saß auf seinem Rücken. Die Leute im Dorf haben mir dann später erzählt, dass mein Bruder nie allein unterwegs war – er hatte mich immer an der Hand.

Wenn ich als Kind die anderen Erwachsenen fragte, sagten sie immer, er sei jetzt im Himmel bei den Engelchen.

Wie ging es mit deinen Schwestern und dir weiter, nachdem eure Eltern gestorben waren?

Etwa sechs Wochen lang waren wir drei ganz allein im Haus. Unsere Nachbarn haben uns etwas zu essen gebracht und die älteste Schwester hat sich um uns gekümmert. Sie war auch nach dem Tod der Mutter schon viel für uns verantwortlich, weil mein Vater früh um halb fünf zur Arbeit gefahren ist und erst abends nach Hause kam. Danach wurde der Bruder meiner Mutter unser Vormund. Meine älteste Schwester kam ins Pflichtjahr, das machten alle jungen Frauen damals. Meine andere Schwester wurde bei der Cousine meiner Mutter untergebracht und ich kam zum Ortsvorsteher seiner Frau. Sie hatten keine Kinder und wollten mich gerne haben.

Das muss schlimm für euch gewesen sein, dass ihr drei auch noch räumlich voneinander getrennt wurdet und jede ein anderes Zuhause hatte. Wie konntet ihr weiter Kontakt halten?

Meine älteste Schwester war in Remagen, wir haben uns jede Woche gesehen. Die andere blieb bei uns im Dorf, also haben wir uns täglich getroffen. Wir sind morgens in die Schule gegangen, danach musste ich mit aufs Feld gehen, um dort zu helfen.

Es war eine schlechte Zeit damals Ende der 30-er Jahre, wir mussten alle mithelfen und arbeiten.

Für mich heute ist deine damalige persönliche Situation und die harte Zeit vor dem Krieg unvorstellbar. Weißt du noch, ob du damals viel Angst und Sorgen hattest?

Das weiß ich nicht mehr. Aber es war sehr schlimm für mich, dass wir nach dem Tod meiner Eltern zwei Jahre Schwarz tragen mussten. Ein Jahr für die Mutter, ein Jahr für den Vater. Und meine Mutter hat mir sehr gefehlt, ich war immer ein Mutter-Kind gewesen, es war also sehr schlimm für mich, dass sie weg war. Meine Pflegemutter wollte immer, dass ich Mama zu ihr sage, aber das wollte ich nicht. Ich habe immer gesagt: „Die Mama ist tot, die ist nicht mehr da."

... es war sehr schlimm für mich, dass wir nach dem Tod meiner Eltern zwei Jahre Schwarz tragen mussten.

Gibt es etwas, woran du dich bis heute bei deiner Mutter ganz besonders erinnerst?

Ich sehe sie immer vor mir, wie sie mit dem Strickzeug dagestanden hat. Sie hat immer für das ganze Dorf gestrickt – von ihr habe ich das übernommen. Meine Schwester, die vor kurzem gestorben ist, hat auch immer viel gestrickt. Die andere nicht, sie ist übrigens gerade 94 geworden. Das muss man sich mal vorstellen, meine Eltern wurden beide nur 45 Jahre alt.

Es ist so beeindruckend, wie gut ihr Schwestern durchgehalten habt und noch immer durchhaltet. Du hast dann auch den Zweiten Weltkrieg miterlebt, in dem ihr alle ums Überleben kämpfen musstet. Erinnerst du dich auch noch an diese Zeit?
Klar, das war immer: rein in den Keller, raus aus dem Keller. Immer wenn die Sirene kam, mussten wir in den Keller laufen. Wir hatten drei Tage Schule bei uns im Dorf und drei Tage im Nachbardorf, auch dort gab es dann eine Familie, bei der wir im Keller Schutz suchen konnten, wenn die Sirenen gingen.
Es war insgesamt eine harte Zeit. Wir waren drei Mädchen aus dem Dorf, die immer einen Rucksack Hafer auf den Buckel bekamen, mit dem sind wir dann bis nach Remagen gelaufen, das waren etwa fünf oder sechs Kilometer durch den Wald. Da hatten wir eine Angst, kann ich dir sagen. Von dort aus sind wir mit dem Zug nach Euskirchen gefahren und in eine Fabrik gegangen, in der wir Haferflocken bekommen haben.
Wir waren den ganzen Tag nur für ein paar Pfund Haferflocken unterwegs – und wir hatten wirklich Angst auf dem Weg. Wir sind am Zug nur auf dem Trittbrett mitgefahren.

Wir waren den ganzen Tag nur für ein paar Pfund Haferflocken unterwegs – und wir hatten wirklich Angst auf dem Weg.

Ich frage mich die ganze Zeit: Wie konntet ihr das alles durchstehen?
Ach, wir waren ja jung damals. Wir haben auf der Fahrt gesungen und haben das alles trotz der Angst oft mit Humor genommen. Was sollten wir auch anderes machen? Und wir hatten ja immer genug zu essen, wir hatten zum Glück viel im Garten. So gab es morgens anstatt des Butterbrots eine Mohrrübe auf die Hand, bevor es los ging zur Schule.

Denkst du heute noch oft an diese Zeit zurück?
Das kann ich nicht sagen, aber ich bin noch immer so, dass ich nichts wegwerfe. Es heißt immer, die Deutschen werfen so viele Lebensmittel weg, aber ich mache das nicht. Ich sage immer, wir haben genug Hunger gelitten. Jetzt haben wir genug und da

wird nichts weggeworfen. Ich koche immer selbst und für zwei Tage auf Vorrat.

Ich glaube, damit bist du ein Vorbild für uns alle, Finchen. Wenn es für dich in Ordnung ist, würde ich gerne mit dir noch über deinen Mann sprechen. Du hast mir ja eben schon ein wenig von ihm erzählt und auch ein paar Fotos gezeigt, zum Beispiel vor eurem geliebten Wohnwagen. Dein Mann scheint ein sehr wichtiger Mensch in deinem Leben gewesen zu sein.
Ich hatte einen sehr guten Mann, das muss ich sagen. Ich werde auch nie vergessen, wie er zwei Wochen vor seinem Tod zu mir sagte: „Du hast alles für mich getan, mehr als du musstest, und dafür danke ich dir. Ich würde dich jederzeit wieder heiraten." Da wusste ich noch nicht, wie schlecht er zu diesem Zeitpunkt schon wirklich dran war. Wir wären jetzt 70 Jahre verheiratet gewesen.

Ich hatte einen sehr guten Mann, das muss ich sagen.

Wahnsinn, 70 Jahre, das ist eine lange gemeinsame Zeit. Wie alt warst du, als ihr euch kennenlerntet?
Ich war 18, da hatte ich gerade angefangen, in einem Geschäftshaus zu arbeiten. Ich musste morgens immer mit dem Fahrrad Gemüse in die Hotels bringen. Da fuhr ich eines Tages wieder die Straße runter und er hielt mich einfach auf meinem Rad fest und fragte, was ich am Sonntag machen würde. Ich hatte ihn vorher noch nie gesehen. Ich habe zu ihm gesagt, dass ich am Sonntag um zwei Uhr von der Arbeit heimgehen würde. Aber das stimmte nicht, ich bin einfach schon um ein Uhr abgehauen – und habe gedacht, dass ich ihn so hoffentlich nie wieder sehe.
Aber eines Tages stand er dann bei uns vor der Tür, ich weiß bis heute nicht, wie er herausgefunden hat, wo ich wohne. Er blieb hartnäckig und lief immer an dem Geschäft vorbei, in dem ich gearbeitet habe, und er kam ein paar Mal bei uns zu Hause vorbei. Ich hatte Angst, dass meine Pflegeeltern mich ausschimpfen, aber er hat meiner Pflegemutter die Nähmaschine repariert, als sie kaputt war, und sogar das Haus von außen gestrichen. Da hatte er schon gewonnen. Als ich 21 Jahre alt war, haben wir geheiratet. Nach der Hochzeit haben wir dann eine gemeinsame Wohnung bekommen, vorher durfte man damals als Paar ja keine mieten. Und einige Jahre später sind wir in die Schule gezogen, weil er dort als Hausmeister angefangen hatte.

Und ihr habt in dieser Schule bis zu seiner Rente gewohnt?
Wir sind 1992 dort ausgezogen, weil er zu 100 Prozent Invalide war und er

die Arbeit nicht mehr machen konnte. Er war laufend im Krankenhaus und dann hatte ich seine ganze Arbeit am Hals. Also hat er sich pensionieren lassen und wir sind umgezogen.

Was hatte dein Mann für eine Erkrankung, wenn ich dich das fragen darf?
Ach, er hatte alles. Er hatte es mit dem Rücken, wurde am Rücken operiert und als er zurückkam, war sein Bein gelähmt. Dann hatte er es am Herzen und die Ärzte hatten Angst, dass er ein Aneurysma kriegt. Wir mussten alle paar Wochen zur Kontrolle, dann hatte er zu viel Eiweiß im Blut. Er lag eine lange Zeit in so vielen Krankenhäusern und ich hatte kein Auto, also musste ich überall mit dem Zug hinfahren. Die Kinder waren arbeiten, was hätte ich sonst machen sollen?

Wie lange ging es ihm so schlecht?
Das waren zwei oder drei Jahre. Jetzt ist er schon 14 Jahre tot. Er war schon ein sehr besonderer Mensch und wir hatten eine sehr enge Beziehung. Er ging auch nie irgendwo allein hin. Wenn ich zum Beispiel nicht mit zu seinem Klassentreffen wollte, dann ging er nicht. Er wollte am Anfang unserer Beziehung auch nicht, dass ich arbeite, aber ich habe gesagt: „Da kannst du machen, was du willst, ich gehe arbeiten, wir müssen auch an später denken.“ Ich habe zeitweise sogar eine eigene Wäscherei aufgemacht und hatte zwei Frauen, die mir geholfen haben. Jeden Morgen stand ich um halb fünf an der Waschmaschine. Als mein Mann bei der Schule anfing und somit bei der Stadt angestellt war, musste ich auch bei der Stadt anfangen – das war damals so. Zwei Jahre habe ich im Schwimmbad an der Garderobe gearbeitet, später auch an Schulen. Und wenn mein Mann nicht da war, habe ich auch für ihn die Arbeit übernommen, ich habe die Sporthalle sauber gemacht und solche Dinge erledigt.
Ich weiß noch, als ich das erste Mal meine Rente bekommen habe, da war er dann doch froh, dass ich mich zu Beginn durchgesetzt hatte.

Ich wollte das alles einfach, also schaffte ich es auch.

Woher hast du schon damals all deine Energie hergenommen?
Ich wollte das alles einfach, also schaffte ich es auch.

Ihr habt ja auch vier Kinder bekommen, richtig?
Genau, drei Jungs und ein Mädchen. Jetzt habe ich sogar elf Enkelkinder und sieben Urenkel. Man muss sagen, dass ich auch zum größten Teil die Enkel mit großgezogen habe. Ein Mann im Dorf hat mal zu mir gesagt: „Dich sieht man nie ohne Kinder.“

Wir haben uns auch um andere Kinder immer gut gekümmert. In der Schule gab es zum Beispiel einen Jungen aus Afghanistan, der viel allein war. Seine Mutter hatten sie auf der Flucht erschossen und sein Vater hatte sich nicht gekümmert. Der Junge tat uns so leid, also haben wir ihn mit in den Urlaub genommen, wir sind ja immer auf den Campingplatz gefahren. Mein Sohn war zwar wütend und neidisch, aber ich habe zu ihm gesagt: „Du hast alles, was du haben willst, und dir wird nichts genommen, wenn noch ein Kind mitkommt, mit dem du spielen kannst." Und der Junge war überglücklich, der war der Liebling auf dem Campingplatz. Mein Mann hat den Kindern in dem Urlaub auch ein Boot gekauft, mit dem sie über den See fahren konnten, das war eine schöne Zeit.
Später ging der Junge auch mit uns gemeinsam in die Kirche und in der Messe zur Kommunion. Mein Mann fragte mich einmal, ob er das überhaupt dürfe, aber ich habe gesagt: „Der Herrgott ist doch für alle da."

Es klingt so, als hättet ihr als Paar vieles erlebt, was euch zusammengeschweißt hat, und gleichzeitig habt ihr viel Gutes für die Menschen um euch getan. Wie war es für dich dann, als dein Mann gestorben ist und du dein Leben plötzlich ohne ihn weiterführen musstest?

Das war ganz schlimm für mich, da bin ich drei Jahre gar nicht drüber weggekommen. Ich habe gedacht, ich werde verrückt und ich schaffe es nicht. Ich bin jeden Tag auf den Friedhof gegangen, das mache ich heute noch, wenn ich es kann – aber da muss ich immer den Berg hoch. Oft war ich schon morgens um halb acht bei ihm. Er fehlt mir sehr.

Ich habe gedacht, ich werde verrückt und ich schaffe es nicht.

Du hast schon so viele Hürden aus eigener Kraft gemeistert und dann kam 2021 noch die Flut, die dir und deiner Heimat so viel genommen hat …

Ja, da war dann alles weg. Die Möbel weg, die Waschmaschine weg. Und ich hatte noch so viel Spargel eingefroren, auch der war weg.

Was weißt du noch von diesem Tag?

An den kann ich mich noch gut erinnern, das ist ja nicht lange her. Mein Sohn rief abends an und sagte, ich könne ruhig ins Bett gehen, so hoch würde das Wasser nicht kommen. Mein Schlafzimmer war im ersten Stock. Und ich war müde, also ging ich ins Bett. Dann wachte ich mitten in der Nacht davon auf, dass meine beiden Kleiderschränke mit einem lauten Krachen umfielen. Ich habe erst gedacht, es wären Einbrecher, aber dann sah ich, dass in meinem Zimmer schon hoch das Wasser stand. Ich bin dann auf das Bett von meinem Mann geklettert, der hatte am Ende sein eigenes Pflegebett. Ich konnte ja sonst nichts machen, die Türen gingen durch das Wasser nicht mehr auf.

Vom Bett aus konnte ich mich an der Fensterbank festhalten. So habe ich sieben Stunden gestanden, bis zum Hals im Wasser. Ich habe ein paarmal um Hilfe gerufen, aber es hat sich nichts getan. Ich habe die ganze Zeit aus dem Fenster nach draußen geguckt und dort sah es aus wie in einem riesigen Meer. Und ich kann ja nicht schwimmen.

Da habe ich angefangen zu beten. Ich habe gedacht, egal, was kommt, beten ist gut. Morgens haben sie mich dann endlich rausgeholt.

Ich habe gedacht, egal, was kommt, beten ist gut.

Du standest sieben Stunden lang dort, bis du gerettet wurdest?

Ja, es war natürlich alles nass, mir war kalt. Ich hatte nur das Nachthemd an, so habe ich mich festgehalten. Als dann jemand kam, zogen sie mir eine Schwimmweste an und haben mich rausgeholt. Danach stand ich noch zwei Stunden auf dem Trottoir, die Leute hatten mich gegen die Kälte in Silberpapier eingepackt. Dann haben sie mich zum *Roten Kreuz* gefahren, wo es eine Tasse Tee gab. Ein Krankenwagen hat mich dann ins Krankenhaus gebracht und der Arzt fragte, ob ich einen Unfall gehabt hätte – der wusste da noch gar nicht, was im Ahrtal los war.

Wie hast du nur diese sieben Stunden bis zur Rettung überstanden? Hast du nie gedacht, dass du einfach loslässt, weil deine Kraft nachließ oder es dir so ausweglos erschien?

Natürlich war ich richtig elendig dran, ich habe ja die ganze Nacht nicht geschlafen. Aber ich habe gedacht: „Wenn jetzt das Ende kommt, dann kommt es." Ich kann ja nichts ändern. Festgehalten habe ich mich trotzdem, so lange ich es konnte und es hat gereicht.

Du wusstest in dem Moment auch nicht, was mit deinen Kindern ist, oder?

Nein. Ich konnte niemanden erreichen. Das Handy lag in der Küche, das Telefon stand im Wohnzimmer und ich kam ja nicht aus dem Schlafzimmer. Ich war in diesem Moment nur froh, dass mein Mann das alles nicht mehr erleben musste.

Wie war es für dich, als du nach der Flut aus dem Krankenhaus zurück-

kamst und gesehen hast, dass so vieles zerstört ist?
Ich habe mich damit abgefunden, auch das war nicht zu ändern. Ich wusste, dass ich nicht allein damit bin, andere Leute haben ja auch alles verloren. Ich fühle mich zwar auch heute hier in meinem neuen Zuhause noch fremd und auch, wenn es sehr schön ist, sind es nicht meine Sachen und es fehlen fast alle Erinnerungen, nichts ist mehr da. Aber es ist eben nicht zu ändern. Ich musste das Beste draus machen, wie alle anderen.

Und dann hast du angefangen, ganz viele Socken für die Menschen aus den betroffenen Gebieten zu stricken.
Ja, damit habe ich mich abgelenkt. Da musste ich zählen, nicht nachdenken. Ich habe ja schon viel Wolle in meinem Leben verstrickt, aber so viel Wolle hatte ich noch nicht gesehen. Es kamen immer wieder Leute zu mir und die haben neue Wolle vorbeigebracht, damit ich weiter für die Opfer stricken konnte. Da hat sogar die Zeitung drüber berichtet.

Was ist dein größter Wunsch für eure Gemeinschaft hier, für die Menschen aus dem Ahrtal?
Dass sich die Leute alle vertragen, das wünsche ich mir. Nach der Flut war einer für den anderen da, das ist jetzt nicht mehr so. Und es geht nichts voran. Meine Freundin und ich laufen jeden Tag durch Neuenahr, einfach, weil wir laufen müssen. Und wir sehen, dass sich nichts tut. Auch mit der Kirche geht es nicht weiter, Weihnachten haben wir in der Messe auf der Baustelle gesessen. Da muss ich sagen, dass ich mir die Messe lieber im Fernsehen anschaue – und beten kann ich auch daheim.

Dass sich die Leute alle vertragen, das wünsche ich mir.

Und Finchen, gibt es auch etwas, das du dir für dich persönlich wünschst? Würdest du zum Beispiel noch einmal mit eurem Wohnwagen verreisen oder etwas Bestimmtes erleben?
Ach, ich sage immer, wenn ich gesund bin, reicht mir das. Mehr will ich nicht, mehr als satt essen kann ich mich nicht. Ich glaube, wer so viel erlebt hat wie ich, der wird zufrieden. Die meisten Leute sind heute übersättigt und unzufrieden, da denke ich oft, die sollen mal dahin

gehen, wo wirklich arme Menschen leben.
Und reisen kann ich doch nicht mehr. Mit 88 bekam ich noch eine Niere entfernt, weil ich dort einen Tumor hatte. Also bin ich operiert worden und am anderen Tag wieder aufgestanden. Ich habe mich ja nie hängen lassen. Da bin ich schon stolz drauf, muss ich sagen.

Ich habe mich ja nie hängen lassen. Da bin ich schon stolz drauf, muss ich sagen.

Dir ist es wichtig, dass du Dinge selbst in die Hand nimmst und sie unabhängig von anderen aus eigener Kraft schaffst, oder?
Ja, schon immer. Als mein Mann gestorben ist, habe ich gedacht, ich habe gar kein Geld mehr. Ich hatte noch 250 Euro und die Waschmaschine war kaputt. Ich habe dann noch eine neue gekauft, hätte ich da von der Flut gewusst, hätte ich sie natürlich nicht mehr geholt. Ich hatte nichts mehr und habe mich gefragt, wie es weitergehen soll, aber ich habe den Kindern nichts gesagt, keinen Ton.

Warum nicht?
Ich wollte nicht, dass sie sich um mich sorgen, ich wollte es selber schaffen. Wir hatten eine Sterbeversicherung, da habe ich etwa 9.000 Euro bekommen, so war wenigstens das Geld für den Sarg und die Beerdigung meines Mannes da. Und alle Leute aus Neuenahr und Umgebung haben mir so viel Geld mit ihren Karten geschickt, mehr als 4.000 Euro, da war ich sprachlos. Dabei wusste keiner, dass ich das Geld dringend brauchte. Aber mein Mann war so beliebt, er kannte so viele Leute aus der Schule und hat sich immer so gut um alle gekümmert. Der Pfarrer hat auch gesagt, dass er noch nie so eine große Beerdigung gesehen hat. Durch das Geld kam ich dann über das Gröbste hinweg.
Und es war mir wichtig, dass mein Mann auch einen tollen Grabstein bekommt. Meine Tochter fragte mich, wie ich das bezahlen wolle und da sagte ich ihr: „Was ich will, das geschieht auch.“ Ich habe gespart und gespart, bis ich 10.000 Euro zusammen hatte. Und so bekam mein Mann den Grabstein. Es ist ein sehr schöner Grabstein mit einer großen Mutter Gottes drauf. Ich bin glücklich, dass ich ihn habe, das Grab geht mir über alles.

Das soll auch dein letzter Ruheort werden?
Ja, das ist unser Doppelgrab. Und ich bin froh, dass alles vorbereitet ist. Als meine älteste Schwester gestorben ist, war einer ihrer Söhne Vormund. Mit dem stehe ich jetzt etwas auf Kriegsfuß, weil er sie in einem anderen Ort hat begraben lassen. Ich habe noch vorgeschlagen, dass sie meine Schwester bei meinem Mann ins Grab legen sollen, aber niemand hat auf mich gehört.
Sie gehörte hier nach Neuenahr, aber woanders war es billiger. Da habe ich so drunter gelitten, darüber habe ich viel geweint und das tue ich heute noch. Meine Schwester und ich haben so aneinander gehangen und jetzt bin ich noch nicht einmal an ihrem Grab gewesen, weil es so weit weg ist. Da leide ich sehr drunter, aber was will ich machen, ich kann es ja nicht ändern.

Und ich habe extra schon das Grab bezahlt, für 30 Jahre im Voraus.

Und du hast wieder selbst dafür Sorge getragen, dass nach deinem Tod alles so geregelt ist, wie du es dir wünschst?
So ist es. Ich habe extra ein Testament erstellt, damit ich nicht verbrannt werde – so wie es bei meiner Schwester gemacht wurde. Das ist hygienisch gesehen vielleicht besser, aber das finde ich so lieblos. Wenn ich sterbe, will ich das nicht.
Und ich habe extra schon das Grab bezahlt, für 30 Jahre im Voraus. Da wissen die Kinder gar nichts von, aber ich will nicht, dass nachher jemand sagt, dafür ist kein Geld da, deshalb wird es nicht behalten oder gepflegt. Wenn ich es selbst bezahle, kann ich mich darauf verlassen. Meine Freundinnen sagen oft, dass ich mir ja gar nichts gönne und nicht mal einen Kaffee trinken gehe. Aber ich halte lieber das Geld beisammen, damit ich später ein schönes Grab habe, wenn ich schließlich dort bei meinem Mann liege.

IMPULS
Gefühle sind erlaubt

von Julia

Ich würde so gern wissen, welche Gefühle du beim Lesen dieses Buches alle durchlebst. Leider habe ich nicht die Möglichkeit, live dabei zu sein und zu beobachten, wie sich all diese Emotionen beim Lesen in deinem Gesicht widerspiegeln – aber immerhin habe ich die Möglichkeit, mit dir an dieser Stelle über Gefühle zu reden.

Vor einiger Zeit nahm ich an einem Seminar zum Thema Stress bei Kleinkindern teil. Dabei hat mich eine Aussage der Veranstalterin besonders beeindruckt: Sie sagte, dass kleine Kinder noch nicht wüssten, dass ihre Gefühle vorbeigehen. Wenn sie gerade von Kopf bis Fuß wütend seien, dann glaubten sie, dieser Zustand halte für immer an. Wir Erwachsene könnten ja glücklicherweise eine Meta-Ebene einnehmen und seien uns darüber im Klaren, dass unsere Gefühle bald schon wieder ganz anders sind – so die Expertin. Ich fing erstens an, in ihren wütendsten Momenten noch mehr Mitgefühl für meine Kinder zu haben, und zweitens fragte ich mich: Stimmt es wirklich, was die Referentin über Erwachsene sagte? Sind wir tatsächlich immer in der Lage, darüber zu reflektieren, dass unsere Wut vorbeigeht? Sehen wir immer ein, dass wir nicht auf ewig enttäuscht sein werden? Und haben wir vor Augen, dass auch das größte Glücksgefühl nicht für immer anhält? Wissen wir, dass wir nur ein Gefühl haben – und dass wir nicht das Gefühl sind? Ich glaube, es könnte uns nicht schaden, dieses Bewusstsein etwas mehr in unser Leben zu lassen.

Vielleicht fällt es uns dann auch leichter, alle Gefühle zuzulassen und sie bewusst anzuschauen. Auch das ist etwas, das mir als Mutter heute immer wieder beigebracht wird, wenn es um eine moderne Erziehung geht: Alle Gefühle sind okay.

Das haben uns auch die Gesprächspartner:innen für dieses Buch immer wieder bestätigt. Auch wenn es in unserem Alltag nicht immer um existenzielle Fragen geht, können wir diese Einstellung genauso in die kleineren Herausforderungen integrieren. Denn je mehr wir unsere Gefühle annehmen, desto leichter werden alle schwierigen Situationen. Wut zu unterdrücken, Traurigkeit zu verdrängen oder ein Gefühl der Genervtheit zu ignorieren, führt selten dazu, dass wir besser durch den Tag kommen. Stattdessen kann es helfen, all diesen Emotionen Raum zu geben, sie anzunehmen – und dann zu beobachten, wie sie vorbeigehen oder sich zumindest wandeln. Ein Bild, von dem ich mal gelesen habe und das ich dazu sehr eindrücklich finde: Du kannst das unerwünschte Gefühl einfach auf deinen Beifahrersitz setzen und mitfahren lassen. Und irgendwann blickst du wieder zur Seite und wirst feststellen, dass es ausgestiegen ist. Dann hat sich die Genervtheit in Luft aufgelöst und die Enttäuschung ist irgendwann abgeebbt.

Und weil ich persönlich solche Bilder mag und sie mir immer wieder helfen, teile ich noch ein zweites mit dir: Wir können uns unerwünschte Gefühle wie einen Wasserball vorstellen, den wir unbedingt unter der Wasseroberfläche halten wollen, damit ihn bloß niemand bemerkt. Es kostet wahnsinnig viel Anstrengung und Kraft, und irgendwann kommt der Ball doch nach oben – und zwar mit richtig viel Schwung. Wenn wir ihn einfach auf dem Wasser schwimmen lassen, ist er da, aber er stört uns nicht weiter. Er schwimmt einfach mit und es ist okay, dass er dort ist. Ich habe mehrmals an diesen Vergleich gedacht, als ich bei der Bearbeitung der Gespräche plötzlich weinen musste. Ich habe versucht, die Tränen zu unterdrücken („Was, wenn mich jemand sieht?") und natürlich wurde dadurch alles viel anstrengender, ich konnte nicht mehr richtig tippen, ich konnte mich nur schwer konzentrieren. Also habe ich beschlossen, den Wasserball nach oben zu lassen, und ich habe einfach etwas geweint. Das tat gut, es hat mich nicht weiter gestört, es war sogar ziemlich befreiend. Vielleicht geht es dir ja auch so, dass dir beim Lesen dieses Buchs manchmal die Tränen kommen und du sie unterdrücken willst (vor allem, wenn dich jemand sehen könnte)? Teste doch mal, was passiert, wenn du sie einfach herauslässt – meinen Rückhalt hast du.

„Dann musste ich in einem Satz sagen, dass der Papa nicht mehr lebt – alles andere hätte sich falsch angefühlt.“

Sabina Bisceglia (*1974) verlor ganz plötzlich ihren Mann Matthias: Er starb an einem Sekundentod, während die beiden Kinder in der Schule und sie selbst bei einer Weiterbildung war. Zwei Jahre später spricht Sabina offen und sehr persönlich über ihre Erfahrung – mit Laura, die sie vor ein paar Jahren beruflich durch ein Trainer:innen-Netzwerk kennengelernt hat und mit der sie seitdem auch privat in Verbindung steht. Sabina verrät, wie sie als Familie diese einschneidende Veränderung durchleben, gegen welche Vorurteile sie zu kämpfen hat und warum es ihr direkt nach dem Tod ihres Mannes besser ging als jetzt.

Sabina, erzähl zum Einstieg einmal: Wer bist du?
Wer bin ich? Ich bin Sabina Bisceglia, Italienerin und Griechin, in Deutschland aufgewachsen. Ich habe zwei Kinder: elf und 14 Jahre. Beruflich bin ich Trainerin und Coach seit vielen, vielen Jahren. Damit habe ich mir einen Herzenswunsch erfüllt. Es war für mich aber immer eine Art Nebenjob: neben den Kindern, neben dem Hausbau, neben, neben, neben – Matthias hat immer viel gearbeitet und war viel unterwegs. Außerdem bin ich eine sehr leidenschaftliche, sinnliche, temperamentvolle und herzliche Person …

Seit Matthias nicht mehr da ist, ist vieles auf Reset.

Und was für eine!
… mit einem ganz großen Hang zur Ästhetik. Ich liebe Architektur und alles, was schön ist. Ich liebe meine Kinder, ich liebe meine südländischen Prägungen. Und ich merke, dass ich diesen Teil von mir zu wenig auslebe. Ich würde gern mehr Italien und Griechenland leben, aber dazu sind nicht viele Brücken vorhanden. Das Gefühl hatte ich schon, als Matthias noch da war, aber damals war der Alltag so einnehmend.
Seit Matthias nicht mehr da ist, ist vieles auf Reset. Wenn man irgendetwas Positives daraus ziehen will, dann kann man sagen: Es gibt eine Art zweite Chance, einen Neuanfang. Ich kann vieles selbst entscheiden und bin nicht mehr abhängig von seiner Meinung, von seinem Job, von seinen Wünschen. Es ergeben sich viele Möglichkeiten, denen ich nachgehen kann. Aber noch bin ich ganz beschäftigt mit all den Nebenkriegsschauplätzen, die es eben gibt, seit er nicht mehr da ist.

Das ging jetzt sehr schnell sehr tief. Kannst du mich mitnehmen zu dem Tag, der dieses neue Leben mit Höhen und Tiefen angekündigt hat? Zu dem Tag, seit dem, wie du es eben formuliert hast, Matthias nicht mehr da ist.
Matthias ist vor zwei Jahren am 6. Oktober gestorben. Ich bin gerade so nah an dieser Trauer, deshalb fließen gleich die Tränen. Also: Matthias ist vor zwei Jahren gestorben. Es war ein ganz besonderer Tag. Es war ein Dienstag, er musste morgens um fünf Uhr zum Bahnhof, weil er einen Termin in Nürnberg haben sollte. Ich stehe normalerweise nicht so früh mit ihm auf, aber an diesem Tag war alles anders. Wir haben uns im Bett noch ganz innig umarmt, ich bin mit ihm aufgestanden und habe ihm sogar noch ein Brot geschmiert, das war schon komisch. Er hatte wieder seinen Geldbeutel vergessen und ich war gar nicht sauer. Sonst hat er mich immer wahnsinnig gemacht mit seiner Sucherei.

Ich bin dann mit einer Freundin zu einer Weiterbildung gefahren, es war einer dieser total energetischen Tage. Wir saßen im Auto und haben gelacht. Ich war völlig in meiner Energie, es war so extrem, fast schon überdreht.

Während der Weiterbildung rief mich dann meine Nachbarin von gegenüber an. Sie ruft eigentlich nur an, wenn jemand vergessen hat, die Autotür zu schließen oder wenn mein *Mini* rückwärts gegen die Laterne gerollt ist. Diesmal sagte sie, Matthias würde es nicht gut gehen, ich solle bitte heimkommen.

In dem Moment habe ich den Schalter umgelegt und nur funktioniert. Ich habe gefragt, in welches Krankenhaus er gefahren wird, und sie sagte: „Er wird nicht ins Krankenhaus gefahren." Das kam mir komisch vor, aber ein Teil in meinem Kopf hat gesagt: „Geh da nicht drauf ein, das steht jetzt nicht an." Ich habe meine Schwiegereltern und meine Eltern angerufen und sie gebeten, zu uns zu fahren, da ich aus Stuttgart viel länger brauche – und dann bin ich los. Meine Freundin fuhr auch wieder zurück mit mir und fragte, ob sie nicht lieber fahren sollte, aber für mich war vollkommen klar: Ich fahre und ich habe die Kontrolle. Im Nachhinein weiß ich, das war die Vorahnung. Oder fast schon das Wissen.

Umso näher ich meinem Zuhause kam, umso mehr blieb mir die Luft weg.

Das wollte ich fragen: Hast du in dem Moment eine Vorahnung gehabt?

Umso näher ich meinem Zuhause kam, umso mehr blieb mir die Luft weg. Ich konnte fast nicht mehr atmen. Meine Freundin im Auto versuchte, mich zu beruhigen, indem sie mir laut voratmete und mich aufforderte, es ihr gleich zu tun. Und dann kam der Regenbogen. Da wusste ich es eigentlich. Es war wie im Film, ich kam mir vor wie eine Schauspielerin. Ich bog in unsere Straße ein und konnte gar nicht hineinfahren, weil überall Feuerwehr, Krankenwagen und Polizei stand. Ich glaube, ich bin noch nie so langsam gelaufen wie an diesem Tag. Ich hatte es nicht eilig, meine Vorahnung bestätigt zu bekommen. Ich wollte es so lange wie möglich hinauszögern. Ich bin nach Hause gelaufen und dann war es genauso, wie man es aus dem Film kennt. Die Polizei stand da und fragte: „Sind Sie Frau Bisceglia? Ich muss Ihnen leider mitteilen, Ihr Mann ist verstorben." Und dann wurde ich sehr emotional. Ich bin in die Garage gegangen, wo ich alleine war. Ich habe laut vor mich hin geweint. Ich wollte niemanden bei mir haben – es war unerträglich. Irgendwann bin ich zu Matthias hoch gelaufen und konnte mich noch von ihm verabschieden. Er hat zwar nicht mehr gelebt, aber er war noch er selbst. Es war, als würde er schlafen. Er war irgendwie noch da. Bei uns zu Hause sah es furchtbar aus, die Scheiben waren von der Feuerwehr eingeschlagen, überall lagen Scherben. Meine Schwiegereltern saßen auf dem Sofa und haben so geweint, dass ich es gar nicht ertragen konnte. Mein Schmerz war so groß und ihren Schmerz zu hören, war zu viel. Ich musste sie sogar bitten, zu gehen. Es war einfach zu viel. Dann habe ich den Schalter wieder umgelegt. Ich habe die Freundin angerufen, bei der meine Tochter gerade zu Besuch war und habe ihr gesagt: „Behalte sie bitte solange bei dir, bis ich wieder anrufe. Sie kann jetzt nicht nach Hause kommen."

Mein Sohn hätte nach der Schule zu einer Freundin gehen sollen, weil Matthias ja eigentlich in Nürnberg gewesen wäre – aber dieser Termin wurde abgesagt. Matthias war also wieder nach Hause gekommen, saß in seinem Anzug am Esszimmertisch am Laptop wie immer, da muss es passiert sein. Da muss er aufgestanden sein, es war ein Sekundentod. Ich habe es untersuchen lassen, man hat weder Herzinfarkt, Schlaganfall oder Lungenembolie feststellen können. Es war wohl eine Art Herzkrampf.

Bei uns zu Hause sah es furchtbar aus, die Scheiben waren von der Feuerwehr eingeschlagen, überall lagen Scherben.

Wie schrecklich. Du wolltest, glaube ich, weiter von deinem Sohn erzählen ...

Genau. Er wollte eigentlich zu einer Freundin gehen, hatte das aber vergessen und kam mit einem Freund nach Hause. Er klingelte und als keiner aufmachte, ist er über die Terrasse hoch gelaufen und hat Matthias durch die Scheibe auf dem Boden liegen sehen. Er war geschockt und ist gleich zu unserem Nachbarn, der die Polizei und den Krankenwagen gerufen hat. Da kam die Nachbarin von gegenüber auf die Idee, meinen Sohn zu sich in die Wohnung zu nehmen. Ich bin ihr heute noch so tief dankbar. Sie hat ihm ganz viel erspart.

Für ihn war es schlimm, dass sein Freund plötzlich weg war. Der hatte gesagt, er würde gehen und Hilfe holen – dann ist er nie wieder gekommen. Ich kann ihn verstehen, er ist ein Kind und hat Angst bekommen. Aber für meinen Sohn war das ganz furchtbar. Er hat sich furchtbar allein gefühlt in dem Moment. Meine Schwiegereltern waren zum Glück schnell da und haben sich auch um ihn gekümmert. Zu diesem Zeitpunkt wusste er nicht, dass Matthias gestorben ist. Viele kleine „Zufälle“ haben dazu geführt, dass ich es ihm in einem geschützten Raum sagen konnte. Ich merke, wie sich bei mir alles verspannt, wenn ich darüber spreche.

Ich danke dir, dass du das alles erzählst – dass du noch einmal so tief in das Erlebnis hineingehst. Du hast gesagt, du wolltest die Kontrolle behalten, du hattest eine Vorahnung. Hast du etwas Bestimmtes gedacht?
Es lief natürlich der ganze Film ab. Ich habe gedacht: Wenn er im Krankenhaus ist, was könnte er haben, was würde das bedeuten? Aber mir war auch klar: Ich tue gerade nichts dafür, um das herauszufinden – weil es besser ist, wenn ich das jetzt nicht weiß. Ich habe mich 80 Prozent der Zeit aufs Atmen konzentriert. Ich musste einfach atmen – und Auto fahren.
Selbst als ich meine Freundin anrief, bei der meine Tochter war, war ich sehr gefasst. Ich bin bei uns ins Gäste-WC, habe die Tür abgeschlossen und sagte zu ihr: „Ich kann jetzt nicht sprechen, Matthias ist tot, behalte bitte meine Tochter bei dir.“ Sie ist Ärztin, hat sofort sehr professionell reagiert: „Alles klar, melde dich, tschüss.“ Das ist Wahnsinn, auf was für einer Ebene unser Verstand funktioniert und unser Schutzmechanismus sich einschaltet. Ich glaube, ich habe diesen Schmerz auch nie so richtig zugelassen. Ich glaube, der kommt jetzt erst – nach zwei Jahren.

Das ist Wahnsinn, auf was für einer Ebene unser Verstand funktioniert und unser Schutzmechanismus sich einschaltet.

Ich kann mir vorstellen, dass du eine Zeit lang einfach in einem Funktionsmodus warst – vor allem in deiner Rolle als Mutter. Du konntest nicht einfach dort sitzen und weinen und vielleicht auch resignieren.
Ich glaube, dass bei mir jetzt langsam wieder die Kontrolle über die Situation im Außen vorhanden ist. Aber wie gesagt: Der Verstand funktioniert permanent. Ich habe mir schon damals blitzschnell überlegt, wie ich es mache, wenn die Kinder nach Hause kommen. Als ich sah, dass meine Freundin mit meiner Tochter in die Straße einbog, habe ich meinen Sohn dazu gerufen. Alles Zeitmanagement, detailliert durchdacht. Ich wollte sie beide gleichzeitig bei mir haben und mir war ganz klar: Wir gehen ins Gästezimmer. Das ist der neutralste Ort im Haus. Der Ort, an dem wir fast nie sind. Das war mir wichtig, um die Erinnerung an diese Nachricht nicht immer wieder hochkommen zu lassen, wenn wir zu Hause sind.

Ich habe die beiden begrüßt wie immer. Mein Sohn fragte: „Was ist mit Papa?" Ich sagte: „Wir sprechen gleich darüber, wir gehen erst einmal hoch." Da saßen sie dann auf dem Bett, ich habe mich vor sie gekniet und mir war klar: Ich muss einfach sagen, wie es ist. Ich musste ihnen in einem Satz sagen, dass der Papa nicht mehr lebt. Ich wollte es in einem Satz auf den Punkt bringen – alles andere hätte sich in dem Moment falsch angefühlt. Sie waren natürlich erst unter Schock und total nüchtern. Es kam dann peu à peu. Bei uns war es so, dass meine Eltern permanent da waren, meine Geschwister, seine Schwester und auch Freunde – da kommt die südländische Mentalität wieder zum Vorschein. Ich weiß gar nicht mehr genau, wie diese erste Zeit war. Ich weiß nur noch: Das Haus war immer voll.

Das finde ich ganz wertvoll, dass du davon erzählst. Mir hat gerade vor zwei Tagen eine Spanierin gesagt, dass wir Deutschen es uns in schweren Momenten gefühlt nochmal schwerer machen und glauben, uns allein da durchkämpfen zu müssen. Jetzt beschreibst du es auch so: Ihr wart nie allein. Es war Leben im Haus.

Die Kinder wollten direkt am zweiten oder dritten Tag Freunde zum Übernachten einladen, das war für mich überhaupt kein Thema. In dieser extremen Zeit war alles erlaubt, was gut tat.

Und dir hat es auch gut getan, dass Leben da war? Dass ihr umgeben wart von den Menschen, die ihr liebt und die euch lieben?

Ja. Und ich konnte mich immer zurückziehen. Es war immer jemand da, der einen Bezug zu den Kindern hatte. Ich musste ja auch so viel erledigen. Wenn ich jetzt darüber nachdenke, war es wirklich Wahnsinn. Ich musste zum Bestatter. Es ging um die Karten, um die Traueranzeigen, um die Beerdigung. Auch da habe ich funktioniert. Genau wie bei der Beerdigung: Es war Corona, ich habe noch eine große Online-Veranstaltung organisiert, sodass sich alle dazuschalten konnten, die nicht vor Ort dabei sein konnten. Das war mir sehr wichtig. Ich glaube, mir ging es damals besser als jetzt. Ich war mehr in meiner Kraft und in meiner Energie.

In dieser extremen Zeit war alles erlaubt, was gut tat.

Würdest du sagen, dir ging es vordergründig besser, weil es noch nicht richtig in dir angekommen war?

Mir ging es besser, weil ich einfach so gepusht war, bestimmt von irgendwelchen Hormonen. Es hat sich angefühlt, als würde ich getragen werden.

Ich bin wirklich ganz, ganz lange Zeit getragen worden.

Es hat sich angefühlt, als würde ich getragen werden.

Was du gerade mit der Beerdigung gesagt hast, finde ich beeindruckend. Dieses Buch kann ja auch eine Einladung dazu sein, sich mit der eigenen Beerdigung auseinanderzusetzen. Du hast Menschen, die Matthias kannten, auch online dazugeholt, um Abschied von ihm nehmen zu können, das finde ich sehr schön. Wie hast du die Zeremonie geplant und erlebt?
Matthias und ich sind und waren totale Familienmenschen. Für uns war unsere Hochzeit ein Rausch. Wir haben Geburtstage, Weihnachten und alle Familienrituale voll ausgelebt. Matthias wollte nie über den Tod sprechen – für ihn war es schon sehr schlimm, darüber nachzudenken, dass seine geliebte Oma eines Tages stirbt. Sie ist dann tatsächlich an ihrem 95. Geburtstag gestorben, fünf Jahre, bevor er ging. An ihrem Todestag haben wir das erste Mal den Regenbogen mit dem Tod in Verbindung gebracht. Als die Nachricht von ihrem Tod uns erreichte, kam der Regenbogen und ich sagte zu den Kindern: „Schaut mal, Oma Dora verabschiedet sich gerade von uns."
Und seitdem kam immer wieder der Regenbogen. Auch an meinem Geburtstag kam er an einer Stelle, die nur ich sehen konnte. Entschuldige, dass ich kurz ausschweife.

Nein, ich danke dir, dass du all das teilst, Sabina.
Ich saß mit meiner Freundin in einem Lokal auf der Terrasse zum Abendessen. Ich schaute auf zwei Häuser, dazwischen war ein kleines Stück Himmel. Ich habe mit ihr angestoßen und plötzlich kam der Regenbogen. Es hat nicht geregnet und es war schon Abend. Und trotzdem kam der Regenbogen. Die Kinder sagen schon immer ...

Da ist der Papa wieder?
Ja.

Du sprachst gerade über die Beerdigung: Matthias hat sich also nicht gern mit dem Tod auseinandergesetzt. Aber dir war eine große Zeremonie wichtig?
Für mich gehört so ein Abschied einfach dazu. Es ist furchtbar, dass Matthias nicht mehr da ist. Wenn dann auch nicht die Möglichkeit gegeben ist, Abschied zu nehmen, fühlt es sich unerträglich an. Deshalb habe ich mich gefragt: Wie kann ich es schaffen, dass sich alle verabschieden können? Ich habe es für viele Menschen organisiert und es hätte Matthias gefallen. Er hatte so viele Menschen, die ihn liebten, er war so ein besonderer

Mensch. Es war unglaublich, was er ausgestrahlt hat, wie er Menschen begeistert hat, wie emotional er war.

... ich glaube, bei solchen Ereignissen öffnen sich Fenster nach oben in eine andere Welt.

Hast du bei der Planung in dich hineingespürt, was ihm gefallen hätte? Oder habt ihr schonmal darüber gesprochen, was er mögen würde – obwohl er nicht gern über den Tod sprach?
So weit bin ich nie mit ihm gekommen. Aber wir waren ein Jahr zuvor auf der Beerdigung einer Nachbarin. Dort gab es eine ganz tolle Predigt und Matthias und ich haben beschlossen, dass wir den Pfarrer für unser nächstes Familienevent kontaktieren wollen. Diesen Pfarrer habe ich dann für Matthias Beerdigung engagiert, er hat die Predigt gehalten. Es gab so viele Fügungen. Es hat sich auch so gefügt, dass direkt neben seiner geliebten Oma Dora ein Grab für ihn frei war. Und da liegt Matthias jetzt, neben seiner Oma.
Ich weiß nicht, wie du das siehst, aber ich glaube, bei solchen Ereignissen öffnen sich Fenster nach oben in eine andere Welt. Seit Matthias' Tod spüre ich viel stärker die Verbindung zum Universum. Es fühlt sich an, als wäre alles eins. Das tröstet mich auch, denn dadurch fühle ich mich Matthias näher. Er ist immer noch da, auch wenn er nicht mehr nach Hause kommt.

Ich kenne es auch von meinen persönlichen Erfahrungen mit dem Tod, dass sich plötzlich alles fügt. Mein Opa ist an einem Tag gestorben, an dem wir schon lange im Voraus einen gemeinsamen Ausflug mit meiner Oma geplant hatten. Wir vier Enkelinnen wollten etwas mit unserer Oma unternehmen, während meine Mama und meine Tante bei Opa zuhause bleiben sollten. Er kam einen Tag vorher überraschend ins Krankenhaus und wir waren an dem Tag alle zusammen bei ihm. Er starb genau dann, als wir vier Enkelinnen mit ihm allein waren. Meine Oma, Mama und Tante sind gerade unterwegs gewesen, um Sachen für meinen Opa zu holen. Ich weiß noch genau, wie wir vier ganz nah bei ihm waren und ihn berührten und ich zu meiner Cousine Lisa gesagt habe: „Ich glaube, er stirbt jetzt.“ Und genau in diesem Moment machte Opa

Karl seinen letzten Atemzug. Uns kam es so vor, als sollte es genau so sein. Bei aller Trauer fühlte es sich stimmig an. Vollendet.
Du hast völlig recht. Und ich glaube, Matthias konnte auch gehen, weil er wusste, dass ich es schaffe.

… ich glaube, Matthias konnte auch gehen, weil er wusste, dass ich es schaffe.

Man sagt ja, dass wir immer die Aufgaben vom Leben gestellt bekommen, von dem das Leben weiß, dass wir sie meistern können. Du meisterst diesen neuen Weg und zeigst trotzdem, dass es dir gerade nicht gut geht oder alles in dir hochkommt. Das bewundere ich unglaublich an dir, Sabina. Du kannst so vielen Menschen Hoffnung geben, weil du auf eine so ehrliche Art und Weise darüber sprichst und gleichzeitig deine Lebensfreude, dein Lachen nicht verlierst. Ich glaube, das ist sehr heilend für viele Menschen.
Auf mich kamen danach auch viele Menschen zu, teilweise Bekannte oder Nachbarn, die erzählt haben, dass sie in ihrer Kindheit Ähnliches erlebt haben. Und dass der Umgang damit ganz anders war: Teilweise hatten sie noch ein großes Trauma, weil gar nicht darüber gesprochen wurde. Der Vater starb und es wurde einfach nicht darüber gesprochen, der Sohn wurde total allein damit gelassen. Ich habe erlebt, dass durch unseren Vorfall viele Menschen aus unserem Umfeld ihre Geschichte noch einmal durchlebt und neu angeschaut haben. Und irgendwie, das haben sie mir gesagt, waren sie versöhnt, als sie sahen, wie meine Kinder und ich damit umgehen. Wie offen wir damit umgehen – auch damit, dass wir uns Unterstützung bei Therapeuten oder Trauerbegleitern holen.

Magst du mir dazu weiter erzählen, was sich für euch als Familie seitdem alles verändert hat? Wie seid ihr vielleicht daran gewachsen, was ist anders in eurem Leben?
Am Ende ist eine Familie auch ein System. Und wenn sich in einem System eine Verschiebung ergibt, verschieben sich auch viele andere Dinge. Mein Sohn ist ganz klar in die männliche Rolle geschlüpft und in die Beschützerrolle – das musste ich ihm richtig abtrainieren. Mir war wichtig, dass er immer noch Kind sein darf, immer noch Sohn sein darf. Ansonsten haben wir darauf geachtet, wo der größte Schmerzpunkt liegt. Was gar nicht ging, war allein schlafen. Also haben wir alle zusammen geschlafen. Es waren viele nüchterne Entscheidungen, die dazu geführt haben, dass es uns emotional besser geht. Zum Beispiel haben wir das Sonntagsfrühstück gestrichen. Das war immer unser Familienritual, ausgiebig

frühstücken am Sonntag. Sonntags haben wir uns dann einladen lassen oder wir haben gepicknickt oder im Bett gefrühstückt. Ich habe ein paar Wochen später das Schlafzimmer mit dem Büro getauscht und alles anders gestaltet. Die schlimmsten Momente waren die Sonntage, die Geburtstage, die Urlaube, natürlich die Familienfeiertage. Aber auch manche Abende, an denen er so sehr fehlte, um die Kinder in den Schlaf zu kraulen oder mit mir auf dem Sofa ein Glas Wein zu trinken.

Ansonsten war der eigentliche Alltag ein bisschen davon verschont, denn es war nicht so, dass wir vorher immer für vier den Tisch gedeckt hatten. Matthias war öfter mal zwei Tage nicht da. Was uns tatsächlich zugutekam, war Corona. Corona als Ausnahmezustand hat dafür gesorgt, dass unser eigener Ausnahmezustand nicht so auffällig war. Es war alles „out of order" und wir auch.

Außerdem gibt es Menschen, mit denen man durch so eine Situation enger zusammenkommt und andere Menschen, die sich weiter entfernen. Und ich habe festgestellt, dass ich zu bestimmten Veranstaltungen – Events oder private Einladungen – nicht mehr eingeladen werde.

Was glaubst du, ist der Grund dafür?
Ich weiß es nicht, aber ich habe die Vermutung, dass es daran liegt, dass ich nur noch ich bin. Ohne Matthias. Dass es vielleicht so schmerzhaft ist.

Ich hatte stark den Impuls, mich um mich selbst zu kümmern ...

Könnte es auch die Unsicherheit sein, wie man mit dir umgehen soll? Wie so oft spricht es ja keiner an und fragt offen: „Sabina, wie ist das für dich, wenn wir dich einladen und sonst nur Paare kommen?"
Vielleicht passt man auch einfach nicht mehr in das Raster. Und ich habe natürlich auch viele Menschen vor den Kopf gestoßen, weil ich schnell einen anderen Mann kennengelernt habe.
Ich habe damals geschaut, was ich brauche, um nicht in eine Opferhaltung zu kommen und von anderen abhängig zu sein. Ich hatte stark den Impuls, mich um mich selbst zu küm-

mern – alle haben ja sowieso ihren Stress, ihre Familien, ihre Themen. Und mit dieser Haltung habe ich dann relativ schnell einen neuen Partner kennengelernt.

Und damit hast du manche Leute vor den Kopf gestoßen, weil sie etwas anderes von dir erwartet hätten als „trauernde Witwe"?
Ich glaube, es ist von außen ganz schlecht vorstellbar, was in mir vorging. Hättest du mir vorher erzählt, dass ich das tun könnte, hätte ich dir einen Vogel gezeigt. Ich selbst hätte es mir überhaupt nicht vorstellen können. Durch diese Erfahrung werde ich mir jetzt über viele eigene Vorurteile bewusst und merke, dass ich nun anders damit umgehe. Wenn man es selbst durchlebt, ist es etwas ganz anderes.
Es waren aber viele davon vor den Kopf gestoßen, weil ich auch ganz offen damit umgegangen bin. Meine Eltern haben es schnell gemerkt. Ich wollte meine Kinder nicht anlügen und ich wollte auch nicht, dass sie lügen müssen, deshalb habe ich es meinen Schwiegereltern und meiner Schwägerin schnell erzählt.

Diese Ehrlichkeit, die schätze ich sehr an dir. Und es ist doch verrückt, dass es selbst in solch einer Extremsituation noch Erwartungsmaßstäbe von außen gibt, wie man richtig trauert beziehungsweise was sich als Trauernde gehört oder eben nicht.
Bei meinen Schwiegereltern und meiner Schwägerin war es so, dass sie ganz klar verletzt waren. Das konnte ich total nachvollziehen. Mir war aber auch schnell klar: Das ist ihr Thema, nicht meins. Mir war auch klar: Ich muss schauen, dass es mir gut geht und wenn sie damit ein Thema haben, müssen sie es für sich bearbeiten.
Was mich selbst verstört hat, war die Tatsache, dass man in einem Herzen zwei so extreme Gefühle gleichzeitig haben kann. Darüber habe ich auch mit meinen Kindern gesprochen: Auf der einen Seite die Trauer, der Schmerz und auf der anderen eine Art Verliebtsein, das einem Antrieb gibt, einen ablenkt. Das war für mich eine ganz extreme Erfahrung, die ich lange versucht habe zu verstehen.

Was mich selbst verstört hat, war die Tatsache, dass man in einem Herzen zwei so extreme Gefühle gleichzeitig haben kann.

Hast du dich gefragt, wie Matthias deine neue Beziehung finden würde?
Ich habe auch schon daran gedacht, dass Matthias mir diesen Mann geschickt hat. Ich habe einen besonderen Glauben daran, was passiert, wenn man stirbt. Eine Trauerbeglei-

terin teilte meine Ansicht und sagte: „Da oben herrscht nur absolute Liebe. Da gibt es keine Eifersucht oder Missgönnen." Matthias und ich haben uns geliebt und wir wollten nur das Beste füreinander.

Mein Sohn hat komischerweise gleich gesagt: „Mami, wenn dir das gut tut, ist das gut." Ihm war klar, den Papa kann niemand ersetzen, aber er kann sich mit jemand anderem anfreunden. Er hat sehr männlich-rational gedacht. Meine Tochter hatte Probleme damit, weil sie es dem Papa gegenüber nicht loyal fand. Sie konnte sich nicht vorstellen, dass ich jemand anderes als Matthias lieben kann. Das machte es natürlich nicht einfach, aber ich hatte immer Verständnis dafür und habe die Beziehung für mich und nicht mit den Kindern gelebt.

... ich glaube, das haben sie sich einfach abgeschaut: Bei uns wird über Gefühle gesprochen.

Wie schaffst du es, in so einem guten Kontakt mit deinen Kindern zu sein?

Das ist eine gute Frage. Es war mir immer wichtig. Ich habe immer viel über Gefühle gesprochen, habe vieles angesprochen – und ich glaube, das haben sie sich einfach abgeschaut: Bei uns wird über Gefühle gesprochen.

Ist das auch wieder das Italo-Griechische?

Nein, das ist Sabina. In meiner Familie tun sich viele wahnsinnig schwer, über ihre wahren Gefühle zu sprechen. Da ist immer viel Stolz dabei, viel Diskretion. Aber ich war schon immer frei raus. Ich würde auch sagen, dass das eine Art Rettung war und ist. Das ist für mich ein Werkzeug, um alles, was in meinem Leben passiert, zu meistern. Ich glaube auch an einen Zusammenhang mit körperlichen Leiden: Wenn du deine Gefühle nicht lebst, speichern sie sich irgendwo im Körper ab und dann können entsprechende somatische Beschwerden entstehen.

Gibt es Dinge, die du jetzt bewusster oder anders machst, weil der Tod dir so nah war? Und weil Matthias nicht mehr da ist?

Ich glaube, mir sind viel mehr Dinge nicht mehr so wichtig. Davor habe ich viel mehr über Dinge nachgedacht. Heute habe ich mehr Gelassenheit entwickelt und bin viel mehr bei mir. Es ist nicht mein Problem, was Andere denken. Ich erkenne meine Möglichkeiten und weiß, welchen ich davon nachgehen möchte. Ich war schon immer frei, aber im Team gehst du einen gemeinsamen Weg – für diesen Weg macht jedes Teammitglied Abstriche. Mir ist unheimlich wichtig, dass es meinen

Kindern gut geht, das beeinflusst meine Entscheidungen natürlich. Aber große Entscheidungen, die man als Team oder Eltern trifft, die treffe ich jetzt allein.

Hast du auch manchmal Angst oder Respekt, weil du jetzt die alleinige Verantwortung hast?

Zu Beginn hatte ich viele Ängste. Da ging es um die finanzielle Existenz oder die Frage, wie ich es schaffen soll, mit zwei pubertierenden Kindern den Alltag zu meistern, der sowieso schon herausfordernd war. Außerdem kamen so viele weitere Themen hinzu, die alles noch unsicherer machten: Corona und der Angriff auf die Ukraine. Aber dadurch, dass ich eine sehr enge Bindung zu meinen Kindern habe und trotzdem irgendwie nüchtern bleibe, geht es gut. Das Allerwichtigste ist, dass wir in Verbindung bleiben. Wenn ich es schaffe, konstant Vertrauen, Offenheit und unsere gegenseitige Wertschätzung zu erhalten, kann nichts schiefgehen, glaube ich.

Meine Arbeit beeinflusst natürlich auch meine private Kommunikation. Die Kinder kommen tatsächlich zu mir, wenn sie ein Thema haben, das finde ich super. Das Einzige, das ich mich manchmal frage, ist, ob sie zu viel Rücksicht nehmen, wenn ich meine Schwäche zeige. Das möchte ich natürlich nicht. Aber ich möchte, dass meine Kinder selbst ihre Schwäche zeigen, deshalb möchte ich auch so leben.

Wenn ich es schaffe, konstant Vertrauen, Offenheit und unsere gegenseitige Wertschätzung zu erhalten, kann nichts schiefgehen, glaube ich.

Gibt es besondere Situationen, in denen du gern mit Matthias sprechen würdest oder die du gern mit ihm erleben möchtest?

Ja, natürlich. Das sind die Situationen, die uns als Liebespaar, als Eltern, als Sabi und Matze einfach ausgemacht haben. Das ist immer der größte Horror. Unsere Tochter hat bald ihre Konfirmation. Das sind Situationen, die sehr hart sind. Man gewöhnt sich ja immer mehr daran, aber es gibt immer wieder schmerzhafte Momente. Als wir im Urlaub waren, hat ein Papa ganz süß mit seiner Tochter auf der Tanzfläche getanzt. Das war so ein Moment. Oder wenn wir einen Film anschauen, in dem der Vater die Braut zum Altar führt, dann sagt meine Tochter: „Das werde ich nie haben." Doch es gibt Schlimmeres. Ich bin froh, dass meine Kinder nicht erleben mussten, dass Matthias leidet.

Das wäre noch eine andere Frage gewesen ...

Abschied nehmen oder nicht? Natürlich ist es furchtbar, so von jetzt auf gleich. Aber ist es besser, sich darauf einstellen zu können? Kann man sich jemals darauf einstellen? Ich habe es schon oft erlebt, wie ein Partner den anderen in den Tod begleitet und es danach eine Erleichterung war, dass er starb. Weil es so schwer war, das Leid zu sehen oder weil es so anstrengend war. Oder zu sehen, wie es die Kinder seelisch krank macht, zu wissen, dass der Vater oder die Mutter sterben wird.

Ich habe auch nie gesagt, dass ich mich nicht verabschieden konnte. Ich glaube, unser Abschied war morgens. Und als ich nach Hause kam, konnte ich mich mit ihm verbinden.

Das erlebt jeder anders. Meine Tochter ist in einer Trauergruppe und sagt, es tut ihr gut. Mein Sohn braucht das nicht, er sagt: „Warum soll ich da hin? Papa ist eh nicht mehr da.“

Natürlich ist es furchtbar, so von jetzt auf gleich. Aber ist es besser, sich darauf einstellen zu können?

Auch ihr drei erlebt die Trauer also komplett unterschiedlich und trotzdem geht ihr den Weg gemeinsam und stärkt euch gegenseitig.

Genau, jeder darf das für sich erleben.

Möchtest du sagen, was du an Matthias besonders geschätzt hast?

Er war ein wahnsinnig echter Mensch, er war maximal authentisch. Und sehr intensiv. Als wir uns kennenlernten, sagte er, er habe sich immer eine Südländerin gewünscht, die mit seinem Temperament umgehen kann. Er war wirklich eine Granate.

Also im Vergleich zu dir noch mehr Temperament? Wow!

Also Matthias war emotional wirklich teilweise eine Herausforderung. Als ich ihn kennenlernte, hat er vor lauter Freude, dass Deutschland ein Tor geschossen hat, die Bierflaschen vom Tisch versehentlich umgeworfen. So war er auf der Tanzfläche, auf Geburtstagen. Genauso konnte er auch wütend und traurig sein. Und genauso konnte er Spaß haben, er war in allem extrem.

Er hat intensiv gelebt?

Ja, sehr intensiv. Er war ein Genussmensch, meiner Meinung nach hat er sich nur viel zu wenig um sich selbst gekümmert. Er war ein wahnsinnig liebevoller Vater und für seine Freunde ein sehr treuer Freund. Sehr schön war auch, wie er mich wertgeschätzt hat. Wir hatten schon eine besondere Verbindung. Eine ganz besondere Verbindung.

Die habt ihr jetzt auch noch, denke ich.

Ja. Wobei ich sie nicht immer zulassen kann, weil mich das immer wieder zurückschlägt. Und vielleicht empfinde ich es deshalb so, dass ich nicht mehr in meiner Energie bin. Dass es mir jetzt schlechter geht als direkt nach seinem Tod. Dieses Getragenwerden wird ja auch weniger und jetzt kommt die Zeit, in der ich wieder mehr auf meinen eigenen Füßen stehen soll. Ich habe mich übrigens inzwischen von meinem neuen Partner getrennt. Vielleicht auch deshalb, weil ich spüre, dass ich jetzt erst einmal allein weiter meinen Weg gehen kann.

... jetzt kommt die Zeit, in der ich wieder mehr auf meinen eigenen Füßen stehen soll.

Was ist deine Sehnsucht für dich selbst, liebe Sabina?

Die Sehnsucht gerade ist die, meinen Weg zu gehen. Den Halt in mir selbst zu finden.

IMPULS
Unsichtbare Freiheit

von Laura

Ich mochte und mag es schon immer sehr gerne, meine Sonntage gemütlich zu verbringen: kuschelig im Bett mit Buch und Kaffee, im Arm von meinem Freund, um gemeinsam Musik zu hören und später vielleicht nochmal die Augen zu schließen. Und an manchen dieser Sonntage ist draußen, nicht ganz überraschend, richtig schönes Wetter. Und auch, wenn an diesen Tagen alles danach schreit, dieses schöne Wetter auszukosten und rauszugehen und ich, wie die meisten Menschen auch, die Sonne und die frische Luft liebe, wollte und will ich an einigen dieser Sonntage einfach gemütlich im Bett oder zuhause bleiben.

Und auch, wenn es sich jetzt für dich etwas banal anhören mag: Es gab eine Zeit in meinem Leben, in der ich es mir nicht erlauben konnte oder wollte, genau das zu tun – zumindest nicht ohne schlechtes Gewissen, das mich dann irgendwann so geplagt hat und mir jegliches gemütliches Sonntagsfeeling genommen hat. So bin ich dann häufig doch irgendwann rausgegangen und ich weiß heute noch sehr gut, wie traurig ich darüber und auch wie sauer ich auf mich war, dass ich mir diese simple Erlaubnis nicht schenken konnte. Denn ich war schließlich doch gleichzeitig die Person, der ein selbstbestimmtes und freies Leben so wichtig war.

Wenn wir von einem selbstbestimmten Leben und Freiheit sprechen, geht es häufig um die nach außen sichtbaren Entscheidungen, Veränderungen oder Lebensentwürfe, für die wir andere Menschen bewundern oder auf die wir selbst stolz sind. Doch „immer wieder sonntags“ habe ich gemerkt, dass ich mir eine innere, ganz grundlegende Freiheit noch nicht schenken konnte: die bedingungslose Erlaubnis, meine Bedürfnisse anzuerkennen und auszuleben und damit wirklich ich selbst zu sein.

Nach und nach habe ich weitere kleinere und größere Räume in mir entdeckt, in denen ich mir selbst noch nicht genügend innere Freiheit geschenkt habe. In einigen Räumen konnte ich vor allem mit einer ordentlichen Portion Humor und Realtalk schnell alte Verbote in neue Erlaubnisse umwandeln. In manchen Räumen brauchte ich einiges an Zeit und auch Energie, um sie für mich mit einem neuen Licht zu durchfluten und mir Fragen wie diese ehrlich zu beantworten: Wem möchte ich etwas beweisen? Wer schenkt mir die Erlaubnis, etwas zu tun, zu denken oder zu fühlen? Welche inneren und äußeren Bedingungen stelle ich auf? Warum kann ich mir selbst noch nicht diese innere Freiheit schenken?

Und in anderen Räumen bin ich noch dabei oder fange erst an, sie mir mal ehrlich anzuschauen. So entdecke ich die Definition von Frau-Sein gerade für mich nochmal ganz neu, denn mir wurde besonders in den letzten zwei Jahren klar, wie stark ich das Frau-Sein unterbewusst an Bedingungen geknüpft hatte, wie zum Beispiel: Du hast den Titel Frau erst dann verdient, wenn du auch die (Ehe-)Frau von jemandem bist. Du bist erst eine vollständige Frau, wenn du Mutter bist. Du bist erst dann eine Frau, wenn du dich nicht mehr wie ein Mädchen verhältst …

Das heißt, die Freiheit, wir selbst zu sein, fängt bei kleinen Alltagsfragen an und endet bei großen Identitäts- und Wertefragen. Sie bedeutet für uns alle inhaltlich etwas anderes und eint uns trotzdem in der Sehnsucht nach dem befreienden Gefühl, dass wir am Ende unseres Lebens sagen können, dass wir wirklich wir selbst gewesen sind. Genau das ist für mich in jedem einzelnen Gespräch für „BYE" noch einmal sehr spürbar geworden. Und auch, wenn ich mich nicht komplett von meinen alten Glaubenssätzen, von der Außenwelt und meinem direkten Umfeld oder von gesellschaftlichen Normen loslösen kann oder möchte: Nur ich selbst kann mir diese unsichtbare, aber verdammt große innere Freiheit schenken.

Und so fühlt es sich gerade für mich an, als würde ich oben auf einer Bergspitze stehen und meinen Stolz und meine Freiheit laut von oben herunterrufen, obwohl ich einfach nur in meinem Schlafshirt gemütlich Richtung Küche wandere, um mir einen Kaffee zu machen – an einem Sonntag bei schönstem Wetter.

„Es ist cool, wenn es ganz unterschiedliche Bestatter:innen gibt und nicht nur Männer im schwarzen Anzug und mit grauem Schnurrbart."

Wer an ihrem Schaufenster vorbeikommt, hält den Laden in Berlin schon mal für einen Ausstellungsraum oder einen Co-Working-Space – dabei geht es bei der Arbeit von Leo Ritz (*1986) und Hendrik Thiele (*1980) um Tod und Abschied. Mit Junimond Bestattungen wollen sie zeigen, welche liebevollen, persönlichen und zeitgemäßen Möglichkeiten es bei Trauerfeiern und Beerdigungen gibt. Dabei ist es ihnen wichtig, An- und Zugehörige auf Augenhöhe zu begleiten und sie auch im Trauerprozess möglichst gut zu unterstützen. Über all das sprechen sie hier sehr offen und erfrischend und geben uns am Ende noch mit auf den Weg, was jede:r von uns idealerweise für den eigenen Tod entscheidet beziehungsweise vorbereitet.

Wir wollen ja in diesem Buch in einer entspannten und vertrauten Atmosphäre vom Tod sprechen, so wie im Lieblingscafé oder bei einem Spaziergang. Habt ihr einen Lieblingsort, an dem ihr zwei besonders gute Gespräche miteinander führt?

Leo: Ich finde, die besten Gespräche führen wir beim Autofahren. Da konzentriert man sich aufs Fahren und muss sonst nichts erledigen, wenn nicht gerade das Telefon klingelt. Da können wir sehr gut Gespräche im Arbeitskontext führen – wenn wir nicht gerade die Musik aufdrehen und mitsingen.

Ganz schlimm finde ich das Wort „Bestattungsinstitut“. Das klingt für mich nach Spinnweben und Zertifikaten an den Wänden, nach verstaubten Vorhängen, durch die man nicht hereinschauen kann.

Erzählt mir doch gern mehr von eurem Arbeitsort – ihr merkt schon, ich komme ins Stocken: Also wie nennt ihr ihn und wie habt ihr ihn eingerichtet?

Leo: Das ist ein kleiner Streitpunkt zwischen uns, weil Hendrik immer „Laden“ sagt. Aber ich finde, es ist kein Laden, weil man in einem Laden was verkauft. Ich spreche eher von unserem Büro.

Hendrik: Ich finde, wir haben hinten unser Büro und vorne den Laden. Ganz schlimm finde ich das Wort „Bestattungsinstitut“. Das klingt für mich nach Spinnweben und Zertifikaten an den Wänden, nach verstaubten Vorhängen, durch die man nicht hereinschauen kann. Ich finde, dass wir ein Ladengeschäft haben, in dem wir zwar keine Produkte verkaufen, aber unsere Dienstleistungen. Vor dem Laden steht eine Bank, auf der sitzen wir im Sommer selbst gern, aber auch Menschen von der Bäckerei nebenan oder Schulkinder nach der Schule, wenn sie sich etwas beim Späti gekauft haben. Wenn man reinkommt, gibt es unseren Hauptraum, in dem ein bunt bemalter Sarg steht. Und an den Wänden kann man ganz unterschiedliche Urnen sehen, von welchen aus Ton bis hin zu welchen aus Holz oder Papier. Dann haben wir einen großen Tisch und ein paar Stühle.

Leo: Die Platte des Tischs habe ich auf der Straße gefunden, sie ist alt und

wurde schon für viele künstlerische Arbeiten benutzt, sie hat ganz viele Kerben. Es ist total schön zu sehen, wie Leute, die nicht wissen, was sie vor lauter Traurigkeit mit ihren Händen machen sollen, anfangen, den Tisch zu berühren und zu streicheln.
Hendrik: Wenn man nach hinten geht, sind da ein Badezimmer, eine kleine Küche und unsere Arbeitsplätze. Dort steht auch ein Schrank, in dem wir unsere Urnen von den Menschen, die noch nicht beigesetzt sind, aufbewahren. Und dann gibt es noch ein separates Lager, in dem die Särge stehen und alles, was wir für die Versorgung der Toten und als Deko für die Feiern brauchen.

Es gibt also zwei Standorte?
Leo: Ja, in unserem Büro in Friedrichshain passiert alles mit den Lebenden. Der Hof in Neukölln wird von einem Partnerunternehmen betrieben, da haben auch andere Bestatterinnen und Bestatter ihr Lager, so können wir alle die gleichen Wasch-, Kühl- und Abschiedsräume nutzen. Das ist der Ort, an dem alles passiert, was mit dem Tod zu tun hat. Wenn Leute zu uns hier ins Büro kommen, kann es hilfreich für sie sein, wenn sie wissen, dass ihr verstorbener Mensch nicht direkt im Raum nebenan in der Kühlung liegt. Sie können freier reden und haben nicht so ein bedrückendes Gefühl.

Im Dunkeln wird der Laden von einer gelben Halogenlampe beleuchtet, die schräg hinter dem Sarg steht.

Was sehe ich von außen noch, wenn ich bei euch vorbeigehe?
Hendrik: Du siehst eine ganz große Fensterscheibe mit unserem Logo. Wenn du reinschaust, ist es dort hell, mit weißen Wänden und hellgrauem Betonboden. Neben dem Tisch, von dem Leo gesprochen hat, gibt es metallische Regale, in denen die Urnen stehen, ein Kunstwerk aus getrocknetem Schilf an der Wand und den bunten Sarg.
Leo: Im Dunkeln wird der Laden von einer gelben Halogenlampe beleuchtet, die schräg hinter dem Sarg steht. Das gibt dem Ganzen einen untypischen Charakter. Nachts, wenn man vorbeiläuft, ist es richtig knallgelb und warm – ich finde immer, dass es ziemlich cool aussieht.
Hendrik: Es hat total Spaß gemacht, die Ladenfläche einzurichten, das ist ja auch eine Form von Inszenierung. Und ich glaube, ganz viele von den Ängsten, die man vor dem Thema Tod hat, sind auch dadurch generiert, dass Sachen komplett aus der Zeit gefallen aussehen. Es ist schon ein angstvolles Thema, dass das Leben aufhört, und dann sieht noch alles so

fremd, antik und morbide aus. Alles ist schwarz, dunkel und alt, das haut unnötigerweise doppelt rein. Gleichzeitig passt auch unser Stil zum Thema: Wir haben zum Beispiel viele Trockenblumen, die sind ja auch alle tot – trotzdem haben sie eine ganz eigene Ästhetik und sehen schön aus.
Leo: Es ist ja auch so, dass Schönheit tröstet. Ein schöner Blumenstrauß in meinem Zuhause kann mir ein schönes Gefühl geben. Wenn man als trauernde Person in einen Raum kommt, der liebevoll gestaltet ist und in dem man das Gefühl hat, dass es echt nett hier ist, dann tröstet das schon.

Nach euren Beschreibungen stelle ich mir euren Laden als einen einladenden Ort mitten im Leben vor, der mich neugierig macht und in den ich gern mal reinschauen möchte.
Hendrik: Gerade bei besserem Wetter stehen Leute einfach mal im Laden, weil sie gucken wollen, was wir machen. Es hat schon jemand nach einem Arbeitsplatz gefragt, weil er uns für einen Co-Working-Space hielt. Wir hatten mal amerikanische Hipster-Kids hier, die dachten, hier gäbe es eine coole Ausstellung. Sie konnten es gar nicht fassen, dass wir Bestattungen anbieten und sagten: „You are like the most beautiful undertaker ever.“ Wir haben vor dem Laden eine Kreidetafel, auf die wir immer Sprüche schreiben. Das sind Zitate oder Songtexte, vor denen Leute mal kurz stehenbleiben und nachdenken. Vorgestern habe ich ein Zitat der Band *Kettcar* aufgeschrieben: „Irgendwann ist immer nur ein anderes Wort für nie.“ Das kann einen im Vorbeigehen daran erinnern, dass niemand von uns unendlich Zeit hat. Und trotzdem ist es nicht der Wink mit dem Zaunpfahl, dass es hier um den Tod geht. Sondern der Wink mit dem Zaunpfahl, dass man was aus jedem Tag machen soll. Ich finde, je offener man mit Sterben und Tod umgeht, desto lebensbejahender ist es auch.
Leo: Als wir vor zwei Jahren hier einzogen, haben wir Briefe an alle Nachbar:innen geschrieben und uns kurz vorgestellt. Als der Sarg dann bei uns im Büro stand, kamen Nachbarskinder vorbei und haben ihre Puppen zum Probeliegen reingelegt.

Als der Sarg dann bei uns im Büro stand, kamen Nachbarskinder vorbei und haben ihre Puppen zum Probeliegen reingelegt.

Können sich auch Menschen einfach mal dort hineinlegen?
Leo: Klar, das haben wir öfter. Wir hatten mal einen Dreijährigen mit seiner Mama da, der das total spannend fand. Er hat sich allein nicht getraut, also legte er sich zusammen mit sei-

ner Mama in den Sarg. Sie wollten, dass wir den Deckel zumachen und das haben wir gemacht – sie sollten klopfen, wenn sie wieder rauswollen. Man hörte es nur von innen giggeln und irgendwann hat die Mama geklopft und gesagt: „Wenn du hier drin die ganze Zeit pupst, will ich nicht mehr." Der Junge wollte dann noch allein im Sarg bleiben und als er dann irgendwann rausmusste, hat er einen richtigen Terz gemacht.

Hendrik: Es kam auch mal vor, dass die Frau und die Tochter eines Verstorbenen erst einmal im Sarg probeliegen wollten. Sie wollten, dass der Mann es bequem dort hat und außerdem fühlten sie sich ihm dann noch verbundener. Dann haben sie den Sarg noch bunt bemalt. Da gab es natürlich viele Tränen, aber es wurde auch viel gelacht. Wir denken grundsätzlich, dass eine gute Beisetzung und Abschiedsfeier – oder Lebensfeier, Trauerfeier, wie man es nennen will – erlaubt, zu weinen und zu lachen. Es ist einfach ein sehr emotionaler Anlass, an dem alles seinen Platz hat, eine Erinnerungsfeier, die der Person entspricht, um die man trauert.

Es kam auch mal vor, dass die Frau und die Tochter eines Verstorbenen erst einmal im Sarg probeliegen wollten.

Wie toll, dass die beiden Frauen den Sarg selbst bemalen konnten. Ist das immer möglich bei euch? Und wie läuft das dann ab?

Leo: Das kann bei uns jede:r tun. Wir können den Sarg zu den An- oder Zugehörigen nach Hause fahren und ihn zum Beispiel übers Wochenende dort lassen. Der verstorbene Mensch ist ja in den meisten Fällen in einem Schubfach zur Kühlung, der braucht den Sarg also nicht sofort. In Berlin kann man sich viel Zeit lassen, weil es hier keine Vorgaben gibt, wie schnell jemand bestattet werden muss, so kann man als Angehörige:r Luft holen und versuchen, sich zu sammeln. In NRW beispielsweise hat man nur zehn Tage, bis ein toter Körper beigesetzt werden muss.

Die andere Möglichkeit ist, dass man den Sarg bei uns auf dem Hof anmalt und gestaltet und das direkt mit einer Abschiednahme verbindet. Man kann dann mit uns zusammen den Verstorbenen hineinlegen.

Hendrik: Klassische Bestattungsinstitute verkaufen Särge oft als ein Produkt, das mit sehr viel Status aufgeladen ist und etwas repräsentieren soll, wie ein dicklasierter Eichensarg mit schweren Beschlägen. Leo sagt immer, der Sarg ist wie ein letztes Zimmer, deswegen finden wir es für die Trauerarbeit konstruktiver, wenn man den Sarg individualisiert. Wir benutzen dafür gerne helle, unbehandelte Kiefernsärge, die von innen und außen gestaltet werden können.

... der Sarg ist wie ein letztes Zimmer ...

Was gibt es neben dem Anmalen des Sarges noch für Varianten der Individualisierung?

Leo: Ganz oft werden Fotos mitgegeben, damit „alle dabei sind", wie die Familien oft sagen. Manchmal kleben sie auch Fotos von innen in den Deckel. Wir hatten auch mal eine Familie, die mit einem Brennstab ganz viel in den Sarg eingebrannt hat, die haben das Holz richtig bearbeitet.

Hendrik: Man kann ihn auch mit Papier bekleben oder Glitzer darauf verzieren, es geht eigentlich alles.

Echt schön. Und wie wichtig, dass ihr das Thema Status ansprecht: Wir wissen eigentlich, ein dickes Auto und ein riesiges Haus machen unser Glück im Leben nicht aus, genauso wenig wie die Aussicht auf einen extrem teuren Sarg mit Goldbeschlägen, und trotzdem werden sie gekauft als Zeichen der Liebe und Wertschätzung.

Leo: Dazu muss man noch sagen, dass wir ein anderes Preismodell haben als klassische Bestatter:innen. Man zahlt für unsere Zeit – und was wir dann tun, unterscheidet sich je nach Begleitung. Oft sind wir ja wirklich wie Trauerbegleiter:innen und auch wenn es vielleicht anmaßend klingt, manchmal wie Therapeut:innen – und in jedem Fall Event-Organisator:innen. Manche Leute wollen erst eine Stunde über den Menschen reden, den sie gerade verloren haben und brauchen uns zum Zuhören. Andere teilen direkt mit, auf welchen Friedhof sie den Angehörigen bestatten wollen und wie viele rote Rosen es sein müssen.

Was bei uns immer gleich ist: Wir nutzen – wenn wir von einer Kremation ausgehen (Anmerkung der Autorinnen: Eine Kremation ist eine Feuerbestattung.) – einen Sarg für 200 Euro. Da sind viele sogar ein wenig überrumpelt und sagen, dass sie ja aber schon einen vernünftigen Sarg wollen. Dabei ist dieser Sarg für 200 Euro toll, er ist schön und gemütlich. Der günstige Preis liegt ausschließlich daran, dass wir an ihm als Produkt kein Geld verdienen, das ist, wie eben schon erklärt, nicht unser Modell. Wir wollen niemandem aufzwängen, den teuersten Sarg zu nehmen, weil „die Oma das doch wert war".

Hendrik: Das Holz für den Sarg kommt aus der Märkischen Schweiz, das ist nicht weit weg von Berlin, da spielt auch der Nachhaltigkeitsfaktor eine Rolle. Im Innern ist nichts mit Polyester ausgeschlagen, sondern alles mit weißer Baumwolle. Die Matratze lassen wir extra noch mit Heu stopfen – es riecht also total gut nach Kiefernholz und Heu. Solche Dinge sind uns wichtig. Wenn man zu einem traditionell arbeitenden Bestatter geht, dann kommt man am Ende vielleicht auf den gleichen Betrag wie bei uns. Bei dem gibt man das Geld meistens für Produkte aus, bei uns zahlt man es dafür, dass man den Sarg bemalt und ein- oder zweimal zu uns auf den Hof kommt, um sich zu verabschieden. Vielleicht kommt man mit ins Krematorium oder trifft sich mehrmals mit uns, um zu überlegen, wie die Trauerkarten aussehen.

Ich glaube, bei uns bekommt man als An- und Zugehöriger in dieser Extremsituation – die Trauer ja nun mal ist – viel mehr Raum. Und genau dafür wollen wir stehen, das ist es, was unserer Meinung nach den Wert unserer Arbeit ausmacht und was ich auch für mich selbst in einer solchen Situation wollen würde. Wir sehen uns nicht in einem Verkaufsgespräch, sondern möchten eine Kommunikation auf Augenhöhe kreieren und niemandem etwas aufdrängen, was er oder sie nicht braucht.

Das heißt, dass ich manchen Menschen sage, dass sie keine Urne kaufen müssen, sondern sie auch einfach die Aschekapsel bemalen, schmücken oder ein T-Shirt drumbinden können.

Wir wollen niemandem aufzwängen, den teuersten Sarg zu nehmen, weil „die Oma das doch wert war".

Ich finde es sehr wertvoll, dass ihr die Ressourcen in den Vordergrund stellt und vielfältige Möglichkeiten aufzeigt, von denen viele Menschen sicher nicht wissen.

Leo: Ja. Uns ist es wichtig, dass die Menschen jeden Schritt begleiten können und nah dran sein dürfen. Ich sage immer zu den Leuten: „Ihr könnt zu allem, was ich euch vorschlage, Nein sagen, aber ihr sollt wissen, welche Möglichkeiten es gibt und euch später nicht ärgern, dass ihr davon nichts wusstet. Lasst es erstmal sacken und entscheidet dann." Viele sind zum Beispiel überrascht, wenn ich ihnen sage, dass sie dabei sein können, wenn der Sarg ins Feuer gefahren wird. Ganz viele Krematorien bieten das an, aber es ist für die

Bestatter:innen natürlich zusätzlicher Aufwand, deshalb weisen viele nicht aktiv darauf hin.

Hendrik: Das soll gar kein Bashing von traditionellen Bestatter:innen sein, da gibt es ja auch tolle Menschen, die einen wunderbaren Job machen. Am Ende liegt es ja immer am Individuum. Aber ich glaube schon, dass es bei großen Bestattungsketten systemimmanent ist, dass die Prozesse anonym sind und unabhängig voneinander passieren. Da werden Menschen zu Zahlen. Bei unseren Kund:innen generiert es Vertrauen, wenn sie wissen, dass wir beide diejenigen sind, die ihren geliebten verstorbenen Menschen waschen und anziehen, ja dass sie sogar selbst dabei sein können, wenn sie das wollen. Und wenn mich jemand fragt, ob Oma eigentlich die silbernen Ohrringe drin hatte, dann kann ich ihnen eine Antwort darauf geben.

Für uns persönlich ist es schwierig, wenn wir eine Begleitung von einem Verstorbenen übernehmen, den wir vor der Kremation nicht gesehen haben.

Und wenn mich jemand fragt, ob Oma eigentlich die silbernen Ohrringe drin hatte, dann kann ich ihnen eine Antwort darauf geben.

Wie häufig kommt das vor?

Hendrik: Es passiert selten. Letztens hatten wir einen Fall, bei dem ein Mann nicht in Berlin gestorben ist, aber hier beigesetzt werden sollte. Er war schon kremiert und es kam nur eine Aschekapsel zu uns. Es fiel mir schwer einzuschätzen, was er für ein Mensch war. Also habe ich noch mehr mit den Angehörigen gesprochen als sonst und habe mir Fotos zeigen lassen.

Leo: Da fehlt uns der Bezug zu dem Menschen. Oft ist es auch so, dass wir Tote aus dem Krankenhaus abholen, die unbekleidet aus der Pathologie kommen. Wenn wir dann deren persönliche Kleidung bekommen und sie anziehen, bekommen sie wieder einen richtigen – ihren eigenen – Charakter. Wir haben letztens einem Verstorbenen einen Strohhut aufgesetzt, den er immer im Garten trug, und dazu ein *Rolling-Stones*-Shirt von der letzten *Stones*-Tour. Plötzlich war das ein lässiger, alter Mann.

Hendrik: Mir fällt da gerade noch eine andere Geschichte ein. Wir hatten einen Fall, den ich so anonym wie möglich erzähle. Die Person wurde obduziert, verbrannt und beigesetzt. Nach Monaten kam durch einen Zufall heraus, dass sich ein Organ der Person – das mit sehr viel Symbolik aufgeladen ist – noch in der Pathologie befand. Es wurde nicht mit dem Rest des Körpers eingeäschert. Das erwachsene

Kind der Person hat es erfahren, hatte schlaflose Nächte und hat sich an uns gewandt. Also habe ich das Organ aus der Pathologie abgeholt und separat einäschern lassen. Der angehörige Mensch war einfach so dankbar, denn es hatte für ihn den kompletten Trauerprozess sabotiert, dass dieses Organ fehlte. Er wollte die zusätzliche Asche dann in die Nähe des Grabes in einen Friedwald bringen.

Ich kann mir gut vorstellen, dass es sonst für die Person schwer gewesen wäre, jemals damit Frieden zu schließen.

Hendrik: Es ist wie die letzte Seite eines Buchs, die herausgerissen wurde, sodass es nie ein Ende gibt, das man aber braucht, um abschließen zu können. Für diesen Vorfall muss man niemandem die Schuld geben, aber ich habe selbst erlebt, was passiert, wenn Trauerprozesse nicht gut geführt werden können. Als mein Vater sich vor 20 Jahren das Leben genommen hat, habe ich ihn nicht sehen dürfen, nachdem er gestorben ist. Und ich weiß, dass mir das den ohnehin überwältigenden Trauerprozess zusätzlich erschwert hat. Ich glaube, wir sind deshalb auch sehr feinfühlig und versuchen auch bei ungewöhnlichen Geschichten wie der, die ich eben erzählt habe, Trauerrituale zu ermöglichen.

Leo: Es kam auch mal eine Frau, bei der die Oma – die sie aber großgezogen hatte und die eigentlich für sie eine Mama-Figur war – ihren Körper der Forschung zur Verfügung gestellt hat. Diese Arbeit dauerte zwei Jahre und in dieser Zeit hatte die Angehörige keinen Ort, an dem sie trauern konnte. Da hat sie uns gefragt, ob wir auch eine Gedenkfeier machen können, ohne dass es eine Beisetzung gibt, ohne dass „Omi" selbst in irgendeiner Form anwesend ist.

Als mein Vater sich vor 20 Jahren das Leben genommen hat, habe ich ihn nicht sehen dürfen, nachdem er gestorben ist.

Ihr schafft mit eurer Arbeit also sehr unterschiedliche Räume, damit Menschen mit ihrer Trauer in Begegnung kommen können?

Hendrik: Ja, und es geht dabei um die Gestaltung von Ritualen. Menschen brauchen Rituale und sie brauchen unterschiedliche Rituale, weil sie alle ganz unterschiedlich sind. Deshalb gucken wir, was wen anspricht. Wir können natürlich nicht jedem An- oder Zugehörigen, der zu uns kommt, ein anderes Ritual vorschlagen, aber wir haben sozusagen einen Koffer voller Ideen, den können wir öffnen und jeder nimmt sich das heraus, was zu ihm passt. Und da finden wir eigentlich immer etwas. Oder Leo, hattest du es schonmal, dass jemand auf gar nichts angesprungen ist?

Leo: Das hatte ich tatsächlich schonmal und es war mein allerschlimmster Fall – noch vor *Junimond*. Ein dreijähriges Kind war bei seinem Opa im Gartenteich ertrunken. Da gab es keine Rituale, da gab es nichts, da ging nichts, weil ich überhaupt keine Chance hatte, an die Familie heranzukommen oder ein Gespräch entstehen zu lassen. Ich konnte sie nicht einfangen. Letztlich haben sie sich dafür entschieden, dass ich das Kind beisetze und sie direkt nach Hause gehen konnten. Das war schlimm für mich.

Hendrik: Manchmal müssen wir auch Situationen aushalten, in denen es keinen Trost gibt. Es gibt auch manchmal dieses Untröstliche.

Welche anderen Momente fordern euch in eurem Beruf besonders heraus oder überfordern euch vielleicht sogar?

Leo: Für mich persönlich sind es immer die schwierigsten Momente, wenn ich an Familien überhaupt nicht rankomme – so wie bei dem Beispiel eben. Oder es gibt Leute, die bestattungspflichtig sind und sich darum kümmern müssen, aber überhaupt keinen Bock darauf haben. Wir gehen immer liebevoll und offen auf die Menschen zu und wenn dann jemand kommt, der die Sache einfach nur erledigen will, dann fruchtet das gar nicht. Da muss alles nur billig sein und schnell gehen.

Hendrik: Solchen Menschen haben wir tatsächlich auch schon angeboten, zu einem anderen Bestattungshaus zu gehen.

Manchmal müssen wir auch Situationen aushalten, in denen es keinen Trost gibt. Es gibt auch manchmal dieses Untröstliche.

Ich finde es auch komisch, dass man ausgerechnet zu sehr nahbaren Menschen wie euch kommt, wenn man selbst diese Nähe gar nicht möchte.

Hendrik: Es passiert oft, dass Leute im Internet nachgucken, welcher Bestatter direkt um die Ecke ist. Sie kommen zu uns und wissen gar nicht, dass wir irgendwie anders sind. Die stehen dann bei uns im Laden und fragen sich, wo sie da gelandet sind.

Leo: Das sind aber auch ganz oft Menschen, mit denen es dann total gut läuft. Sie kommen ohne Erwartungen und wir können richtig viel bei ihnen bewirken und sie unterstützen.

Hendrik: Wir finden es super, dass ganz unterschiedliche Kund:innen zu uns kommen. Es sind nicht nur junge hippe Leute, die uns für Hipster-Bestatter halten. Wir begleiten nicht nur die Angehörigen von einem verstorbenen Schauspieler aus Berlin-Mitte oder irgendwelche Feuilleton-Leser:innen, die uns bewusst aussuchen. Manchmal ist es viel dankbarer, wenn es „ganz normale" Leute sind, die schon fast in Tränen ausbrechen, wenn wir ihnen sagen, dass sie auf dem Friedhof die Urne selbst tragen können. Oder die uns fragen, ob wir noch ein Lied für die Beisetzung am Grab aussuchen können – und weil wir wissen, dass niemand von ihnen Englisch spricht, spielen wir nicht Frank Sinatra, sondern Harald Juhnke, der den Sinatra-Song singt. Dann fallen sie uns um den Hals, und das ist einfach total schön.

Wir finden es super, dass ganz unterschiedliche Kund:innen zu uns kommen. Es sind nicht nur junge hippe Leute, die uns für Hipster-Bestatter halten.

Hendrik, gibt es für dich persönlich noch Momente, die dich besonders fordern oder überfordern in deiner Arbeit?

Hendrik: Eigentlich nicht. Das soll sich nicht esoterisch anhören, aber ich habe bislang immer das Gefühl gehabt, dass das auch an der Ruhe liegt, die ich in mir trage und wahrscheinlich auch ausstrahle. Und ich hätte auch kein Problem damit, in eine Situation zu kommen, in der es keine Antwort gibt. Dann wäre meine Antwort, dass es gerade keine Antwort gibt. Manchmal braucht es diesen Mut, dass mal nichts gesagt wird und Stille herrscht. Ich habe vor *Junimond* eine Ausbildung zum systemischen Familienaufsteller gemacht und da war für mich eigentlich das größte Learning, dass das, was da ist, auch da sein darf. Dass man den Sachen ihren Raum geben sollte.

Okay, was ich über mich selbst weiß, ist, dass ich definitiv einen Helferkomplex habe, der mich manchmal immer noch herausfordert. Als ich mit dem Bestatten angefangen habe, hat mir Leo gesagt: „Wenn du den Menschen etwas abnimmst, kann das auch immer bedeuten, dass du ihnen etwas wegnimmst." Wenn ich für sie den Sarg schließen möchte, um ihnen etwas abzunehmen, halte ich mittlerweile einen Moment inne und frage mich, ob sie das vielleicht selbst machen möchten.

Insgesamt macht mich dieser Job total happy. Ich habe Depressionen und werde sie wahrscheinlich mein ganzes Leben lang haben, aber seit ich bestatte, sind sie deutlich weniger geworden. Das klingt für Außenstehende vielleicht etwas absurd, weil sie Bestatter:in für einen Depri-Job halten, aber ich bin durch diesen Beruf sehr viel entspannter geworden. Deshalb finde ich es auch so wichtig, dass wir alle mehr über die Tatsache reden, dass unser Leben aufhört und dass das nicht diskutabel ist. Ich glaube, es würde uns gesellschaftlich so krass entspannen und einen anderen Umgang mit dem Thema generieren.

Leo: Mir fällt eine Sache ein, die Hendrik vielleicht nicht überfordert, bei der ich ihm aber regelmäßig Mut zuspreche, sich nicht zurückzuhalten. Dabei geht es um die Situation, wenn sich die Angehörigen unsicher sind, ob sie sich vom Verstorbenen am offenen Sarg verabschieden wollen, wenn dieser nach einem Unfall nicht mehr so toll aussieht. Ich glaube, wenn man den Leuten sagt, dass ihr geliebter Mensch im Gesicht Schwellungen und einen blauen Fleck hat, dann stellen sie sich etwas ganz Gruseliges vor. Und ich glaube, wenn wir ihnen die klare Empfehlung geben, sie sollen den Verstorbenen lieber so in Erinnerung behalten, wie er war, dann machen sie sich automatisch ihr eigenes Bild – und das bekommen sie dann wahrscheinlich nie wieder aus dem Kopf, wenn sie es nicht auflösen. Wie soll man etwas verarbeiten, was man sich selbst ausgedacht hat? Selbst wenn man nach dem Anblick des verunglückten Menschen im ersten Augenblick tatsächlich geschockt ist, kann man dieses Bild wenigstens nach und nach verarbeiten.

Ich denke, es ist besser, ganz transparent und sachlich zu erklären: „Der Kopf ist obduziert, die Narbe ist am Hinterkopf, die seht ihr hinter den Ohren, wenn ihr genau hinschaut. Bei dem Unfall muss er aufs Auge gefallen sein, hier hat er eine Narbe und drumherum ist es blau.“ Dann können die Leute selbst entscheiden, wie sie damit umgehen wollen.

Eine Frau hat letztens ihren Mann angeguckt und gesagt: „Das ist er nicht mehr, mein Mann ist vorbei.“

Könnt ihr mir einen dieser Abschiedsmomente am offenen Sarg beschreiben?

Hendrik: Eine Frau hat letztens ihren Mann angeguckt und gesagt: „Das ist er nicht mehr, mein Mann ist vorbei.“ Dieser Satz ist bei mir hängen geblieben. Dort liegt nur ein Körper – aber das Krasse ist natürlich, dass du diesen Körper dein halbes Leben lang gekannt hast, du hast dein halbes Leben neben ihm im Bett gelegen. Und trotzdem ist dieser Körper nicht mehr das, was deinen Mann definiert. Das muss das Gehirn ja erstmal verstehen. Aber es kommt auch vor, dass jemand vor der Kühlung fragt: „Ist er da jetzt ganz alleine drin?" Da wollen sie ihren Menschen noch immer beschützen.

Danke bis hierher für diese vielen offenen Einblicke in euren *Junimond*-Alltag, von dem ihr gleich gern noch mehr erzählen dürft. Mich interessiert schon seit Beginn unseres Gespräches die Frage: Wie und wann habt ihr beide euch eigentlich kennengelernt? Weil ich den Eindruck habe, dass ihr beide als Team verdammt gut funktioniert und ihr direkt ein unglaubliches Vertrauen, auch zueinander, ausstrahlt.

Hendrik: Wir haben uns in einer Seitenstraße hier in der Nähe auf einer Fensterbank kennengelernt – und dann waren wir etwa viereinhalb Jahre zusammen. Wie lange ist das her?

Leo: Sechs Jahre etwa.

Hendrik: Und dann waren wir irgendwann nicht mehr zusammen. Leo hat sich getrennt und ich habe ein wenig gebraucht, um über meinen Herzschmerz und mein Ego hinwegzukommen – nach einem Jahr hatten wir wieder Kontakt. Leo ist damals Bestatterin geworden und ich konnte damit noch gar nicht umgehen. Ich bin einmal total durchgedreht, als sie eine Urne mit im Auto hatte, die sie transportieren musste, denn das letzte Mal, als ich eine Urne gesehen hatte, war das die von meinem Papa.

… das letzte Mal, als ich eine Urne gesehen hatte, war das die von meinem Papa.

Leo, warum hattest du dich zu diesem Zeitpunkt und ganz grundsätzlich dafür entschieden, Bestatterin zu werden?

Leo: Ich hatte Fotografie studiert, habe vier Jahre in England gelebt und danach in Berlin für Agenturen gearbeitet. Das hat nicht zu mir gepasst und ich wollte etwas Sozialeres machen. Meine Mutter hatte sich vor vielen Jahren damit selbstständig gemacht, dass sie Trauer-Drucksachen gestaltet: Anzeigen für die Zeitung, Einladungen zur Trauerfeier und so weiter – endlich mal schön gestaltet und so, dass sie nicht alle gleich aussehen. Dabei habe ich sie unterstützt und dadurch Bestatter:innen kennengelernt. Am Anfang hatte ich fast Angst vor dem Kontakt mit ihnen, weil sie so nah mit dem Tod zu tun haben. Dann habe ich gemerkt, dass sie total nett und ganz normal sind.

So entstand mein Interesse für den Job.
Ich habe mich schlau gemacht, wen es in Berlin gibt und welche Netzwerke bestehen und lernte einen Bestatter kennen, der gerade gründen wollte – so haben wir zusammen ein Bestattungsinstitut eröffnet. Das wurde sehr groß, am Ende für mich zu groß, weil ich keine Fließbandarbeit machen wollte.
Danach war ich zwei Jahre bei einem anderen Bestattungsunternehmen, bis mir klar wurde, dass ich selbst gründen wollte. Dann kam Hendrik mit dem Gedanken, dass er auch in dieses Business einsteigen möchte – also haben wir uns zusammengetan.

Hendrik, wie kam denn in dir der Wunsch auf, auch als Bestatter zu arbeiten?
Hendrik: Ich hatte Leo einige Male geholfen, wie zum Beispiel eine Beisetzung gefilmt und geschnitten, weil die Familie des Verstorbenen nicht in Deutschland war oder ein anderes Mal ein dreijähriges Kind mit ihr in die Kühlung getragen. Das war für mich sehr krass, aber Leo hat mich immer bestärkt und von Anfang an gesagt, dass ich es kann. Und wenn jemand, der dich sehr gut kennt, dich so bestärkt, dann generiert das natürlich Selbstvertrauen.
Ich habe vorher zehn Jahre in der Kreativkonzeption gearbeitet. Dabei ging es thematisch um Tierrechte und Tierschutz – Leo und ich sind beide vegan, das lag mir immer sehr am Herzen – aber daran hatte ich mich etwas abgearbeitet. Und das zweite große Thema in meinem Leben war Verlust und Tod. Also hat es für mich thematisch total Sinn gemacht und die Ausbildung zum systemischen Familienaufsteller machte mir zusätzlich deutlich, dass ich mehr mit Menschen arbeiten wollte.
Ich habe in jedem Fall, seitdem ich Bestatter bin, eine große Entwicklung durchgemacht und das ist für mich sehr wertvoll. Ich habe gemerkt, dass nicht jeder Tod mein eigenes Trauma ist. Nicht jeder Verlust ist meiner und andere Leute verlieren auch ihre Liebsten – das zu verstehen, war ebenfalls extrem wichtig. Weil das Thema Verlust für mich biografisch schon immer präsent war, fühle ich mich in meinem jetzigen Job auf eine komische Art sehr zuhause.

Weil das Thema Verlust für mich biografisch schon immer präsent war, fühle ich mich in meinem jetzigen Job auf eine komische Art sehr zuhause.

Wie entscheidet ihr, wer welche Begleitung oder welche Bereiche übernimmt?
Hendrik: Manchmal entscheidet es sich dadurch, wen die Leute von uns beiden zuerst kennenlernen. Aber es kommt auch vor, dass ich einen Verstorbenen abhole, Leo das Erstgespräch übernimmt und dann ist klar, dass sie die Begleitung übernimmt. Es gibt auch Fälle, in denen es total Sinn macht, dass eine weiblich definierte Person mit den Angehörigen arbeitet. Das hängt immer vom Hintergrund ab, es gibt in Berlin auch einen Bestatter, der sich dem queeren Kontext annimmt – das finde ich super. Ich kann es total nachvollziehen, wenn jemand nicht zu so einem weißen Hetero-Dude wie mir kommen will, deshalb ist es cool, wenn es ganz unterschiedliche Bestatter:innen gibt und es nicht nur Männer mit schwarzem Anzug und grauem Schnurrbart machen.
Leo: Wobei ich glaube, dass es auch Menschen gibt, für die Männer mit Schnörres und Anzug genau richtig sind. Die brauchen das ganz klassisch, deshalb ist es super, diese Auswahl zu haben.

Gibt es in eurer Arbeit Themen, die euch besonders am Herzen liegen oder Begleitungen, bei denen ihr einen besonderen inneren Auftrag verspürt?
Hendrik: Jede Begleitung ist anders und wir gehen sie immer individuell an. Aber natürlich gibt es Herzensthemen, die uns im positiven oder negativen Sinn stärker triggern. Das hängt damit zusammen, dass einige Begleitungen mehr an der eigenen Biografie rütteln als andere. Was der eigenen Lebensgeschichte sehr nahe kommt, kommt uns auch emotional näher – auch wenn man immer aufpassen muss, dass man die eigenen Erfahrungen nicht für deckungsgleich mit denen des anderen Menschen hält. Wir sollten immer reflektieren, wie viel der eigenen Erfahrung jetzt Sinn macht und welche wir besser nicht einbringen. Denn jeder Verlust ist individuell und wir dürfen nicht den Fehler machen, unsere eigenen Erinnerungen über die individuelle Trauererfahrung eines anderen Menschen zu stülpen.

Ihr sprecht auf eurer Webseite auch speziell an, dass ihr Eltern von Sternenkindern begleitet. Was ist euch hier besonders wichtig?
Leo: Zum Beispiel, dass diese Eltern auf Wunsch noch einmal Zeit mit ihren verstorbenen Kindern verbringen können und dass auch der Rest ihrer Familien die Chance erhält, das Kind kennenzulernen, auch wenn es nicht mehr lebt. Bei dieser Art der Trauer kommt ja erschwerend hinzu, dass viele den Eltern nahestehende Men-

schen dieses Kind niemals zu Gesicht bekommen und so nicht nur die Elternschaft, sondern auch die Trauer der Eltern um ihr Kind bei den Freunden und Bekannten oft etwas nicht wirklich Greifbares bleibt, was sich dann wiederum auch auf die Akzeptanz und das Nachvollziehen dieser Trauer negativ auswirken kann.

Wenn du heute sterben würdest, wer sollte zu deiner Beerdigung kommen? Welche Musik sollten sie hören?

Ich habe zum Ende noch eine ganz praktische Frage: Was wäre ein erster guter Schritt, wenn ich mich mit meinem eigenen Tod und mit meiner eigenen Bestattung auseinandersetzen möchte?

Hendrik: Auf unserer Website – und auch an vielen anderen Stellen im Internet – gibt es ein Vorsorge-PDF mit vielen Fragen. Da geht es um organisatorische Dinge oder Finanzen, es ist eine erste Bestandsaufnahme. Am besten überlegst du, ob du in einem Sarg bestattet oder verbrannt werden möchtest. Vielleicht auch reerdigt via Humankompostierung, wenn es das bis dahin gibt. Frage dich auch, warum du es so möchtest – und lass dabei irrationale und emotionale Antworten zu, das ist bei dem Thema völlig normal. Wäre es okay, wenn Leute deinen Körper noch einmal sehen, wenn du gestorben bist? Dann frage dich: Wenn du heute sterben würdest, wer sollte zu deiner Beerdigung kommen? Welche Musik sollten sie hören? Man darf da gern zum Dramaturgen des eigenen Niedergangs werden und sich überlegen, wie man einen richtigen Spannungsbogen aufbauen kann – welches Lied soll erklingen, wenn die Tür zur Kapelle aufgeht? Es kann auch Spaß machen, sich das wie in einem Film vorzustellen. Leo und ich haben beide schon eine Funeral-Playlist, die sich ständig ändert. Und auf unserem Instagram-Account gibt es eine Junimond-Playlist mit schönen Songs zu Tod und Verlust.

Ich weiß nicht, wie es bei euch ist – aber zu meiner Zukunft gehört es, dass ich sterbe. Deshalb macht es für mich total Sinn, mich jetzt schon damit zu beschäftigen. Der Tod gehört einfach aufs Familienbild mit drauf, auch wenn er vielleicht eher der Onkel ist, den man am liebsten wegscheuchen möchte. Er gehört dazu und man muss sich damit arrangieren, sonst wird man mit der eigenen Endlichkeit immer hadern.

Es entlastet jedenfalls alle anderen, wenn man sich diese Gedanken schon jetzt macht. Und man selbst kann ein bisschen Kontrollfreak bleiben, selbst wenn man nicht mehr lebt. Ich bin überzeugt: Du stirbst nicht eher, wenn du dich mit deinem Tod auseinandersetzt, aber vielleicht stirbst du besser.

Ich weiß nicht, wie es bei euch ist – aber zu meiner Zukunft gehört es, dass ich sterbe.

Das klingt, als habt ihr das für euch selbst alles schon ziemlich genau geplant?

Leo: Ja, ich denke schon. Und ich habe ganz oft „Wenn ich jetzt sterbe"-Gedanken. Wenn ich eine neue Hose habe, die ich besonders schön finde, sage ich einer Freundin spontan: „Wenn ich jetzt sterbe, möchte ich diese Hose tragen, merk dir das." Ich hatte in meinem Schrebergarten drei Pflanzen, die total schön arrangiert waren, also habe ich sie fotografiert und in meinem digitalen Vorsorgeordner abgelegt – sie könnten total schön auf meinem Grab aussehen.

Ich möchte feuerbestattet werden, und was viele nicht wissen, ist, dass auch da alle Sargbeigaben erlaubt sind – es werden ja auch Hüftgelenke mit verbrannt und später herausgefiltert. Die Krematorien sind heute so modern, dass das alles möglich ist.

Wenn ich also mit meinem Freund auf dem Sofa sitze und mir in dem Moment ein Foto an der Wand total gut gefällt, sage ich ihm, das soll er mir in den Sarg mitgeben. Er kann damit nicht gut umgehen, aber er muss sich daran gewöhnen. Ich werde nun mal sterben, wie wir alle.

Alle Informationen über *Junimond*, Leo und Hendrik findest du auf ihrer Website junimond-bestattungen.de oder auf dem *Instagram*-Kanal der beiden (@junimond.bestattungen). Der Name *Junimond* leitet sich übrigens von dem gleichnamigen Song von Rio Reiser von 1986 ab, den die Band *Echt* im Jahr 2000 gecovert hat. Die Website von Leos Mutter und ihrem Service für Trauer-Drucksachen lautet den-tod-anzeigen.de.

IMPULS
Unsere Lebenszeit

von Julia

Manchmal sind es einzelne Sätze, die hängenbleiben und das Potenzial haben, ein ganzes Leben zu verändern. „Ich habe mir Lebenszeit weggewünscht" war für mich so ein Satz. Ich hörte ihn in einem Podcast, der bei mir zu Hause im Hintergrund lief – und es ging nicht darum, dass jemand sein Leben beenden wollte oder dramatische Schicksalsschläge zu bewältigen hatte. Es ging darum, dass diese Person unzufrieden in ihrem Job war. So, wie es vermutlich viele Menschen sind. Sie blicken um zehn Uhr auf die Uhr und wünschen sich, es wäre bereits Mittagspause um 12.30 Uhr. Ab 15 Uhr sehnen sie sich den Feierabend herbei. Ich kenne diese Gedanken noch, ich hielt sie eine Zeit lang für normal, ich habe sie nie in diesem Licht betrachtet – ich habe nie erkannt, dass ich mir tatsächlich wertvolle Lebenszeit wegwünschte. Wenn sich diese Perspektive einmal im eigenen Kopf verankert hat, ist es schwer, sich von ihr zu lösen.

Natürlich gibt es für uns alle Zeiten, durch die wir „einfach mal durchmüssen". Wer Flugangst hat und im Flieger sitzt, sehnt sich die Landung herbei. Wer mehrere Stunden beim Arzt im Wartezimmer verbringt, möchte endlich aufgerufen werden, um danach die Praxis zu verlassen. Wer allein mit zwei überdrehten und trotzigen Kindern zu Hause ist, denkt sehnsüchtig an die Zeit nach dem Ins-Bett-bringen. Trotzdem kommt mir auch in solchen Momenten oft dieser eine Satz in den Sinn. Und ich frage mich: Ist die Situation wirklich so schlimm, dass ich mir jetzt Lebenszeit wegwünsche? Habe ich es nicht in der Hand, die Zeit im Flugzeug, das Warten in der Praxis, den anstrengenden Nachmittag mit Kleinkindern wenigstens ein bisschen angenehmer zu gestalten? So, dass ich mir die Zeit nicht wegwünsche, sondern sie – wenn es in dem Moment schon nicht klappt, sie zu genießen – immerhin mit mehr Gelassenheit akzeptieren kann? Manchmal hilft je nach aktueller Lage und individueller Vorliebe schon gute Musik im Hintergrund, ein Kaffee in der Hand oder ein Podcast im Ohr, um einen entscheidenden Unterschied zu machen.

Was mir jedenfalls klar ist, seit ich diesen Satz in mein Leben integriert habe: Ich möchte keine Dauerzustände mehr akzeptieren, in denen ich meine eigentlich so kostbare Zeit wegwünsche. Das hat mir dieses Buch noch einmal deutlich gemacht, schließlich erleben wir durch die Gespräche alle, wie schnell unser Leben (oder die Zeit mit einem geliebten Menschen) vorbei sein kann.

Also ist für mich ein Job, der mich nur anstrengt und bei dem ich einfach die nötigen Stunden absitze, langfristig keine Option mehr. Vielleicht möchtest du jetzt erwidern, dass es Menschen gibt, die keine Wahl haben. Die allein ihre Familie ernähren müssen, die sich nicht den Luxus leisten können, einen erfüllenden Beruf auszuüben – oder gar Bücher zu schreiben, weil sie das so gerne tun. Ich stimme zu, aber wage zu fragen: Ist das wirklich immer der Fall? Wir können nicht bewerten, wer tatsächlich in einem frustrierenden Job gefangen ist und wer die Macht hätte, die Arbeitszeit – und damit meist einen Großteil des Tages – anders zu gestalten. Ich kann nur von mir selbst sprechen und für mich sagen, dass ich als relativ junge, gut ausgebildete Akademikerin das Privileg habe, zu wählen. Ich muss nicht an einem Schreibtisch sitzen, an dem ich nicht sein will. Über Themen diskutieren, die mich nicht interessieren. Mich von Vorgesetzten zusammenstauchen lassen, die selbst nur gefangen im Hamsterrad sind. Und ich habe in meinem Leben schon viele Menschen getroffen, die ähnlich privilegiert sind wie ich und es trotzdem Tag für Tag tun: Sie wünschen sich die Zeit vor dem Feierabend weg und verbringen im Anschluss den restlichen Tag damit, darüber zu meckern, wie schlimm es heute wieder war.

Vielleicht bist du ja eine:r davon und fühlst dich jetzt etwas ertappt. Dann kann es sein, dass auch bei dir dieser Satz hängenbleibt – verbunden mit der Frage, ob dir deine Lebenszeit nicht zu wertvoll und kostbar ist, um sie dir Tag für Tag nur wegzuwünschen.

„Es war klar, dass wir nur als Familie fliehen: Entweder wir leben oder wir sterben zusammen."

Eine eigene Apotheke, eine glückliche Ehe, gesunde Kinder und ein schönes Zuhause: Abdul Kader Attal (*1978) führte ein gutes Leben – bis ihn der Krieg dazu zwang, alles aufzugeben und den Jemen zu verlassen. Gemeinsam mit seiner Familie machte er sich auf die lange Reise bis nach Deutschland. Warum sie sich als Familie für eine gemeinsame Flucht entschieden, wie sie tausende Kilometer unter schwersten Bedingungen zurücklegten und dabei um ihr Leben fürchteten, und wie sich die Familie nach den dramatischen Monaten ein neues Leben in Rheinland-Pfalz aufgebaut hat, erzählt Abdul in diesem Gespräch.

Abdul, wenn du nach so einem Arbeitstag wie heute nach Hause kommst, worauf freust du dich dann am meisten?

Ich freue mich darauf, mit meiner Familie zusammen beim Abendessen zu sitzen. Wir sprechen mit den Kindern über ihren Tag, über die Schule, die Hausaufgaben oder darüber, welche Probleme es vielleicht gibt. Danach schauen wir manchmal noch einen Film und dann gehen wir alle relativ früh ins Bett. Ich arbeite gerade 45 Stunden pro Woche, um ein bisschen mehr zu verdienen, schließlich muss das Geld für sechs Personen reichen. Aber ich bin zufrieden damit und froh, dass es so gut klappt.

Ich arbeite gerade 45 Stunden pro Woche, um ein bisschen mehr zu verdienen, schließlich muss das Geld für sechs Personen reichen.

Du arbeitest jetzt wieder in einer Apotheke, doch bis dahin war es ein langer und für die meisten von uns unvorstellbarer Weg. Wo hat dieser begonnen?

Ich habe im Jemen Pharmazie studiert. Dort war ich Staatsangehöriger, obwohl ich in Algerien geboren bin – und meine eigentliche Heimat Syrien ist. Mein Vater, der aus Syrien stammt, hatte in Algerien als Dozent an einer Universität gearbeitet, sechs Monate nach meiner Geburt ging meine Familie zurück nach Syrien. Doch die politische Situation dort war damals schon sehr schwierig, weshalb wir dann auch in den Jemen zogen. Dort ging ich zur Schule, machte ein sehr gutes Abitur und entschied mich dann für ein Pharmazie-Studium.

Was hat dich daran damals fasziniert oder begeistert?

Als Kind habe ich mich immer für den medizinischen Bereich interessiert und wollte später mal Herzchirurg werden. Doch auf einen Studienplatz in Medizin hätte ich ungefähr zwei Jahre warten müssen, dann das Studium und die Spezialisierung – das war mir ein zu langer Weg. Also habe ich mich für Pharmazie entschieden, habe das Studium gut abgeschlossen und im Anschluss als Apotheker gearbeitet. Ich war in einer Apotheke und auch in Unternehmen beschäftigt, bis ich 2010 meine eigene Apotheke eröffnete. Da war ich sehr stolz.

Da warst du bereits verheiratet und auch Vater, oder?

Ja, meine Frau habe ich 2003 kennengelernt. Sie hat gemeinsam mit meinem Bruder Biologie studiert, wir haben uns bei ihm kennengelernt und ich habe mich schnell in sie verliebt. Durch unseren Glauben und auch die gesellschaftlichen Konventionen konnten wir erst zusammenziehen, wenn wir verheiratet waren. Im folgenden Jahr haben wir das also getan und schon einen Monat später war meine Frau schwanger. Wir bekamen eine Tochter und zwei Jahre später unseren Sohn. 2013 kam das dritte Kind dazu, die drei sind alle im Jemen geboren.

Wie kann ich mir euer Leben als Familie zu dieser Zeit im Jemen vorstellen?
Es lief wirklich gut für uns, bis März 2015 war alles in bester Ordnung. Unsere finanzielle Situation war sehr gut, wir hatten eine tolle Wohnung und ein gutes Auto, es war wirklich ein Luxusleben. Dann begann der Krieg, unsere Situation hat sich von heute auf morgen geändert, es war einfach nur furchtbar. Wir hatten ständig Angst vor den Bomben, die in der Nähe unserer Wohnung explodierten. Wir lebten anderthalb Monate ohne Strom, auch Wasser kam nur selten und in geringer Menge aus dem Hahn. Wir hatten Angst um unser Leben.

Wir hatten ständig Angst vor den Bomben, die in der Nähe unserer Wohnung explodierten.

Hattet ihr bereits in der Vergangenheit konkrete Sorgen, dass ein Krieg ausbrechen und euer Leben gefährden könnte?
Das wurde von Politik und Medien eher von uns ferngehalten. Die Situation war seit 2011 bereits angespannt, aber es herrschte kein Krieg.

Wie ging euer Alltag mit Beginn des Krieges zunächst weiter? Konntest du in der ersten Zeit noch in deiner Apotheke arbeiten?
Nein, ich hätte gar nicht mehr zur Arbeit fahren können. Wir bekamen kein Benzin oder Diesel mehr, öffentliche Verkehrsmittel fuhren nicht mehr. Und meine Apotheke wurde im Krieg vernichtet. Am 1. April 2015 zerstörte eine Bombe das komplette Gebäude, alle Medikamente waren weg – es war ungefähr ein Wert von 120.000 Dollar, den ich verlor. Und ich hatte von diesem Tag an nichts mehr, womit ich hätte Geld verdienen können. Ich habe dann mein Auto und die Möbel verkauft, wir bekamen wegen des Krieges nur die Hälfte vom realen Wert, aber es war besser als nichts. Dieses Geld haben wir genommen und sind mit dem Bus erst einmal nach Saudi-Arabien geflohen, weil dort ein Schwager von mir lebte.

Ich stelle mir den ganzen Prozess unglaublich zermürbend vor, bis man die finale Entscheidung trifft, alles hinter sich zu lassen, um sich in Sicherheit zu bringen, wenn man gleichzeitig

versucht, doch noch auszuhalten und zu hoffen, dass alles noch irgendwie gut wird.
Uns war früh klar, dass es dort nicht mehr sicher für uns ist. Außerdem konnte ich ja kein Geld mehr verdienen. Deshalb haben wir innerhalb eines Monats beschlossen, den Jemen zu verlassen. Meine Eltern und meine Geschwister blieben zunächst dort, sie kamen einige Wochen später auch nach Saudi-Arabien.

Was konntet ihr auf diese Reise ins Ungewisse überhaupt mitnehmen?
Eigentlich nicht viel mehr als die Kleidung, die wir trugen. Es war schwer für uns, alles zurückzulassen. Unsere Freunde, die Arbeit, die Bekannten, die Erinnerungen – alles blieb dort. Auch wenn wir eigentlich nicht aus dem Jemen stammen, war es zu unserer Heimat geworden. Ich hatte meine erste Heimat Syrien schon wegen des Krieges verloren und jetzt passierte mir das Gleiche noch einmal. Meine Frau und ich fuhren also mit unseren Kindern los, auch meine Schwägerin mit ihren fünf Kindern war dabei. Ihr Mann war zu diesem Zeitpunkt in der Türkei und hatte mich gebeten, mich um sie zu kümmern.

Ich war also als einziger Mann für unsere beiden Familien verantwortlich. Die Reise dauerte mehr als zwölf Stunden, wir haben die ganze Nacht an der Grenze verbracht, um ein Visum zu bekommen. Wir mussten auf der Straße übernachten, um am nächsten Tag nach Saudi-Arabien einreisen zu können.

Ich hatte 10.000 Dollar in der Tasche, und ich konnte nicht fassen, dass das alles war, was von meinem ganzen Leben geblieben war.

Wie war das, als ihr dort an der Grenze gesessen und gewartet habt?
Es war hart. Wir wussten gar nicht, was uns in Zukunft erwartet, wo ich arbeiten könnte, wie wir leben würden. Unser Ziel war es einfach nur, nach Saudi-Arabien zu kommen und vor dem Krieg in Sicherheit zu sein. Es ging darum, dass wir überleben und etwas zu essen bekommen. Ich hatte 10.000 Dollar in der Tasche, und ich konnte nicht fassen, dass das alles war, was von meinem ganzen Leben geblieben war.

Als wir dann endlich die Grenze passiert hatten, mussten wir nochmal etwa 14 Stunden mit dem Bus weiterreisen. Zuerst fuhren wir nach Mekka, was für uns Muslime ja heilig ist. Dort waren wir zwei Tage in einem Hotel, um uns etwas zu erholen und wir beteten zu Allah, damit er uns hilft, das alles zu überstehen. Anschließend fuhren wir zu meinem Schwager und blieben etwa 20 Tage dort. Ich habe damals überlegt, ob wir nicht in Saudi-Arabien bleiben sollen und ich versuche, einen Job zu finden – aber wir entschieden uns schnell dafür, stattdessen in die Türkei zu fliegen. Zum einen lebten dort meine Schwiegereltern und zum anderen wünschten wir uns auch eine offenere Mentalität als wir sie in Saudi-Arabien erlebten. Also flogen wir in die Türkei. Dort mieteten wir uns von dem übrigen Geld eine Wohnung und ich versuchte, einen Job zu finden.

Ihr hattet also eigentlich vor, in der Türkei zu bleiben und euch dort ein neues Leben aufzubauen?
Genau. Wir brauchten als syrische Staatsangehörige damals kein Visum und uns gefiel es dort. Doch die Suche nach Arbeit war ernüchternd. Ich erfuhr, dass im medizinischen Bereich nur türkische Staatsbürger arbeiten durften und es keine Möglichkeit gab, meine Zertifikate anerkennen zu lassen. Ich hatte nie etwas anderes gelernt, selbst wenn ich zum Beispiel in einem handwerklichen Beruf hätte arbeiten wollen, hätte ich es nicht gekonnt. Außerdem musste ich genug Geld für die ganze Familie verdienen, weil sich meine Frau um die Kinder kümmerte – ich brauchte also vor allem einen gut bezahlten Job. Mit dem Gehalt eines Apothekers hätten wir in der Türkei tatsächlich ein gutes Leben führen können, aber ohne Job reichte uns das Geld nur noch für genau vier Monate.

Vor meinem inneren Auge sehe ich euch die ganze Zeit als Familie mit drei kleinen Kindern vor mir. Wie gingen eure Kinder mit der gesamten Situation um?
Sie waren sehr traurig. Sie vermissten ihr Zuhause und die Schule, sie kannten die türkische Sprache nicht. Und wir wussten, dass es keinen Sinn machen würde, sie schon in der Schule anzumelden, bevor ich einen Job hatte.

… ohne Job reichte uns das Geld nur noch für genau vier Monate.

Wie ging es dann für euch weiter?
Es war wirklich zum Verzweifeln, weil meine Frau und ich beide so gut ausgebildet waren, aber dort nicht arbeiten konnten. Uns war klar, dass wir so in der Türkei keine Zukunft hatten.
Zum Glück haben wir überall Verwandte und der große Bruder meiner Frau, der in Hamburg lebte, schlug uns vor, dass wir nach Deutschland kommen sollten. Er war auch als Flüchtling aufgenommen worden, arbeitete inzwischen als Automechaniker und hatte eine sehr nette deutsche Frau. Er sagte, dass ich in Deutschland meine Zertifikate an-

erkennen lassen und wir alle in Sicherheit leben könnten. Also haben wir uns im August 2015 auf den Weg Richtung Deutschland gemacht.

Ich weiß noch, wie meine Kinder geweint haben und fragten: „Wohin fahren wir? Sterben wir jetzt?"

Und wie seid ihr nach Deutschland gereist?

Zuerst mit einem kleinen Schlauchboot, wie man es aus dem Fernsehen kennt. Wir haben erst einen anderen offiziellen Weg gesucht, aber es gab keinen. Wir haben am Ende 4.000 Dollar bezahlt, damit alle aus unserer Familie mitfahren konnten, da machen leider Leute wirklich ein Geschäft mit der Not anderer Menschen. Wir waren mit 48 anderen Menschen auf diesem kleinen Boot, das eigentlich nur für zwölf Personen gedacht war. Ich war so schockiert, als ich das Boot sah, das uns hunderte Kilometer über das Meer bringen sollte. Obwohl ich das schon vorher von anderen Leuten gehört hatte und von Bildern kannte, wurde mir bei diesem Anblick nochmal ganz klar: Eine Möglichkeit ist es, dass meine Familie auf diesem Schlauchboot stirbt.

Ich weiß noch, wie meine Kinder geweint haben und fragten: „Wohin fahren wir? Sterben wir jetzt?"

In welcher Not musstet ihr gewesen sein, wenn man nicht weiß, ob man diese Sache überleben wird, und diese Überfahrt trotzdem macht, weil man sonst keine Option sieht.

Ja, in der Türkei gab es keine Zukunft für uns und wir wussten, dass wir in Deutschland gute Chancen hatten. Dass unsere Kinder hier zur Schule gehen und eine Ausbildung bekommen könnten, dass wir alle in Sicherheit leben können. Deshalb war es für uns die richtige Entscheidung, dieses sehr große Risiko einzugehen. Und meine Frau und ich haben diese Entscheidung zusammen getroffen. Viele Familien machen es ja so, dass zuerst der Mann reist und die Frau mit den Kindern später nachkommt. Doch meiner Frau und mir war klar, dass wir nur als Familie fliehen: Entweder wir leben oder wir sterben zusammen.

Wie lange dauerte diese gefährliche Überfahrt auf dem Schlauchboot?

Wir waren fünf Stunden unterwegs – dann ging das Schlauchboot kaputt. Wir landeten alle im Wasser und wir wären ertrunken, wenn wir nicht die Schwimmwesten getragen hätten. Wir konnten damals alle nicht schwimmen, mein kleinstes Kind war erst drei Jahre alt. Nach zehn bis 15 Minuten wurden wir zum Glück von der Küstenwache aus dem Wasser gerettet, sonst wären wir wirklich dort gestorben.

Diese fünf Stunden auf dem Wasser fühlten sich vermutlich wie eine Ewigkeit an …
Ich will nicht übertreiben, aber es kam mir vor wie ein ganzes Leben. Und die Zeit im Wasser war noch schlimmer, 15 Minuten dort fühlen sich an wie ein ganzes Jahr. Es war zum Glück August und das Wasser warm, aber ich wusste trotzdem nicht, ob wir vielleicht gerade sterben.

… die Zeit im Wasser war noch schlimmer, 15 Minuten dort fühlen sich an wie ein ganzes Jahr.

Wie habt ihr als Familie und auch als große Gruppe von Menschen die Zeit auf dem Boot gemeinsam überstanden?
Außer uns waren noch zwei Familien mit Kindern auf dem Boot, der Rest waren alles junge Männer. Ich sprach damals gut Englisch und war der Übersetzer der Gruppe. Aber die meiste Zeit haben wir gebetet. Wir sind Muslime, also beten wir zu Allah. Ich habe den ganzen Weg über den Koran rezitiert und gebetet.
Die Kinder haben so laut geweint und geschrien, es war furchtbar. Meine Frau ist zum Glück sehr stark geblieben, wir haben die Kinder in den Arm genommen, und auch als wir später im Wasser waren, haben wir uns als Familie die ganze Zeit an der Hand gehalten. Wir haben uns gesagt, dass wir es zusammen schaffen. Und wir hatten Glück. Unserem Glauben nach hat Allah uns geholfen. Ich erinnere mich nicht gerne daran, es fällt mir auch emotional nicht leicht, mich wieder in die Situation hineinzuversetzen und ich habe diese Geschichte schon lange nicht mehr erzählt – aber ich möchte sie mit den Menschen teilen.

Und dafür sind wir dir sehr dankbar, lieber Abdul. Ich kann mich nur wiederholen: All das, was ihr durchgemacht habt, klingt unvorstellbar und hinterlässt sicher Spuren bei euch allen. Habt ihr noch manchmal Alpträume von dieser Reise?
Das passierte in den ersten ein, zwei Monaten. Wir wussten dann aber schnell, dass wir in Sicherheit sind, dass Deutschland unsere neue Heimat ist, dass wir hier weiterleben und uns integrieren müssen. Also haben wir nach vorne geschaut.

Denkt ihr jetzt noch oft an diese Situation zurück oder sprecht als Familie darüber?
Nein, fast nie. Wir versuchen, es zu vergessen. Das alte Leben ist vorbei und das neue hat längst angefangen.

Wie ging es nach der Rettung aus dem Wasser vor der griechischen Küste für euch weiter?

Wir kamen nach Samos und hatten schon Tickets für ein großes Schiff gemietet, das uns von dort aus nach Athen gebracht hat. Mein Schwager aus Deutschland hatte uns zum Glück Geld dafür geschickt – einen Teil als Geschenk, den Rest als Kredit. Dafür bin ich ihm bis heute sehr dankbar. In Athen waren wir vier Tage in einem Hotel, haben uns etwas erholt und neue Kleidung gekauft. Von dort aus gingen wir nach Mazedonien, es war ein sehr langer Weg und es wäre zu viel, wenn ich in allen Einzelheiten davon erzähle. Teilweise liefen wir sehr lange zu Fuß, manchmal nahmen wir einen Zug oder ein Taxi. Wir übernachteten manchmal in Gärten unter freiem Himmel, ich trug oft mein kleinstes Kind auf den Schultern, es war ein harter Weg.

Allein hätten wir das nicht geschafft.

Woher wusstet ihr denn, wohin ihr musstet, und wie ihr am besten weiterkommt?

Wir waren damals in einer großen Gruppe unterwegs, es waren bestimmt 100 Personen, die alle den gleichen Weg gingen. Einige dieser Menschen hatten Kontakt zu anderen Geflüchteten, die die Route kannten, wir haben uns alle zusammen per GPS und Navi orientiert. Allein hätten wir das nicht geschafft. Von Mazedonien ging es nach Serbien, von dort nach Ungarn und dann nach Österreich. Als wir dort angekommen waren, haben wir realisiert, wir sind wirklich in Europa angekommen. Zu diesem Zeitpunkt haben wir uns endlich etwas sicherer gefühlt.

Hattet ihr auf dieser Strecke, auf der ihr große Teile zu Fuß und ohne Schutz zurücklegen musstet, Angst, dass euch etwas passiert?

Es kommt immer wieder vor, dass Leute überfallen werden und dabei ihr ganzes Geld verlieren. Davor hatten wir natürlich auch Angst. Mir fällt gerade wieder ein, dass ich den ganzen Weg über ein großes Stück Holz in der Hand hatte, um mich im Notfall wenigstens damit zu verteidigen. Es war ein sehr gefährlicher Weg, es gibt viele Mafia-Gruppen, die Leute auf der Flucht überfallen und sie zwingen, ihr ganzes Geld abzugeben. Ich habe Menschen getroffen, die wirklich viel Pech hatten – aber uns ist das zum Glück nicht passiert. Ich glaube, Allah hat uns geholfen. Von Österreich aus fuhren wir mit dem Zug nach Deutschland, in Hamburg wartete mein Schwager am Bahnhof auf uns – wir waren so froh und erleichtert, als wir ohne Kontrolle durchkamen und endlich dort waren. Wir hatten natürlich Tickets für die ganze Familie gekauft, aber wir hatten uns in Österreich nicht registriert, weil wir ja nicht dort bleiben wollten. Also waren wir zu dem Zeitpunkt noch illegal unterwegs und haben uns immer erschrocken, wenn wir die Polizei irgendwo sahen. Aber niemand wollte Papiere von uns sehen – vielleicht, weil wir als ganze Familie unterwegs waren.

Das kann ich mir vorstellen. Seid ihr dann bei deinem Schwager geblieben?
Zwei Tage waren wir bei ihm, dann zogen wir in ein Flüchtlingsheim und haben Asyl beantragt. Das war alles in Schleswig-Holstein. Dort hat man geguckt, wie man die geflüchteten Menschen am besten verteilt und nach ungefähr einer Woche gab es einen Transfer in ein anderes Flüchtlingsheim in Flensburg und wir blieben dort zehn Monate. Das war im September 2015, unsere Flucht hatte im April begonnen. Das war eine sehr anstrengende Zeit, wir hatten nur ein Zimmer für uns fünf Personen, die Toiletten waren draußen, viele andere Leute haben geraucht, Alkohol getrunken oder Drogen genommen. Natürlich sind das auch nicht alles nur gute Leute, die dort leben – die gibt es nirgendwo. Wir haben versucht, uns als Familie abzuschotten, so gut es eben ging. Was uns sehr gefreut hat: Unsere Kinder konnten dort in Flensburg direkt zur Schule gehen. Das war wirklich gut geregelt von der Regierung. Trotzdem war es nicht die beste Zeit.

Wir haben versucht, uns als Familie abzuschotten, so gut es eben ging.

Nach so einer monatelangen und anstrengenden Reise ins Unbekannte ist man ja sowieso schon am Ende seiner Kräfte. Eigentlich benötigt man gerade dann einen Rückzugs- und Ruheort. Zehn Monate sind eine sehr lange Zeit.
Ja. Anfang 2016 wurde unser Asylantrag bestätigt und wir durften uns endlich eine Wohnung suchen. Mein Schwager und seine Frau haben uns zum Glück dabei unterstützt und wir sind für fünf Jahre nach Pinneberg gezogen. Dort konnten wir etwas zur Ruhe kommen. Und dann im April 2017 wurde mein kleiner Sohn geboren, unser viertes Kind. Über all das waren wir sehr froh.
Ich ging in eine Sprachschule und ließ meine Zertifikate anerkennen. Auch das hat leider bei der Gesundheitsbehörde Hamburg mehr als anderthalb Jahre gedauert, was ich sehr enttäuschend fand. Ich wollte ja am liebsten so schnell wie möglich wieder arbeiten. Das war mir sehr wichtig. Doch jedes Mal sagte man mir, es fehlt noch etwas, es dauert noch länger. Ich war damals total enttäuscht, dass mich all das so aufgehalten hat.
Ein Bekannter von mir, der aus Ägypten stammt, erzählte mir zu dieser Zeit, dass die Anerkennung der Zer-

tifikate in Rheinland-Pfalz viel schneller ging. Also haben wir uns hier eine Wohnung gesucht und zogen im Dezember 2020 nach Boppard. In der Zwischenzeit hatte ich zwar meine Zulassung als Apotheker und eine vorübergehende Approbation in Hamburg bekommen, aber wir entschieden uns trotzdem dafür, hierher zu ziehen und haben uns hier gut eingelebt.

Wie schnell hast du in der Umgebung eine Stelle bekommen und wie konntest du dich in deinem alten Beruf, aber trotzdem in einer ganz neuen Welt einfinden?
Ich musste noch das dritte Staatsexamen auf Deutsch ablegen, um die endgültige Approbation zu erhalten. Das war schwer, neben den gesetzlichen Bestimmungen auch die Sprache und Fachsprache so schnell zu lernen, aber ich habe die Prüfung bestanden und habe direkt eine Stelle gefunden. Dort war ich nicht komplett zufrieden und nach neun Monaten habe ich noch einmal gewechselt. Jetzt arbeite ich in einer anderen Apotheke und bin total zufrieden damit.
Doch ich habe vor, in den nächsten Jahren meine eigene Apotheke zu eröffnen – so, wie ich auch im Jemen eine hatte.

Wir fühlen, dass Deutschland unsere neue Heimat ist.

Fühlt ihr euch nach einigen Jahren in Deutschland nun zuhause?
Gerade freue ich mich sehr, denn ich werde in den nächsten Monaten eingebürgert. Ich muss sagen, die Regierung und auch die Bevölkerung unterstützt uns wirklich sehr und wir werden mit Respekt behandelt. Ganz selten erleben wir mal Rassismus – das betrifft dann meist meine Frau, die ein Kopftuch trägt – aber die Mehrheit der Menschen ist wirklich ganz freundlich zu uns. Wir fühlen, dass Deutschland unsere neue Heimat ist.

Wie geht es euren Kindern nach allem, was sie erlebt haben, in dieser neuen Heimat?
Meine Tochter geht gerade in die zehnte Klasse und wird danach die Berufsschule besuchen. Sie möchte eine Ausbildung im medizinischen Bereich machen. Mein größerer Sohn ist in der achten Klasse, der möchte das Abitur machen und danach studieren. Der Kleine ist in der dritten Klasse und sehr schlau, er schreibt nur Einsen und Zweien. Ihnen geht es allen sehr gut hier. Der Kleinste

kommt nächstes Jahr in die Schule, dann wird vermutlich auch meine Frau wieder arbeiten – sie ist ja auch sehr gut ausgebildet und hat wegen der Kinder lange ausgesetzt. Das wäre sicher gut für sie.

Was schätzt ihr an Deutschland besonders?

Die Sicherheit und die Freiheit. Keins davon hatten wir in unserer Heimat und das wissen wir sehr zu schätzen. In Syrien, was ich auch immer als Heimat betrachten werde, sagen wir nicht „unser Präsident", sondern „unser Krimineller" oder „unser Mörder", denn das ist Assad für uns. Mehr als eine Million Menschen sind wegen des Krieges gestorben, die Regierung steckt so viele unschuldige Menschen ins Gefängnis – man kann sich das nicht vorstellen. Du hast dort keine Freiheit, du darfst dort nichts sagen, du hast keine Rechte. Deshalb bin ich sehr froh und dankbar, jetzt mit meiner Familie hier in Deutschland zu sein, wo es Sicherheit und Freiheit für uns gibt.

Das freut mich sehr für euch. Gibt es denn auch etwas, das du an deiner alten Heimat vermisst – am Jemen oder an Syrien?

Ich vermisse Syrien. Auch wenn die Lage dort gerade so furchtbar ist, möchte ich gerne einmal dorthin zurückreisen. Wenn auch nur zu Besuch, denn meine Zukunft liegt hier in Deutschland. Wir haben hier unser neues Leben aufgebaut.

Ich vermisse Syrien. Auch wenn die Lage dort gerade so furchtbar ist, möchte ich gerne einmal dorthin zurückreisen.

Was ist dein größter Wunsch für dich persönlich und für euch als Familie, wenn du an eure Zukunft denkst?

Ich wünsche mir, wie ich eben schon einmal gesagt hatte, eine eigene Apotheke zu eröffnen, um meine Familie gut unterstützen zu können. Noch wichtiger ist es mir aber, dass meine Kinder eine gute Ausbildung bekommen und jedes von ihnen den eigenen Weg gehen kann. Wenn das möglich ist und wir hier weiterhin in Sicherheit leben, dann habe ich alles, was ich mir wünschen könnte.

GEDANKENRAUM – TEIL 2

Bestimmt hat sich mittlerweile etwas in deiner Rumpelkammer rund um das Thema Sterben getan – manches wie von selbst und manches, weil du dich bewusst „an die Arbeit gemacht hast". Vielleicht hast du ein paar Schätze entdeckt, einige Dinge neu sortiert und andere sogar schon ausgemistet, was sicherlich eine der Königsdisziplinen ist.

Zeit, um nun mit etwas zeitlichem Abstand zu würdigen, was du bisher alles entdeckt hast und was du im Weiteren mit deiner Rumpelkammer vorhast. Wir glauben, dass es an dieser Stelle noch einmal guttut, dich daran zu erinnern, dass dieses Buch ein Türöffner zur Auseinandersetzung mit der Endlichkeit ist. Dabei geht es besonders ums Nachspüren, Zuhören und Wirkenlassen und nicht um den Fünf-Schritte-Plan, wie du „besser" mit dem Tod und mit Verlusten umgehst.

Dann brauchst du nur noch deine Aufzeichnungen vom ersten Gedankenraum und schon kann es losgehen.

Großputz deiner Rumpelkammer
Suche dir einen hellen, einladenden und aufgeräumten Platz. Schließe deine Augen, komme zur Ruhe und atme ein paar Mal bewusst ein und aus.

ERSTER SCHRITT: Sieh dir deine Aufzeichnungen vom ersten Gedankenraum an. Und lass erst einmal alles auf dich wirken. Das waren die Momentaufnahmen von einem anderen Tag.

Wie ist es für dich, diese Momentaufnahmen von damals nun erneut vor dir zu sehen? Fällt dir etwas besonders ins Auge? Findest du etwas lustig, erstaunlich, komisch, ...?

ZWEITER SCHRITT: Schreibe deine Antworten zu den folgenden Fragen gern direkt in deine Notizen hinein, verändere Anordnungen, Form und Inhalte oder erstelle eine neue Mindmap, so dass sie für dich stimmig ist und deine aktuelle Rumpelkammer abbildet.

- Was hat sich verändert?
- Was wurde ausgemistet?
- Was ist neu hinzugekommen?

DRITTER SCHRITT: Schau dir dein verändertes Bild an:

- Was freut dich gerade besonders?
- Welche Veränderungen bestärken dich?
- Gibt es noch eine etwas ungeliebte Ecke?
- Wozu möchtest du dich selbst noch etwas mehr ermutigen?

Das Schöne ist: Nach diesem Großputz darf alles so bleiben, wie es jetzt gerade ist. Alles ist okay, so wie es ist – auch die ungeliebte Ecke. Mach dir genau jetzt bewusst, was du würdigen möchtest, wofür du dir selbst oder einer anderen Person innerlich Danke sagen möchtest oder was dir gerade ein Lächeln schenkt.

MELANIE FALTERMEIER

„Ich dachte, ich könnte jetzt einfach hier aus dem Fenster springen und dann wäre es vorbei – und das hat mir unfassbare Angst gemacht.“

Nach mehreren Vollgas-Jahren im Job brach die studierte Wirtschaftspsychologin Melanie Faltermeier (*1988) plötzlich in ihrem Büro zusammen. Diagnose: Burn-Out, Depression, Angststörung. Melanie verbrachte sieben Wochen in einer Klinik und schaffte danach Schritt für Schritt ihren Weg zurück in einen neuen Alltag. Heute setzt sie sich mit einem eigenen Unternehmen für Mental Health in der Arbeitswelt ein. In ihren schwersten Momenten hatte Melanie suizidale Gedanken – und sie erzählt sehr offen, wie sich diese Gedanken immer wieder in ihren Alltag geschlichen haben, wie es ihr in dieser dunklen Zeit ging und welche Reaktionen sie auf ihren offenen Umgang mit der Erschöpfungsdepression bekam. Außerdem teilt sie mit uns, wie sie es geschafft hat, besser auf sich und ihre Bedürfnisse zu achten und was sie sich von der Gesellschaft im Umgang mit Suiziden und suizidalen Gedanken wünscht.

Melanie, meine Einstiegsfrage in unser Gespräch heute Morgen lautet: Wie geht es dir?
Du möchtest vermutlich wissen, wie es mir wirklich geht. Die ehrliche Antwort: Es ist gerade sehr viel los und ich habe PMS, deshalb bin ich sehr emotional. Ich weiß, dass ich noch immer gut auf mich aufpassen und gut für mich sorgen muss, und das tue ich auch. Also: Auf einer Skala von eins bis zehn würde ich sagen, dass ich bei fünf bis sechs bin.

Ich weiß, dass ich noch immer gut auf mich aufpassen und gut für mich sorgen muss, und das tue ich auch.

Hast du noch andere „Messgrößen" außer der Skala, die du für dich nutzt, um dir im Alltag bewusst zu machen, wie es dir gerade geht?
Ich mache es häufig an meinem körperlichen Zustand fest. Gerade habe ich relativ häufig Rückenschmerzen, aber sie waren schonmal schlimmer. Dafür fühle ich mich mental relativ gefestigt. Mir ist es bei der Beantwortung der Frage, wie es mir geht, grundsätzlich wichtig, die äußeren Umstände zu betrachten. Also meinen Zustand in Beziehung zu setzen zu dem, was in meinem Leben passiert. Meine Therapeutin hat mir das auch mal gespiegelt, als sie sagte: „Kein Wunder, wie es Ihnen geht, bei allem, was bei Ihnen los ist." Dadurch habe ich nach und nach verstanden, dass ich nicht alle Empfindungen und Reaktionen nur in mir selbst attribuieren kann.

Ich habe auch das Gefühl, dass wir häufig in die Gedankenfalle geraten, dass wir, wenn wir uns nur hart genug anstrengen, alles zu 100 Prozent beeinflussen können. Aber genau das ist eben nicht möglich.
Total, ich vergesse es noch häufig. Aber ich werde besser und ich glaube, es ist ein lebenslanges Üben und Lernen. Wir dürfen immer wieder bei uns einchecken und dann die Relationen erkennen.

Hast du ein Ritual, um bei dir einzuchecken?
Ich mache es eher morgens, aber nicht als bewusstes Ritual. Wenn ich aufwache, nehme ich erst einmal wahr, wie die Stimmung in mir ist. Und dann versuche ich, nicht direkt in eine Bewertung zu gehen – sonst kann es passieren, dass ich sage: „Na klasse, schon wieder Rückenschmerzen." Was ich wieder verstärkt wahrnehme und was mich sehr freut, weil ich es lange nicht kannte: Ich freue mich beim Aufstehen auf den Tag. Denn ich bin eine Meisterin im Katastrophisieren und früher war es oft so, dass ich schon am

Wochenende immer daran dachte, wie viele Aufgaben ich am Montag habe und nicht weiß, wie ich alles schaffen soll. Das mache ich manchmal noch immer, aber ich werde besser. Ich gehe dann morgens durch, was mich heute erwartet, welche Termine und Aufgaben anstehen und dann gehe ich sie nach und nach an.

... es ist immer ein schmaler Grat, viele Menschen können mit der offenen Antwort nichts anfangen.

Danke, dass wir direkt so ehrlich einsteigen konnten. Hast du das Gefühl, dass die Frage „Wie geht es dir?“ oft nur eine Floskel ist?
Es kommt darauf an, wie tief die Beziehung zur anderen Person ist. Ich versuche immer, die Frage ehrlich zu beantworten – und ich muss sagen, es verärgert mich extrem, wenn ich merke, dass sie nur als Floskel gemeint ist, also wenn ich nur mit „Gut, danke.“ antworte, obwohl ich lieber offen sagen würde, wie sehr es mich nervt, dass niemand wissen will, wie das Wohlbefinden wirklich ist. Auch bei Kunden – bei denen ja ein spezielles Beziehungsgefüge besteht – bemühe ich mich, offen zu antworten, um das auch zu thematisieren und zu spiegeln. Aber es ist immer ein schmaler Grat, viele Menschen können mit der offenen Antwort nichts anfangen.

Ja, das kenne ich und ich merke gleichzeitig bei mir selbst, dass ich gar nicht immer in der Verfassung oder Lage bin, dann auch eine gute Gesprächspartnerin zu sein. Als Beispiel: Wenn ich jemanden zufällig auf der Straße auf dem Sprung zum nächsten Termin treffe und die Person bricht nach meinem „Wie geht's?“ in Tränen aus, dann habe ich wahrscheinlich gerade nicht die Ressourcen, um mein Gegenüber aufzufangen.
Ja, das stimmt. Ich weiß auch von mir selbst, dass ich nicht immer die Kapazitäten dafür habe, weil ich gerade selbst so in meinen eigenen Film involviert bin. Also ist es auch immer gut, zu überlegen, ob ich die Frage jetzt stelle, wenn ich mir eine ehrliche Antwort wünsche.

Erzähl mir doch gern mal, wie sehr dich die Frage, wie es dir geht, in den verschiedenen Phasen deines Lebens begleitet hat.
Ich konnte mit der Frage lange gar nichts anfangen, weil ich keinen Zugang zu ihr beziehungsweise zu mir hatte. Ich wollte gleichzeitig auch nie tiefer einsteigen, weil ich mich geschämt habe. Weil ich eigentlich doch wusste, dass es mir überhaupt nicht gut geht, dass überhaupt nichts mehr stimmt. Ich habe aber gelernt,

bei dieser Frage immer den Schein zu wahren, das hat schon bei meiner Erziehung und gesellschaftlichen Normen angefangen. Ich habe gelernt, dass ich niemals sagen darf, wie es mir wirklich geht.

Ich habe Freunden irgendwann mal versucht zu sagen, dass es mir nicht gut geht, aber sie konnten damals nicht damit umgehen. Auf der Rückfahrt aus einem Urlaub habe ich einfach fallenlassen: „Ich glaube, ich habe einen Burn-out." Dann herrschte Stille und wir haben nie wieder darüber gesprochen. Das war keine coole Erfahrung.

Und im Arbeitskontext habe ich es unterdrückt, da war ich die Kollegin mit der guten Laune, auf die man sich verlassen konnte. Ich habe die Gabe – die zum Verhängnis werden kann – mit Menschen zu sprechen, ihnen einen Raum zu geben und ihnen zuzuhören. Ich habe zu dieser Zeit oft einen „FROG" gemacht, einen Firmenrundgang ohne Grund. Ich bin über den Flur spaziert, habe bei Leuten vorbeigeguckt und mit ihnen gesprochen. Da wurde viel gemeckert und gemosert und ich bin auch eingestiegen – ich wollte dazugehören. Das hat mich von meiner eigentlichen Arbeit abgehalten, wodurch ich weniger geschafft habe und der Stress anstieg. Es war ein negativer Kreislauf.

In welcher Rolle warst du zu diesem Zeitpunkt beruflich?

Ich habe digitales Marketing für ein Tabakerzeugnis in einem großen Unternehmen gemacht. Eigentlich habe ich Wirtschaftspsychologie studiert, aber in dem Bereich habe ich damals nicht wirklich gearbeitet.

Von welchem Zeitpunkt oder welcher Phase sprichst du da?

Ab 2017 habe ich immer intensiver gespürt, dass etwas nicht stimmt. Aber es hat noch länger gedauert, bis der finale Breakdown kam und ich am Arbeitsplatz zusammengebrochen bin.

> ... das Leben wird ja immer vorwärts gelebt und rückwärts verstanden.

Wann war das und was genau ist da passiert?

In der Retrospektive hat es sich schon vorher angebahnt, aber das Leben wird ja immer vorwärts gelebt und rückwärts verstanden. Es war 2018, kurz nach meinem 30. Geburtstag. Ich hatte zu dieser Zeit schon verstärkt Angst- und Panikattacken, aber ich habe mein Leben normal weitergelebt. An diesem Tag habe ich mit Freundinnen einen Wellnesstag verbracht und währenddessen gemerkt, dass ich mich überhaupt nicht entspannen konnte. Ich fühlte mich so zerrissen, wusste aber nicht, wie ich damit umgehen sollte. Ich habe es einfach hingenommen. Am nächsten Tag hatte ich totalen Muskelkater und nachdem ich mich erst gefragt hatte, wie das sein kann, wenn ich doch nur entspannt hatte, fiel es mir plötzlich wie Schuppen von den Augen: Meine Muskeln schmerzten deswegen so, weil sie sich zum ersten Mal nach ständiger Anspannung etwas lösen konnten. Sie kannten dieses Gefühl gar nicht mehr. Da habe ich verstanden, dass etwas gar nicht gut läuft und zum ersten Mal mit meinem damaligen Vorgesetzten gesprochen. Der sagte leider nur: „Es ist ja Ende des Jahres, da geht es vielen so." Ich habe erwidert, dass ich glaube, dass es etwas anderes ist – als Reaktion hat er mir angeboten, ein weiteres Projekt zu übernehmen. Das würde mir sicher einen Schub nach vorne geben, und er hätte noch ein paar Millionen im Budget übrig. Auch wenn ich ihm damals innerlich Vorwürfe gemacht habe, weiß ich heute, dass er nicht besser wusste, wie er mit der Situation umgehen soll. Woher sollen Menschen es auch wissen, wenn so wenig über Psyche und Symptome gesprochen wird? Ich wusste es ja selbst nicht einzuordnen.

Zwei Wochen später ist es dann passiert, ich konnte keinen Gesprächen mehr folgen, ich konnte selbst keine mehr führen. In meinem Kopf hat sich alles zugespitzt und ich bin in Tränen ausgebrochen.

Zwei Wochen später ist es dann passiert, ich konnte keinen Gesprächen mehr folgen, ich konnte selbst keine mehr führen.

Du saßt einfach in einem Meeting oder in deinem Büro und hattest einen Zusammenbruch?

Es war in meinem Büro. Ich hatte mir in der Kantine etwas zu Essen geholt, weil ich dachte, dass ich die anfallende Arbeit mit einer echten Pause nicht schaffe. Zwei Kolleginnen saßen bei mir im Büro und haben auch dort gegessen, sie haben geredet und mich irgendwelche Dinge gefragt. Zeitgleich habe ich gegessen und versucht zu arbeiten – und dann bin ich einfach emotional zusammengebrochen. Ich weiß gar nicht mehr so viel davon, ich saß einfach da wie ein kleines Häuflein Elend und habe nur noch geweint. Was ich auch noch weiß, ist, dass ich mich geschämt habe, weil ich nicht wollte, dass das viele Leute mitbekommen. Meine Kolleginnen sagten zu mir, ich sollte doch nach Hause gehen, also habe ich meinen Laptop genommen und gesagt, ich komme morgen wieder. Da war mir noch nicht klar, dass das nicht der Fall sein würde. Ich wurde für eine lange Zeit krankgeschrieben.

Was hat sich verändert zwischen dem Moment, in dem du dachtest, du bist am nächsten Tag wieder da und der Entscheidung für eine Krankschreibung?

Zum einen hat mich noch am gleichen Tag mein Abteilungsleiter besorgt angerufen und ich habe leider Gottes wie eine Furie ins Telefon geweint und mich komplett ausgekotzt – da hat er wohl gemerkt, dass es so nicht für mich weitergeht. Er hat mich darin bestärkt, dass ich erstmal zu Hause bleiben und mich um mich kümmern soll. Das hat mir sehr geholfen, weil ich damals ein total schlechtes Gewissen hatte und mich so schämte.

Zum anderen habe ich am nächsten Tag gemerkt, dass ich einfach nicht aufstehen kann, ich war zu erschöpft. Mein Körper hat mich letztlich in die Knie gezwungen: Durch diesen emotionalen Ausbruch, der sehr anstrengend war, aber auch weil ich gemerkt habe, dass kein Fünkchen Energie mehr in mir steckt. Als ich dann zur Hausärztin gegangen bin, sagte sie direkt, wir sollten mal über einen Klinikaufenthalt nachdenken. Ich habe nur genickt und mir wurde klar, dass ich Hilfe brauchte.

Mein Körper hat mich letztlich in die Knie gezwungen ...

Wahnsinn, innerhalb welch kurzer Zeitspanne du für dich annehmen konntest, dass du eben nicht am nächsten Tag wieder ins Büro gehen wirst.

Fairerweise muss ich sagen, dass es schon häufiger Situationen gab, in denen ich über meine Grenze gegangen bin – aber es war eben noch nie so schlimm. Ich musste wohl erstmal einen kompletten Shutdown erleben, damit ich etwas verändere. Sonst hätte ich dieses Spiel wahrscheinlich ewig mitgespielt. Deshalb war ich dankbar für den Vorschlag der Ärztin, weil es offensichtlich war, dass einmal die Woche Therapie für mich nicht ausreichen würde.

Und was ich an dieser Stelle auch sagen will: Wenn ich in meiner Historie zurückblicke, weiß ich, dass die Arbeit ein großer Auslöser war, aber nicht die alleinige Ursache. Da gab es viele Aspekte, die mich über die Zeit herausgefordert und sicherlich auch überfordert haben. Meine Eltern haben sich scheiden lassen, als ich zehn Jahre alt war. Das war als eins der ersten Scheidungskinder in der Schule sehr belastend für mich. Ein weiteres einschneidendes Erlebnis hatte ich mit Anfang 20, als meine damalige beste Freundin an Leukämie starb. Ich habe sie am Sterbebett verabschiedet und saß neun Stunden lang bei ihr. Das hat mich sehr geprägt und mit zu dem Menschen gemacht, der ich heu-

te bin. Ich habe auch damals schon eine Therapie gemacht, aber es nicht wirklich ernst genommen, weil es immer irgendwie so halbwegs ging – dachte ich.
Gleichzeitig gibt es in vielen Unternehmen Strukturen und Arbeitsbedingungen, die nicht gerade gesundheitsförderlich sind. Da müssen einfach Führungskräfte und Geschäftsführer ehrlich draufschauen, auch wenn es schmerzhaft ist. Wenn jemand erkrankt, denkt die Person heute oft, sie habe es nicht geschafft, sie habe versagt. Und das darf nicht sein.

Hat vor deinem Zusammenbruch niemand aus deinem nahen Umfeld bemerkt, wie es dir ging?
Ich glaube, es hat schon Anzeichen für mein Umfeld gegeben: Ich war vermutlich konsumabhängig, habe ständig online geshoppt und mir jeden Tag ein Paket ins Büro bestellt, das war meine Belohnung. Ich habe fast alles wieder zurückgeschickt, aber immerhin hatte ich einen kurzen freudigen Moment, wenn die Lieferung ankam.
Auch mein Umgang mit Alkohol war beschämend. Ich bin ein sehr gewissenhafter Mensch und habe bis auf wenige Ausnahmen nie unter der Woche Alkohol getrunken. Aber sobald das Wochenende kam, habe ich mich komplett betrunken, um dem Alltag zu entfliehen. Es ging mir danach immer total schlecht, ich hatte eine richtige Alkoholdepression.
Es hat dann ab und zu jemand gesagt, dass ich was ändern müsste, aber ich wollte es mir nicht eingestehen. Meine Eltern haben sich große Sorgen um mich gemacht, die mussten mich am Wochenende immer mal wieder zu sich nach Hause holen, weil ich so viel getrunken hatte und danach in ein Loch gefallen bin und sie angerufen habe, weil ich nicht mehr allein klarkam. Selbst wenn ich wieder nüchtern war, konnte ich die Strecke bis zu meinen Eltern nicht allein mit dem Auto fahren. Es sind 40 bis 50 Minuten und ich habe unterwegs immer Panik-Attacken bekommen. Zum Glück ist es nur bei Alkohol geblieben, vor allem anderen hatte ich immer zu viel Angst und Respekt.
In all den Jahren haben meine Eltern sich total gut um mich gekümmert, aber ich glaube, tief in mir drin habe ich mir immer gewünscht, dass mich jemand packt und aus dieser ganzen Situation herausholt, weil ich die Verantwortung für mich selbst nicht mehr übernehmen konnte.

... sobald das Wochenende kam, habe ich mich komplett betrunken, um dem Alltag zu entfliehen.

Und welche Reaktionen gab es nach deinem Zusammenbruch?

Danach wurde ich wirklich gut unterstützt. Eine der schönsten Gesten war es, als noch am selben Tag plötzlich meine Kollegin und Freundin Lena vor der Tür stand. Sie hatte bei der Arbeit alles stehen und liegen gelassen und kam mit Schokolade vorbei. In meiner Einzimmerwohnung sah es schrecklich aus, sie hat erstmal meine Bude aufgeräumt und war einfach da, das werde ich ihr nie vergessen.

Bevor ich in die Klinik ging, hat mein damaliger Freund heimlich ein Buch für mich erstellt, in das ganz viele Freunde etwas für mich hineingeschrieben haben. Ich habe es mit in die Klinik genommen, aber konnte es bis zum Schluss nicht angucken. Es hat mich so gerührt, dass ich Angst hatte, es würde mir emotional zu viel werden. Ich hatte damals das Gefühl – was ich bis heute noch nicht komplett abgelegt habe – dass ich ein eher schlechter Mensch bin. Und wenn andere Leute dann liebe Dinge über mich sagen, rührt mich das extrem und gleichzeitig schaffe ich es immer noch nicht, das alles anzunehmen und selbst all dieses Gute an mir zu sehen.

Melanie, wir sprechen heute auch miteinander, weil du für dieses Buch von deinen suizidalen Gedanken erzählen möchtest, die für viele ja mit Scham behaftet und somit auch ein Tabu sind. Wann sind diese Gedanken das erste Mal bewusst in dir aufgekommen?

Das erste Mal hatte ich diese Gedanken im Sommer 2018, das war noch vor meinem Zusammenbruch im November. Ich war mit meiner Cousine im Urlaub auf Ibiza und konnte mal wieder überhaupt nicht abschalten. Wir waren feiern, ich habe Alkohol getrunken und am nächsten Tag war ich so erschöpft, dass ich den gesamten Tag nur im abgedunkelten Hotelzimmer lag und mich übergeben habe. Und da hatte ich suizidale Gedanken. Ich glaube, sogar jede oder jeder, der schon mal in einer sehr belastenden Situation war, kennt Gedanken wie: „Ich möchte das jetzt nicht mehr." Du bist in dem Moment so verzweifelt, dass du nicht weißt, wie du die Situation für dich lösen kannst und willst einfach nur, dass es vorbei geht.

In diesem Moment im Hotelzimmer hatte ich so große Angst vor mir selbst. Ich wusste nicht, wohin mit mir, war hilflos, verzweifelt, ich wollte am liebsten hier sofort alles beenden und kurz kam der Gedanke auf, dass ich jetzt einfach aus dem Fenster springen könnte. Das habe ich dann schnell beiseite geschoben, weil es mir so unfassbar große Angst gemacht hat. Ich lag dort im Hotelzimmer und wollte einfach nur flüchten, um in Sicherheit vor mir selbst zu sein. Ich hatte mich zwar selbst noch irgendwie unter Kontrolle, aber die Gedanken nicht mehr. Es kommt etwas auf dich zu, was sich wie ein großes Monster anfühlt. Man weiß nicht, wer man gerade ist, was noch die Realität ist und was gleich passieren könnte. Das ist wie im Schockzustand.

In der akuten Phase um meinen Breakdown hatte ich solche suizidalen Gedanken nicht, sie kamen dann wieder, als ich auf meinen Klinikplatz gewartet habe, das waren vier Monate. In dieser Zeit habe ich zwar eine Wiedereingliederung in den Job versucht, aber die ist gescheitert. Also war ich nur zu Hause und hatte noch nicht gelernt, was mir gut tut und wie ich mir selbst helfen kann. Ich saß also monatelang den ganzen Tag nur zu Hause herum und habe es geschafft, innerhalb von zwei Wochen komplett „Game of Thrones“ durchzugucken.

Es kommt etwas auf dich zu, was sich wie ein großes Monster anfühlt.

Hattest du während dieser Wartezeit irgendeine professionelle Unterstützung?

Ich ging einmal die Woche 50 Minuten zur Therapie, manchmal tat das richtig gut – aber manchmal ging ich aufgelöster aus dem Termin, als ich hineingekommen bin. Ich bin ganz häufig zu meinen Eltern gefahren und sie haben sich immer gut um mich gekümmert. Aber ich habe so viel geweint, ich habe geweint, geweint und geweint. Insgesamt war ich wirklich am Boden. Ich bin froh, dass ich selbst noch keinen aktiven Suizidversuch hinter mir habe und noch hier bin, aber die suizidalen Gedanken haben mir zu diesem Zeitpunkt so viel Angst gemacht, dass ich dachte, dass es jetzt doch ganz gut wäre, das Anti-Depressivum zu nehmen, das mir meine Hausärztin längst verschrieben hatte. Ich wollte es zuvor partout nicht nehmen, weil ich das meinem ohnehin schon fragilen Körper nicht „antun“ wollte. Ich weiß natürlich heute, dass Medikamente ein wichtiger Pfeiler sein können, um wieder gesund zu werden. Ich habe dann mit der kleinsten Dosis angefangen und das hat mich schon etwas stabilisiert. Ich kann gar nicht beschreiben, wie es mir damals ging und muss mich gerade wirklich zusammenreißen, weil mir die Tränen kommen. Und ich wollte mit niemandem darüber sprechen, weil das alles so schambehaftet ist. Es ist so schwer, es jemandem zu sagen, „zuzugeben“, dass man suizidale Gedanken hat. Ich hatte immer Angst, dass ich dann zu hören bekomme: „Aber das Leben ist doch schön.“, oder dass man mich fragt, was ich damit meiner Familie antun würde.

Doch in so einem Moment geht es nur darum, dass ich hoffnungslos verzweifelt bin und keinen Ausweg aus meinem eigenen Schmerz finde. So eine ausweglose Situation gab es dann nochmal nach meinem Klinikaufenthalt, aber da habe ich sofort beim Krisendienst angerufen und mit jemandem gesprochen und das hat mir dann auch geholfen, da rauszukommen.

Man sollte beispielsweise nicht die Formulierung Selbstmord verwenden oder sagen, dass sich jemand ermordet hat – denn Mord ist strafbar.

So wichtig, dass du in diesem Moment wusstest, wo du Hilfe bekommst und die auch angenommen hast.

Ja, mir ist einfach ein sensibler Umgang mit dem Thema wichtig. Hier spielen auch unsere Sprache und die Darstellung in den Medien mit rein. Man sollte beispielsweise nicht die Formulierung Selbstmord verwenden oder sagen, dass sich jemand ermordet hat – denn Mord ist strafbar. Was ich auch sehr spannend finde, sind Forschungen zu einem Werther- oder Papageno-Effekt je nach Darstellung eines Suizidgeschehens in den Medien: Beim Werther-Effekt – der nach „Die Leiden des Jungen Werther" benannt ist – beobachtet man, dass es verstärkt Suizidversuche oder Suizide gibt, nachdem in den Medien groß über einen Suizid berichtet wird, der vielleicht als Erlösung dargestellt wird und bei dem auch noch viele Details genannt werden. Wenn es also durch die Darstellung der Medienberichte durchaus erstrebenswert erscheint, sich das Leben zu nehmen und es nach diesen Veröffentlichungen tatsächlich zu vermehrten suizidalen Vorkommnissen als Nachahmungstaten kommen würde, sprechen wir vom Werther-Effekt.

Und was ist der Papageno-Effekt?

In Mozarts „Zauberflöte" hat Papageno mit Hilfe von drei jungen Männern seine anfänglichen Suizidgedanken überwunden. Wenn also in den Medien Geschichten mit positivem Ausgang erzählt werden, bei denen die suizidalen Gedanken überwunden werden – vielleicht auch dadurch, dass die Personen selbst Hilfe geholt haben oder Angehörige wertvolle Unterstützung leisteten – dann hat das auch einen Effekt, nämlich eine nach-

gewiesene Senkung der Suizidraten. Dazu gibt es mehrere Studien.
Ich möchte einfach klarmachen, wie wichtig unsere Sprache ist und vor allem die derjenigen, die viele Menschen mit ihren Beiträgen erreichen. Bestenfalls sollte man so schreiben, dass Nachahmungstaten verhindert werden, indem man zeigt, wie Menschen konstruktiv mit Krisensituationen umgehen und sich Hilfe holen können.
Was ich dazu auch noch sehr interessant und zugleich schockierend finde: Von den etwa 10.000 Menschen, die in Deutschland pro Jahr Suizid begehen, sind Studien zufolge zwischen 40 und 70 Prozent vermutlich auf depressive Störungen zurückzuführen. Da sieht man einfach, dass Depressionen tödliche Krankheiten sein können und das finde ich sehr wichtig zu erwähnen. Denn Menschen verwenden Burn-out heute häufig als Modewort in einem stressigen Job, aber ich erzähle dann in meinen Vorträgen, dass ich einen Burn-out hatte, der gravierende Folgen hatte, der so schlimm war, dass es eine depressive Episode war, ja sogar eine Depression mit suizidalen Gedanken daraus entstanden ist.

Ich möchte einfach klarmachen, wie wichtig unsere Sprache ist und vor allem die derjenigen, die viele Menschen mit ihren Beiträgen erreichen.

Mich beeindruckt an dir, wie persönlich und ehrlich du deine Erfahrungen schilderst und welches Wissen und Engagement du aufbringst, um hier gesellschaftlich etwas zu bewegen, was ja letztlich auch bedeutet, dass du dich persönlich immer wieder damit konfrontierst – und für all das braucht es Mut.
Ja. Es fühlt sich auch verrückt an, jetzt darüber so persönlich zu sprechen und mir vorzustellen, dass das andere Menschen lesen. Das gilt auch für das, was ich jetzt sage. Es macht mir selbst Angst, das auszusprechen, aber ich habe schon öfter gedacht: Wenn ich sterbe, wird es kein natürlicher Tod sein, sondern ein Suizid. Ich glaube schon, dass ich lange leben werde. Ich könnte mir nur vorstellen, dass ich irgendwann im Alter an dem Punkt bin, dass ich denke, ich möchte das Leben in diesem Zustand nicht weiterführen. Wahrscheinlich würde ich mich dann auch nicht trauen, mein Leben zu beenden, aber trotzdem ist dieser Gedanke in mir, dass ich vielleicht nicht einfach nur natürlich einschlafe. Und das auszuspre-

chen, löst schon große Scham in mir aus, aber ich glaube, genau diesen ehrlichen Austausch brauchen wir in unserer Gesellschaft. Wenn meine Mama das liest, macht sie sich wahrscheinlich riesige Sorgen um mich. Dabei bin ich schon jahrelang nicht mehr suizidgefährdet.

Ich habe meine Lebensfreude wieder entdeckt, die ich jahrelang nicht gespürt hatte.

Auch, wenn wir alle unterschiedliche Berührungspunkte mit Suiziden und suizidalen Gedanken haben, glaube ich, dass es menschlich ist, so wie die Liebe oder auch Wut oder andere Gefühle, auch wenn in ganz unterschiedlichen Arten oder Abstufungen. Erzähl doch bitte noch von deinem Weg, als du aus der Klinik kamst – und wie du dich dann beruflich weiterentwickelt hast.

Ich hatte eigentlich nie vor, öffentlich über all das zu sprechen. Ich hatte zwar in meinem Umfeld darüber geredet, aber bei allen Social-Media-Kanälen war ich damals ein Jahr offline. In der Klinik hatte ich anfangs echt Schiss vor den Gruppentherapien und dem Austausch dort, aber das waren eigentlich die schönsten Sitzungen. Da habe ich gelernt, über meine Gefühle zu sprechen und gesehen, dass es vielen Menschen ähnlich geht – auch wenn es immer wichtig ist, sich von den Geschichten Anderer abzugrenzen.

Ich wusste, dass es schwierig wird, wenn ich aus der Klinik wieder herauskomme. Dort lebst du wie in einer Wolke, du bekommst dreimal am Tag Essen, du brauchst dich um nichts zu kümmern. Und plötzlich musst du wieder selbst deinen Alltag regeln und mit Menschen außerhalb des Kliniklebens kommunizieren. Ich habe beschlossen, dass die Arbeit dabei meine Spielwiese ist, bei der ich nicht direkt volle Leistung bringen muss, sondern ich konnte mich in der Wiedereingliederung erst einmal ausprobieren. Ich bekam in der Zeit noch Krankengeld, das hat zusätzlich etwas Druck rausgenommen. Ich habe meine Lebensfreude wieder entdeckt, die ich jahrelang nicht gespürt hatte.

Mit den Kollegen und Kolleginnen, die mich gefragt haben, habe ich ganz offen geredet. Und dann gab es die jährliche Betriebsversammlung mit 700 Mitarbeitern und Mitarbeiterinnen, die der Betriebsrat organisiert hat – dort sprach ich auf der Bühne über meinen Zusammenbruch und meinen Klinikaufenthalt. Die Idee hatte ich eine Woche vor der Veranstaltung und niemand außer dem Betriebsrat und mir wusste was davon. Dort habe ich mich dann geoutet – so heißt es ja leider immer noch, weil ein Burn-out noch immer so stigmatisiert ist. Das Video von dieser Rede habe ich auch auf meiner Website veröffentlicht, damit es sich jeder anschauen kann, der sich dafür interessiert.

Wie waren die Reaktionen von deinen Kolleginnen und Kollegen?
Unterschiedlich. In der ersten Reihe saß der oberste Geschäftsführer, der kam danach kein einziges Mal auf mich zu und hat mich auch im Flur gemieden. Doch andere Mitglieder aus der Geschäftsführung sprachen mich an, genau wie viele Kollegen und Kolleginnen. Als ich in der Pause von der Versammlung von meinem Platz aufstand, kam eine riesige Menschentraube auf mich zu, ganz viele wollten mich in den Arm nehmen. Am nächsten Tag habe ich das alles auf *Instagram* öffentlich gemacht und dann nahm alles seinen Lauf, es wurde immer mehr daraus. Ich war nach der Rede noch ein halbes Jahr im Unternehmen angestellt, dann habe ich es verlassen.

... dann sagte jemand von der Personalabteilung, ich sei jetzt auch ein Risiko fürs Unternehmen, schließlich könne ich ja wieder erkranken.

Warum hast du dich dafür entschieden, nicht mehr dort zu arbeiten?
Mein Vertrag lief aus und wir haben Gespräche darüber geführt, in welche Abteilung ich wechseln könnte. Doch dabei habe ich auch Diskriminierung erfahren: Ich hätte gern die Abteilung gewechselt, weil ich etwas Neues lernen wollte. Doch mir wurde eine Tätigkeit mit einem niedrigeren Gehalt auf einem niedrigeren Level angeboten – mit der Begründung, die Komplexität meiner Aufgaben habe mich ja so weit gebracht. Da ging ich in die Konfrontation und fragte, ob sie wirklich verstanden hätten, warum ich krank geworden bin. Ich habe dreimal das Gespräch gesucht, dann sagte jemand von der Personalabteilung, ich sei jetzt auch ein Risiko fürs Unternehmen, schließlich könne ich ja wieder erkranken. Ich möchte das alles gar nicht zu schlecht darstellen, sie sind mir auch entgegengekommen und wollten mich behalten – wenn auch für andere Konditionen. Aber ich hatte beschlossen, dass ich gehe, es war einfach nicht mehr meine Kultur dort. Dann kam die Pandemie und ich habe tatsächlich noch einen Anruf von der Personalabteilung bekommen, ob ich aufgrund dieser Umstände nicht doch bleiben wollte. Doch ich habe das abgelehnt und mich arbeitssuchend gemeldet. Ich wollte mir bewusst eine Auszeit nehmen und habe gleichzeitig angefangen, immer mehr

über das Thema zu sprechen und meine Erfahrungen zu teilen. Auf *Instagram* haben viele Menschen sozusagen meinen Genesungsprozess mit mir durchgemacht.
Im selben Jahr kam meine jetzige Co-Gründerin Melli auf mich zu, weil sie an einer Hochschule unterrichtete und mich fragte, ob ich bei ihren Psychologie-Studierenden meine Geschichte teilen möchte. Wir sprachen viel über das Thema Mental Health, weil wir beide in dem Bereich professionell aktiv werden wollten. So haben wir dann 2021 *WE ARE MENTAL* gegründet.

Und wie ist es für dich jetzt, ein eigenes Unternehmen zu führen?
Es ist anders. Der Umstieg von einer Corporate-Denkweise zu unternehmerischem Denken und Handeln ist mir nicht so leicht gefallen und nur, weil ich jetzt einen Job habe, der mich wirklich mit Sinn erfüllt, bedeutet es ja nicht, dass ich mehr Energie habe. Ich merke, dass ich gut auf mich aufpassen muss, weil ich noch mehr Verantwortung trage. Ich habe tausend Ideen und würde sie am liebsten immer direkt umsetzen, dann gerate ich schnell in einen Strudel, der riskant werden kann. Aber zumindest kann ich viele Ideen wirklich umsetzen und bin wirksam. Das ist etwas, was ich in meinen früheren Jobs nicht kannte.

Würdest du sagen, dieses Gefühl der Selbstwirksamkeit ist ein wichtiger Schutzfaktor für deine Gesundheit auf den Ebenen Körper, Geist und Seele?
Total, es gibt mir ein Gefühl von Kontrolle und Eigenverantwortung. Ich habe später selbst Gesundheitspsychologie an der Hochschule gelehrt und dabei noch sehr viel gelernt – unter anderem, dass Selbstwirksamkeit ein essenzieller Baustein für mentale Gesundheit ist. Das Gefühl, sich seine Themen aussuchen zu können, mitbestimmen zu können. Mir selbst ist irgendwann klargeworden, dass ich bereits 17 Jahre gearbeitet hatte und davon zwölf Jahre lang nicht wusste, wer ich bin und was mir gefällt. Da habe ich erkannt, dass es Zeit wird, dass ich das mache, was ich selbst möchte und nicht nur Standards erfülle. Ich hatte nie vor, zu dozieren oder zu gründen, aber ich habe es ausprobiert und es fühlte sich gut an. Auch offen an Schulen vor Schülern und Schülerinnen meine Geschichte zu teilen und aufzuklären, gibt mir das Gefühl von Wirksamkeit.

Da habe ich erkannt, dass es Zeit wird, dass ich das mache, was ich selbst möchte und nicht nur Standards erfülle.

Wie schön. Was ich zum Abschluss unseres Gespräches noch gern von dir wissen möchte: Wie geht es dir heute, wenn du an den Tod denkst?
Ich finde, es ist ein sehr spannendes Thema und ich finde es wichtig, dass wir darüber sprechen – auch wenn es in mir oft noch Unbehagen auslöst. Doch wenn wir uns mit der eigenen Endlichkeit auseinandersetzen, können wir viele Erkenntnisse gewinnen. Ich habe auch mal in der Klinik meine eigene Grabrede formuliert mit den Inhalten, von denen ich mir wünschen würde, dass Menschen sie über mich sagen. Da ist mir bewusst geworden, dass ich jahrelang einfach nur gearbeitet, aber nichts wirklich bewirkt habe. Ich wollte so gern etwas zurückgeben, was ich ja jetzt mache – und was auch das Ziel in meinem Leben ist.

Wenn ich irgendwann in einem Schaukelstuhl sitze und über mein Leben nachdenke, dann werde ich natürlich auch Dinge bereuen. Aber die Dinge, die ich nicht bereue und die ich mich getraut habe, die werden einfach überwiegen. Ich hätte nie gedacht, dass ich mal ein Buch schreibe, einen Podcast starte oder einen Preis gewinne. Das hat sich nach und nach entwickelt und ich vergesse oft, wie dankbar ich dafür bin. Aber ich versuche, mir das immer wieder bewusst zu machen und dann Schritt für Schritt weiterzugehen – vor allem, wenn ich mal wieder einen Tag habe, an dem es mir eben nicht so gut geht.

Die *Mental Health Agentur*, bei der Melanie Faltermeier Co-Gründerin ist, findest du unter wearemental.de. Melanie hat ein Buch mitgeschrieben („Psychische Gefährdungsbeurteilung – Impulse für den Mittelstand") und ist Podcasterin („Sorry, not my Business"). Sie gewann 2022 für ihr Engagement gegen die Stigmatisierung den #supporther Award der *Cosmopolitan* in der Kategorie „Mental Health".
Bei *Instagram* kannst du Melanie unter @frau.elli folgen oder du schickst ihr eine Kontaktanfrage auf *LinkedIn*.
Wenn du dich über die Themen Suizid beziehungsweise suizidale Gedanken informieren möchtest, du selbst Hilfe brauchst oder jemanden kennst, um den du dich sorgst, findest du im Anhang des Buches Informationen zu Anlaufstellen.

IMPULS
Kleine große Auszeit

von Julia

Mich hat an den Gesprächen in diesem Buch immer wieder beeindruckt, wie viel Menschen überstehen können. Wie viel sie aushalten, vielleicht zum Positiven für sich drehen können, wie sie aus den schwersten Zeiten des Lebens auch noch gestärkt hervorgehen. Als ich diesen tollen Personen zuhörte, habe ich das Gefühl bekommen: Je besser wir alle wissen, was uns gut tut und wie wir auftanken können, desto besser können wir selbst die größten Herausforderungen meistern. Was uns individuell Kraft gibt und zu wirklich starken Persönlichkeiten macht, das finden wir nicht heraus, wenn wir immer nur durch den Alltag sprinten und der nächsten Aufgabe hinterherhetzen. Dafür brauchen wir Pausen – und diese Erkenntnis hat mich noch einmal mehr bestärkt, mich gut um mich selbst zu kümmern.

Mir persönlich ist Self Care – wie man heute so oft sagt, vielleicht besser: Selbstfürsorge – schon lange wichtig. Ich weiß, dass es mir am besten geht, wenn ich 20 Minuten am Tag meditiere. Das schaffe ich nicht immer, aber selbst, wenn es nur fünf Minuten sind, ändert das (fast) alles. Erzähle ich anderen Menschen davon, höre ich oft eine Reaktion im Stil von: „Das würde ich auch gern machen, wenn ich nur die Zeit dafür hätte." Ich kann nicht einschätzen, wie voll das Leben der jeweiligen Personen wirklich ist – und ob es ihr überhaupt gut tun würde, auf diese Art für Ruhe im Kopf zu sorgen. Was ich für mich erkannt habe: Ich habe keine Zeit, nicht zu meditieren. Ich habe keine Zeit (und auch überhaupt keine Lust), unausgeglichen in den Tag zu starten, unkonzentriert vorm Rechner zu sitzen, hibbelig mit Freund:innen zu reden oder gestresst mit den Kindern zu spielen. Wenn ich nicht meditiere, schaffe ich am Rest des Tages viel weniger – und offen gesagt, verbringe ich selbst auch lieber Zeit mit mir, wenn ich es getan habe. Und ich glaube, auch die Menschen um mich herum verbringen dann lieber Zeit mit mir. Durch die kleine Auszeit im Kopf schaffe ich Frieden im Innen, der sich in Frieden im Außen spiegelt.

So oft denken wir bei Self Care, Me-Time oder wie immer man es nennt an die ganz große Nummer. An Wellness-Tage und Massagen, an ein Yoga-Retreat in den Bergen, an lange Meditations-Sessions bei Kerzenschein. Wie wunderbar, wenn auch so etwas mal möglich ist – im Alltag sind diese großen Auszeiten doch oft wirklich nicht drin. Da geht es vielleicht eher darum, dass wir uns gut ernähren, genug Wasser trinken und uns bewegen. Und es geht um kleine Momente zwischendurch, die zum Ritual werden und so einen riesigen Effekt haben können. Das mag nach abgedroschenem *Pinterest*-Spruch klingen, doch für mich steckt viel Wahres drin: Self Care muss nicht glamourös sein, sondern kann auch bedeuten, dass wir auf dem Weg zum Supermarkt kurz auf einer Bank sitzen, fünf Minuten eine Meditations-App anschalten und die Augen schließen. Das ist nicht schick, aber auch wirkungsvoll.

Und wenn es darum geht, uns diese eigenen Freiräume zu schaffen, dann dürfen wir priorisieren. Dabei kann eine Einteilung helfen, die in vielen Selbstmanagement-Workshops thematisiert wird: Was ist wichtig und was ist dringend? Was ist beides – und was vielleicht nichts davon? Es ist natürlich dringend, wenn du das Kind um 15 Uhr aus der Kita abholen musst (oder die Oma vom Bahnhof). Aber ist es auch wichtig, dass du vorher die ganze Wohnung saugst? Dass der Teller mit frischem Obst schon bereitsteht? Dass du auf dem Hinweg noch zum Bäcker gehst?

Oder kannst du diese To dos verschieben, vielleicht sogar weglassen, und dir vorher noch fünf Minuten für dich nehmen, um am weiteren Tag vollen Fokus auf deine Kinder oder deine Oma legen zu können? Für mich persönlich ist Self Care wichtig geworden – und manchmal spüre ich sogar, dass eine kleine Auszeit dringend ist.

CHRISTIAN LANGE

„Ist es nicht okay, wenn Menschen in einem gewissen Alter einfach sterben?“

Christian Lange (*1988) arbeitete viele Jahre als Krankenpfleger auf Intensivstationen in Hamburg und Berlin – bis ihm dort alles zu viel wurde: schlechte Arbeitsbedingungen, ständige Überlastung und ein Umgang mit dem Tod, der ihm unnatürlich und manchmal würdelos erschien. Mittlerweile lebt Christian in Barcelona und arbeitet dort aktuell in einem Callcenter. Hier spricht er darüber, was ihn an der Arbeit an der Grenze zwischen Leben und Tod immer fasziniert hat, und er teilt seinen persönlichen Blick auf das Sterben mit uns.

blessed
stressed

Christian, wir haben uns hier in Barcelona bei einer Yoga-Stunde kennengelernt und als ich dir von „BYE" erzählt habe, kamen wir schnell über deine berufliche Vergangenheit als Krankenpfleger und deine dortigen Berührungspunkte mit dem Sterben ins Gespräch. Weißt du noch, wann dein erster Kontakt mit dem Tod war und was du dabei empfunden hast?
Ja, das war in meinem Freiwilligen Sozialen Jahr, das ich nach der Schule gemacht habe. Da hatte ich einen Patienten, der zu dem Zeitpunkt gerade verstorben war, in die Aufbewahrungshalle – oder ins Kühlhaus, wie es im Krankenhaus manchmal auch genannt wird – gebracht. Das war mein erster richtiger Kontakt mit einem Toten. Das durfte ich nur in Begleitung machen und ich sollte später auch mit meinem Verantwortlichen, mit dem ich die Person in die Aufbewahrungshalle gebracht hatte, darüber sprechen, weil ich noch minderjährig war. Mich hat das alles sehr fasziniert, sodass ich mich für die Ausbildung zum Gesundheits- und Krankenpfleger entschieden habe, obwohl mir schon zu diesem Zeitpunkt alle Kolleginnen und Kollegen davon abgeraten haben.

Mir hat mal jemand erzählt, dass Krankenpflege der Beruf mit der schnellsten Ausstiegsquote ist – das glaube ich sofort.

Was war für deine Kolleg:innen der ausschlaggebende Grund, warum sie dir von dieser Berufswahl abgeraten haben?
Diese Arbeit ist einfach unfassbar anstrengend. Mir hat mal jemand erzählt, dass Krankenpflege der Beruf mit der schnellsten Ausstiegsquote ist – das glaube ich sofort. Nach dreieinhalb oder vier Jahren gehen die meisten Mitarbeiter:innen dort raus, weil sie es nicht mehr aushalten. Heute würde ich sagen, dass acht von zehn der Mitarbeiter:innen, die gerade ihre Ausbildung abgeschlossen haben, sofort wieder aussteigen, studieren gehen oder etwas anderes suchen. Ich finde das sehr erschütternd,

denn was machen wir in der Zukunft, wenn wir kein Personal mit Langzeiterfahrung mehr haben?

Und wieso hast du dich trotzdem dazu entschieden, die Ausbildung zum Gesundheits- und Krankenpfleger zu machen?

Vermutlich wollte ich es nicht so ganz glauben. Ich konnte mir nicht vorstellen, wie hoch der Druck und der Stress wirklich sind. Und: Ich fühlte mich berufen, die Ausbildung abzuschließen. Ich denke, diese Passion in mir hat dazu beigetragen, dass ich den Job immer und bis zum letzten Tag mit einem sehr guten Gewissen gemacht habe, und er mir auch sehr viel Freude bereitet hat. Dazu habe ich, obwohl es vielleicht manchmal nicht ersichtlich war, sehr viel zurückbekommen.

Je älter ich wurde und je mehr Yoga ich gemacht habe, desto einfühlsamer wurde ich. Das hat gleichzeitig zu viel innerlichem Stress geführt, weil ich gemerkt habe, dass ich nicht jeder Person gerecht werden kann, die dort in einem Bett liegt. Es ist leider manchmal wie Fließbandarbeit am Menschen, so traurig und bitter es klingt. Noch schlimmer als auf der Intensivstation habe ich diesen Zustand auf der normalen Station erlebt, wo ich das erste Jahr nach der Ausbildung gearbeitet habe. Ich wusste bereits nach sechs Monaten, dass ich hier nicht bleiben kann.

Was genau war auf dieser Station so schlimm für dich?

Ich war für so viele Patient:innen allein verantwortlich, ich musste sie drehen, lagern, waschen, Schutzhosen wechseln, Medikamente stellen – das war wirklich keine befriedigende Arbeit. Ich konnte auf niemanden eingehen. Auf der Intensivstation gibt es nur zwei oder drei Patient:innen pro Schicht und Mitarbeitendem. Man ist mehr bei ihnen am Bett und übernimmt viel mehr Verantwortung. Teilweise war ich drei bis vier Stunden pro Schicht in einem Zimmer. Die Arbeit dort hat mir großen Spaß gemacht, aber, wie ich eben schon erzählt habe, habe ich irgendwann gemerkt, wie erschöpft ich von den harten Bedingungen war. Das Gesundheitssystem in Deutschland ist einfach ein Desaster, das wusste ich schon vor Covid, aber die Zeit der Pandemie hat alles noch einmal auf die Spitze getrieben.

Krankenhäuser sind eigentlich dafür da, Menschen zu heilen, aber es ist mittlerweile alles so stark wirtschaftlich ausgerichtet, dass es sich manchmal nicht danach angefühlt hat. Diese Entwicklung macht mir Angst – zumal es ja auch um meine Gesundheit geht oder um die meiner Eltern. Ich hatte als Pflegekraft nicht das Gefühl, dass ich da war, um zu heilen. Ich war da, um ein System aufrecht zu erhalten.

Ich hatte als Pflegekraft nicht das Gefühl, dass ich da war, um zu heilen. Ich war da, um ein System aufrecht zu erhalten.

Das ist eine erschütternde Bilanz, die du als Betroffener ziehst. Kannst du mir deine persönliche Sichtweise näherbringen und konkrete Beispiele geben?

Ich habe erlebt, dass Therapiemaßnahmen noch weiter durchgeführt wurden, weil sie erst nach einer gewissen Zeit abgerechnet werden können. Es kam vor, dass die Behandlung gar nicht mehr notwendig war oder sogar Patient:innen länger am Leben gehalten wurden. Natürlich wird das nicht so kommuniziert, doch ich habe Situationen erlebt, in denen Dialysen, Bluttransfusionen, Maskenbeatmung oder Ähnliches ausgeführt wurden, weil es sich für das Krankenhaus finanziell lohnte.

Natürlich ist es sehr bereichernd und hilfreich, dass es Intensivmedizin gibt. Es ist toll, wie sie sich weiterentwickelt hat und wie viele Therapiemaßnahmen somit möglich sind – früher sind viele Leute einfach gestorben, weil es zum Beispiel noch keine Maskenbeatmung gab. Aber oft und zunehmend habe ich mich gefragt und hinterfragt, ob eine Behandlung gerade sinnvoll ist. Manche Patient:innen liegen wochenlang auf der Intensivstation und sind immer an der Grenze zwischen Leben und Tod.

Medizin ist immer zur Unterstützung da, aber sie kann nicht immer das Heilmittel sein. In manchen Situationen liefen Medikamente auf Maximum und trotzdem gab es keine Hoffnung. Wenn man dauerhaft auf künstliche Beatmung und Ernährung setzt, soll das dann noch Leben sein? Genauso habe ich erlebt, dass Operationen durchgeführt wurden, die viel Geld einbringen, bei denen im sehr hohen Lebensalter manchmal das Outcome schlecht ist – gerade, wenn eine Person schon vorerkrankt ist.

Natürlich ist man immer in Absprache mit der Familie, die oft nicht loslassen kann, und natürlich müssen Entscheidungen getroffen werden, die einen großen Einfluss haben und manchmal den Tod bedeuten können. Aber manchmal frage ich mich: Sollten wir nicht wieder an den Punkt kommen, dass man auch natürlich sterben darf? Ist es nicht okay, wenn Menschen in einem gewissen Alter einfach sterben? Könnten wir den Tod akzeptieren und ihn als etwas Natürliches ansehen? Schließlich ist es doch das einzig Gewisse, dass wir alle irgendwann aufhören zu leben.

… manchmal frage ich mich: Sollten wir nicht wieder an den Punkt kommen, dass man auch natürlich sterben darf?

Ich stelle es mir als eine enorme persönliche Zerreißprobe vor, wenn du tagtäglich dein Bestmöglichstes tun willst, um zu helfen, du einen Berufsethos erfüllen willst und musst und gleichzeitig immer wieder in ethische Konflikte gerätst, vor allem weil das System zusätzlich wirtschaftlichen Druck ausübt. Ich habe erst vor Kurzem eine Dokumentation gesehen, in der ein weit über 80-jähriger Patient auf der Intensivstation zu der behandelnden Ärztin immer wieder sagte, sie wirklich unter Tränen und mit letzter Kraft anflehte: „Bitte lassen Sie mich sterben." Und sie haben ihn trotzdem weiter künstlich beatmet. Er hustete, versuchte sich immer wieder von der Beatmungsmaschine zu lösen.

Solche Situationen kenne ich auch. Ich habe erlebt, dass sich Leute ihr Beatmungsgerät abreißen und ich es wieder aufsetzen muss. Eine Patientenverfügung hilft in dieser Situation oft nicht. Es kommt vor, dass ihr widersprochen wird oder sie nicht greift, weil sie zu spät eingereicht wird. Wenn jemand schon an Maschinen angeschlossen ist und dann herauskommt, dass der Mensch laut Patientenverfügung nicht künstlich am Leben gehalten werden will, ist es zu spät. Sobald die Schläuche einmal drin sind, darf man sie nicht mehr entfernen, das wäre sonst aktive Sterbehilfe.

Es kommt auch vor, dass die Patientenverfügung nicht richtig klar formuliert ist. Darin steht dann zum Beispiel, dass man nur in kritischen Fällen lebenserhaltende Maßnahmen will – in solch einer Aussage ist viel Auslegung möglich. In so einer Situation könnte das auf der Intensivstation bedeuten, dass die Verantwortlichen dem Patienten bei einem Herzstillstand nicht einfach die Hilfe unterlassen und zuschauen, wie die Nulllinie am Monitor auftaucht. Sie müssen etwas tun, um die Person zu retten. Wenn der Patient oder die Patientin dann danach wochenlang auf der Intensivstation verbringt, kann das natürlich niemand vorher wissen – aber das wäre dann eine Langzeitmaßnahme, die eigentlich nicht der Wunsch war.

Es besteht also immer der Konflikt dazwischen, dass die Aussichten so schlecht sind und man auf der anderen Seite denkt, nicht aufgeben zu können oder dürfen. Mein Onkel zum Beispiel ist an Krebs gestorben, nachdem er sehr lange gelitten hat. Ich habe mich damals oft gefragt: Ist es das wert, so lange zu leiden und den Tag hinauszuzögern? Für wen macht er das? Damals hatte ich den Gedanken, dass mein Onkel es mehr akzeptieren sollte.

Es besteht also immer der Konflikt dazwischen, dass die Aussichten so schlecht sind und man auf der anderen Seite denkt, nicht aufgeben zu können oder dürfen.

Womöglich ändert sich das auch immer wieder: Es gibt die Tage, an denen man bereit ist, den Tod anzunehmen und sich wünscht, dass das Leid vorbei ist, und die anderen, an denen man alles tut, um weiterzukämpfen.

Mir fällt gerade ein, dass ich, als mein Onkel damals so schwer erkrankte, als Yogalehrer in einer meiner Stunden über diese Situation gesprochen habe und einer meiner Gedanken war: Wenn wir mit 50 oder 60 Jahren schwer erkranken und die Chance gering ist, dass wir noch lange mit unserem Körper verbunden sind, aber wir bis dahin bewusst durchs Leben gegangen sind und die Dinge gemacht haben, die wir wirklich wollten – dann können wir diesen Prozess des Loslösens vielleicht akzeptieren und annehmen. Ich finde es deswegen am wichtigsten, dass wir nicht unerfüllt aus diesem Leben gehen, weil wir immer nur darauf gewartet haben, dass wir morgen unsere Träume und Wünsche verwirklichen.

Wurde dir deine eigene Endlichkeit durch die Arbeit in der Intensivmedizin bewusster?

Auf jeden Fall. Ich habe früher immer gedacht, dass ich sehr alt werde. Aber dann habe ich so viele kranke Menschen gesehen, dass ich dachte, vielleicht werde ich auch nur 40. Man sieht so viel Leid und so viele Schicksalsschläge, dass ich oft im Zweifel war, ob man überhaupt alt werden kann.

An welche Situation oder an welchen Schicksalsschlag denkst du in diesem Moment besonders zurück?

Es gab einen Patienten, der war Anfang 60 und ist an seiner Alkoholsucht verstorben. Seine Leber war kaputt und es war klar, dass er bald sterben würde. Ich habe ihn ein paar Tage begleitet und sehr gemocht, auch wenn er in seiner Sterbephase zwischenzeitlich aggressiv war. Ich konnte in seinem Sterbeprozess spüren, wie viel Leid er mitgetragen hat, wie viel Wut und Verzweiflung in ihm war, es war eine große Reue für mich zu spüren. Er wirkte wie ein kleiner, verlorener Junge, der niemals fliehen konnte, sich aber etwas anderes wünschte.

Ich konnte in diesen Tagen zusehen, wie er abbaute. Ich konnte bei diesem Mann spüren, wie viel er prozessiert. Ich habe noch nie bei einem Patienten so viel Trauer gesehen. Als er dann starb, konnte ich schon vorher am Monitor sehen und auch spüren, dass es seine Endphase war – die Herzschläge wurden weniger, daran sieht man, dass es nicht mehr lange dauern wird.

Als es passierte, war ich bei ihm und hielt seine Hand. Er hat noch einige leise Laute von sich gegeben: „Nein, nein, nein" und Dinge gesagt, die ich nicht mehr verstanden habe. Er war in einem Kampf und schien nicht aufgeben zu wollen. Als ich dann seine Nulllinie sah, ist der Körper in wenigen Sekunden so schlaff geworden, als würde er in tiefes Wasser einsinken. Ich habe es nur einmal gesehen, wie eine Person so schlaff wurde und über mehrere Sekunden alles hat fallen lassen. Ich konnte durch die Berührung mit meiner Hand spüren, wie ihn all das Leid und all die Enttäuschung verließen und er dann völlig schlaff im Krankenbett lag. Nach diesen paar Sekunden hatte ich das Gefühl, ich kann sehen, wie seine Seele aus dem Mund herauskam und woanders hinging. Das war sehr berührend und ich werde dieses Gesicht und die Situation wohl nie vergessen.

Ich konnte durch die Berührung mit meiner Hand spüren, wie ihn all das Leid und all die Enttäuschung verließen und er dann völlig schlaff im Krankenbett lag.

Hast du selbst eine Vorstellung davon, was nach dem Tod mit uns geschieht?
Nach allem, was ich im Krankenhaus gesehen habe, dachte ich früher: Das war es, da kommt nichts mehr. Ciao. Das war sehr rational, weil ich einfach beobachten konnte, wie der Herzschlag aufhört und dann gar nichts mehr passiert ist. Dieser Moment mit dem alkoholkranken Patienten war tatsächlich ein Wendepunkt für mich. Seitdem glaube ich, dass Leben weitergeht. Ich glaube nicht an Himmel und Hölle, aber ich glaube, dass wir irgendwohin gehen ins Universum oder dorthin, wohin wir wollen. Es ist etwas, das keine Zeit und keinen Raum hat, und dort in einer Form weiterlebt, die nicht aus Blut, Fleisch und Nervenbahnen besteht.

Ich glaube nicht an Himmel und Hölle, aber ich glaube, dass wir irgendwohin gehen ins Universum oder dorthin, wohin wir wollen.

Den Prozess des Trauerns und auch der Reue, den du eben geschildert hast, hast du den oft bei Sterbenden beobachtet?
Schon. Obwohl ich sagen muss, dass man es von außen nicht immer bemerkt. Jede Person durchlebt ihren eigenen Sterbeprozess, was oft eher schweigend durchlebt wird oder als etwas Peinliches empfunden wird, auch seitens der Familie (zumindest war das häufig mein Eindruck). Viele Sterbende möchten auch niemanden damit belasten.

Es passt zwar nicht ganz zu deiner Frage, aber ich erinnere mich jetzt gerade an einen Buddhisten, den wir auf der Station hatten. Er war herzkrank und ist dann mit Mitte 50 verstorben. Als er starb, haben die Angehören gelächelt, sie wirkten irgendwie glücklich, obwohl sie natürlich gelitten haben. Das habe ich bis dahin noch nie erlebt und ich fand diese Sichtweise sehr bewegend. Die Angehörigen wussten, dass ihr Geliebter jetzt woanders hingegangen ist und dort ein gutes Leben führen wird.

Die Angehörigen wussten, dass ihr Geliebter jetzt woanders hingegangen ist und dort ein gutes Leben führen wird.

Du hast dann entschieden, aus dem Job auszusteigen, und bist für einen Neuanfang hierher nach Barcelona gezogen. Was hat dir den Mut für diesen Schritt geschenkt?
Selbstvertrauen und das Wissen, dass alles okay ist. Dazu kam die Neugier darauf, was kommt. Ich habe mir auch Pläne gemacht für den Fall, dass es hier nicht klappt. Ich könnte jederzeit wieder zurück nach Deutschland gehen und wieder als Krankenpfleger arbeiten, dann bin ich abgesichert und muss finanziell gesehen keine Angst haben. Das ist ein großes Privileg.
Als ich einmal länger durch Kolumbien reiste und während dieser Zeit nicht in meinem Job im Krankenhaus gearbeitet habe, war es für mich auch ein entscheidender Faktor zu sehen, dass ich die Arbeit zwar mag, aber nicht vermisse. Ich glaube, ich möchte es definitiv beibehalten, Menschen zu helfen, aber auf eine andere Art und Weise. Und jetzt bin ich froh, dass ich diesen Schritt gewagt habe, auch wenn ich gerade im Callcenter doppelt so viel arbeite und die Hälfte verdiene. Ich weiß, ich bin jetzt gerade noch in einer Phase der Transition, um mir etwas Neues aufzubauen und fühle mich glücklich über diese Entscheidung. Außerdem habe ich mir gesagt, dass ich lieber mehrere Türen aufmachen und herausfinden möchte, ob es dahinter Licht gibt oder ein Raum finster bleibt, als nur davor zu stehen und Angst zu haben, den Türgriff zu berühren.

IMPULS
You can have it all

von Laura

Bullshit story:
You can have it all! Eigenheim und ein modernes Nomadenleben? Eine Familie gründen und unabhängig sein? Große Karriere machen und ganz viel Zeit für dich haben? In diesem einen Leben ist all das möglich und noch viel mehr – du musst nur 120 Prozent geben!

True story:
Du kannst immer wieder neue Sachen ausprobieren. Du kannst ein vielfältiges Leben führen und dich in unterschiedlichsten Facetten ausleben.

True story:
Wenn der Tag 24 Stunden hat, dann kannst du jede dieser Stunden, jede dieser Minuten und jedes „Jetzt“ genau ein einziges Mal füllen oder investieren. Wiederholung ausgeschlossen.

True story:
Du kannst laut und leise sein, aber definitiv nicht im selben Moment.
Du kannst einatmen und schlucken, aber nicht gleichzeitig.
Du kannst dir mit einer Zwei-Euro-Münze ein Eis oder eine Postkarte kaufen, aber nicht mit derselben Münze.

True story:
Etwas zu tun, heißt immer, etwas anderes gerade nicht zu tun. Du kannst dich entscheiden, wofür du deine Zeit und deine Energie und jede weitere deiner Ressourcen einsetzen möchtest.

True story:
Batterien haben unterschiedliche Leistungen – doch jede dieser Leistungen ist endlich. Die meisten kannst du wieder aufladen – doch nie mehr als 100 Prozent.

True story:
Die Schlüsselfrage lautet nicht: Was willst du noch? Sondern: Was willst du wirklich – wofür entscheidest du dich?

True story:
Du darfst und kannst dich (bei den meisten Dingen im Leben) neu entscheiden.

SILKE STEINRATHS

„Jolle sagte zu mir: Mama, es muss doch jemanden geben, der mich heilen kann – ich bin doch ein Kind."

Als Jolle fünf Jahre alt war, wurde bei ihm ein Gehirntumor festgestellt. Die Ärzte sagten, ihm blieben etwa neun Monate – und sie sollten recht behalten. Silke Steinraths (*1971) verlor ihren Sohn, als er gerade eingeschult war. Dieses Gespräch entstand, weil Laura auf Spaziergängen über den Kölner Melaten-Friedhof immer wieder an Jolles Grab vorbeiging, das so liebevoll gestaltet war und sie so berührt hat. Nun spricht Silke darüber, wie sie als Familie die schwere Zeit der Krankheit und des Verlusts gemeistert haben, wie Jolles großer Bruder mit dem Abschied umging und wie sie es heute schafft, auch Positives an ihrer eigenen Entwicklung zu sehen.

Silke, du bist Fotografin. Wenn du dein jetziges Leben in einem Bild beschreiben würdest, was wäre zu sehen?
Mir fällt ganz spontan ein, dass ich ein analoges Foto mit einer Mehrfachbelichtung von mir selbst machen würde. Ich würde mich in ganz unterschiedlichen Körperhaltungen fotografieren und sie in einem Bild kombinieren. Du siehst schemenhaft eine Person, die mal in einer Ecke liegt, mal hüpft, mal tanzt. So würde ich alle meine unterschiedlichen Gefühle in einem Bild einfangen.

Wenn ich die letzten Jahre betrachte, die einerseits die schwierigsten, aber auch mit die schönen Jahre meines Lebens waren – manchmal kann ich das gar nicht trennen –, dann haben mich unglaublich liebe Menschen begleitet.

Und wenn du dir weiter vorstellst, dieses Analogfoto wäre die aktuelle Seite eines Albums, das viele weitere Lebensausschnitte der letzten Jahre zeigt: Was gibt es beim Durchblättern noch über dich und dein Leben zu entdecken?
In meinem Album wären ganz, ganz viele Bilder meiner lieben Wegbegleiter, meiner lieben Freunde zu sehen. Wenn ich die letzten Jahre betrachte, die einerseits die schwierigsten, aber auch mit die schönen Jahre meines Lebens waren – manchmal kann ich das gar nicht trennen –, dann haben mich unglaublich liebe Menschen begleitet. Das hat dazu geführt, dass ich jetzt hier sitze. Und man würde beim Durchblättern viel mit mir auf Reisen gehen, weil ich sehr gern unterwegs bin.

Du hast gerade schon von den herausfordernden Jahren gesprochen, die hinter dir liegen. Würdest du mich einmal auf diese Seiten deines Albums mitnehmen?
Die schwierigste Zeit meines Lebens – zumindest die bisher schwierigste und ich hoffe, sie bleibt es auch – begann am 11. November 2013. Also eigentlich an einem schönen Tag, denn meine Kinder waren oder sind Karnevalisten und wir haben zu Hause eine richtige Party gefeiert. An diesem Tag habe ich zum ersten Mal gemerkt, dass etwas mit Jolle, meinem damals fünfjährigen Sohn, nicht stimmte.

An seiner Verhaltensweise?
Genau. Jolle war ein sehr aufgewecktes, lebendiges und fröhliches Kind, aber an diesem Tag war er irgendwie abwesend. Am Sonntag danach bin ich mit Jolle und seinem älteren Bruder Jonas zum Frühstück ins Café gegangen. Ich muss dazu sagen, dass

Jolle ein Junge war, der wirklich provozieren konnte, der immer sehr direkt war. Schon im Alter von drei Jahren war es leider nicht unüblich, dass er im Supermarkt an der Kasse stand und zu einer Frau sagte: „Bist du dick!“ Oder: „Bist du hässlich!“

Bei diesem Frühstück im November 2013 fiel ihm am Tisch ein Ei aus dem Mund. Jonas war immer schnell alles peinlich und er sagte: „Jolle, du bist so ekelhaft.“ Aber ich habe in diesem Moment schon gemerkt, dass Jolle es nicht gemacht hat, um uns zu ärgern. Als ich ihn angesprochen habe, hat er aus dem Fenster geguckt und überhaupt nicht reagiert.

Das alles zog sich bis zum 17. November 2013, da lag Jolle weinend zu Hause auf dem Boden. Er hatte Kopfschmerzen und wollte schlafen. Ich dachte, er sei krank, also habe ich ihn hingelegt und bin in mein Fotostudio gegangen, das direkt gegenüber von unserer Wohnung liegt. Dort habe ich eine Nachbarin portraitiert und zu ihr gesagt: „Irgendetwas stimmt mit dem Jolle nicht, ich mache mir Sorgen.“

In der Nacht wurde ich von einem fürchterlichen Schrei geweckt. Ich lief ins Zimmer und Jolle krampfte und schrie. Dann ging alles sehr schnell. Ansgar, der Papa der zwei Jungs, hat Jolle und mich in die Notaufnahme gefahren. Er fuhr dann wieder zu Jonas nach Hause und fand zum Glück eine Nachbarin, die dann rüber kam, um auf Jonas aufzupassen, sodass er später wieder ins Krankenhaus kommen konnte.

Schnell wurde klar, dass Jolles Hirndruck zu hoch war. Ihm wurde in dieser Nacht noch ein Shunt gelegt und er wurde auf die Intensivstation verlegt. Einen Tag später saßen wir in der Klinik vor einem Professor, der uns vor die Tatsache stellte und uns innerhalb von Sekunden mitteilte, dass es für Jolle keine Chance auf Heilung gibt.

Einen Tag später saßen wir in der Klinik vor einem Professor, der uns vor die Tatsache stellte und uns innerhalb von Sekunden mitteilte, dass es für Jolle keine Chance auf Heilung gibt.

Das konnte der Arzt direkt beim Verkünden der Diagnose mit Sicherheit sagen?

Jolle hatte ein diffuses Astrozyrom Grad 3, einen Tumor am Hirnstamm. Seine Kopfschmerzen kamen davon. Jolle wurde noch in der gleichen Nacht operiert. Morgens saß ich dann auf der Intensivstation, denn er lag im künstlichen Koma. Ich habe gar kein Zeitempfinden mehr, wenn ich daran zurückdenke. Ich weiß nur, dass

der Professor uns dann diese Bilder gezeigt hat. Der Tumor saß so nah am Hirnstamm, dass es keine Möglichkeit gab, ihn zu entfernen. Das ist eine Diagnose, die einfach nicht greifbar ist. Es war ein purer Alptraum.
Als Jolle auf der Intensivstation aufwachte, konnte er nicht richtig sprechen und war einseitig etwas eingeschränkt. Für ihn war das natürlich alles nicht zu verstehen. Er konnte plötzlich nicht mehr das, was er am Abend zuvor noch konnte. Er hat natürlich gemerkt, dass eine Seite ein bisschen schief hing, dass er nicht mehr richtig laufen konnte, dass man ihm die Haare abrasiert hatte. Er war schockiert über seinen eigenen Zustand und wollte erstmal niemanden sehen. Und wir als Eltern wussten auch überhaupt nicht, wie wir mit der Diagnose umgehen sollten. Was sagen wir ihm genaueres über seine Aussichten, was sagen wir seinem Bruder?
Schon in diesem Moment wurden wir unglaublich durch unseren Freundeskreis aufgefangen. Alle haben Anteilnahme gezeigt, wir waren im Austausch über *Whatsapp*-Gruppenchats mit Freunden und Familie und haben gemerkt: Wir sind nicht allein.
So mussten wir irgendwie damit umgehen, obwohl es uns auf der anderen Seite nicht machbar erschien. Es war eine Zeit, in der wir uns nicht vorstellen konnten, jemals im Leben wieder glücklich zu sein. Und es war für uns nicht vorstellbar, das jemals zulassen zu können oder das wirklich erleben zu müssen. Ehrlich gesagt habe ich bis zum letzten Moment nicht geglaubt, dass Jolle wirklich daran sterben wird.
Wir haben dann sehr, sehr viel Schönes unternommen. Wir sind mit 30 Leuten auf einem Bauernhof gewesen, wir haben jeden Geburtstag gefeiert, es gab viele Feste mit unseren Freunden. Jolle ist eingeschult worden. Aber natürlich war es auch eine unfassbar traurige Zeit. Ich kann mir selbst bis heute nicht erklären, wie wir sie durchgestanden haben. Ich denke, unsere Freunde haben es möglich gemacht und natürlich Jonas. Mir war klar, dass er uns brauchen wird, denn er ist derjenige, der bleibt. Wegen ihm oder für ihn konnten wir nicht aufgeben.

Es war eine Zeit, in der wir uns nicht vorstellen konnten, jemals im Leben wieder glücklich zu sein.

Silke, ich kann mir gar nicht vorstellen, wie sich das alles anfühlen muss, und ich habe so viele Fragen. Wie war es denn, als ihr in der Klinik diese Diagnose bekommen habt: Gab es da eine Form der Unterstützung, um mit dieser Situation umzugehen?

Es gab da jemanden. Aber ich konnte, wie eben geschildert, erstmal gar nicht glauben, dass das alles stimmt. Ich habe Unikliniken und Spezialisten deutschlandweit angeschrieben. Ich habe nicht nur eine zweite Meinung eingeholt, sondern viele – aber alle sagten das Gleiche. Und das war jedes Mal ein weiterer Schock. Dann kam diese Krankenhaus-Seelsorgerin zu mir und ich habe sie wortwörtlich rausgeschmissen. Zu dem Zeitpunkt fand ich sie einfach unverschämt. Im Nachhinein habe ich mich bei ihr entschuldigt und sie hat es verstanden. Es ist ihr sicher nicht zum ersten Mal passiert.

Ich habe nicht nur eine zweite Meinung eingeholt, sondern viele – aber alle sagten das Gleiche.

Es hört sich an, als wäre da eine unfassbare Wut in dir gewesen, oder?
Ja, das muss ich ganz ehrlich sagen. Im Nachhinein habe ich natürlich auf niemanden Wut, aber damals war es so. Ich habe gedacht: Wir waren so oft beim Augenarzt, wieso wurde es nicht erkannt? Jolle musste ein Jahr so ein beschissenes Pflaster über einem Auge tragen und niemand hat weiter darüber nachgedacht. Ich war schon sehr wütend.
Ich stellte mir die Frage, warum es nicht früher erkannt wurde. Andererseits weiß ich auch nicht, ob es etwas geändert hätte und ob der Horror nicht einfach nur früher begonnen hätte.

Und wie bist du in dieser Situation mit deiner Wut umgegangen? Hast du sie rausgelassen oder sie heruntergeschluckt, weil du dachtest, du musst funktionieren?
Ich bin zu diesem Zeitpunkt erst einmal wesentlich sanfter geworden. Die Wut war unterschwellig immer da, aber ich habe versucht, sie nicht so an mich heranzulassen. Bei dem ersten Gespräch mit dem Professor war ich ziemlich ungehalten, weil ich dachte, er erzählt mir ein böses Märchen. Aber sonst habe ich die Wut erstmal nicht herausgelassen, obwohl sie in mir war.

Ich versuche mir vorzustellen, wie schwer es wohl sein musste, Jolle eine Antwort zu geben, als er wissen wollte, was mit ihm los ist. Was habt ihr ihm gesagt?
Wir haben ihm erklärt, was er hat, aber wir haben lange mit uns gehadert, ob wir ihm sagen, dass er sterben wird. Das haben wir dann tatsächlich nicht übers Herz gebracht. Aber er war ein schlaues Köpfchen, ich glaube, dass er mehr wusste, als wir dachten. Und er wusste natürlich, dass er Krebs hat, das hat er auch jedem unter die Nase gerieben.

Er hat also trotz allem sein lautes und offenes Wesen nicht verloren?

Es gab unterschiedliche Phasen. Wenn es ihm nicht gut ging, war er ruhiger. Aber es war zum Beispiel so, dass wir einen Elternabend einberufen haben, als Jolle eingeschult wurde. Wir selbst haben es überall sehr offen angesprochen, aber viele Eltern wussten nicht, wie sie damit umgehen sollten, und es war nicht klar, inwieweit die anderen Kinder informiert sind. Wir haben Jolle also bei der Einschulung gesagt, er solle erstmal nicht darüber reden. Was für ein Trugschluss, dass wir dachten, wir könnten ihn stillschweigend in die Schule schicken. Er hat sich vor einige Kinder gestellt und gesagt: „Leute, ich hab Krebs." Da war es raus. Man sah es ihm ja sowieso an. Man sah ganz deutlich, dass er nicht mehr der Jolle von früher war.

Er hat sich vor einige Kinder gestellt und gesagt: „Leute, ich hab Krebs."

Wie zeigte sich die Veränderung durch den Krebs?

Er konnte nicht mehr gut laufen und saß größtenteils im Rollstuhl. Teilweise war er sehr aufgequollen, weil er Cortison bekam. Er war nie mehr so wie vor dieser Nacht im November. Nie wieder. In der ersten Zeit gab es noch Phasen, in denen er selber laufen konnte, in denen er selber sprechen konnte, in denen er lachen konnte. Aber er war ein ganz anderes Kind. Auch als er sich vor seine Freund:innen gestellt hat, war es vielleicht eher, weil es ihm unangenehm war. Er wollte, dass die Leute wissen, dass er diese Krankheit hat und dass niemand denkt, er hätte „nicht mehr alle Tassen im Schrank" – so hat er das mal ausgedrückt. Er war nicht mehr der Jolle, der sagte: „Du bist hässlich und dick und doof." Er war verunsichert durch diese Veränderungen, die er an sich bemerkte.

Wie beeindruckend und mutig, dass er damit so proaktiv umgegangen ist und es allen gesagt hat.

Ja, total. Aber er war leider auch gezwungen, von einem auf den anderen Moment nicht mehr der Jolle von früher und auch kein unbeschwertes Kind mehr zu sein. Er hat gelitten, es ging ihm nicht gut, er musste ins Krankenhaus, er musste Medikamente schlucken, mehrere Operationen und unzählige Untersuchungen überstehen.

Wir stellen uns im Nachhinein natürlich viele Fragen: Hätten wir etwas anders machen können, hätten wir besser die eine oder andere Operation nicht mehr machen lassen, hätten wir ihm die Krankenhauszeit ersparen sollen? Es ist einfach so, dass man diese Zeitspanne – „Eventuell sind es noch neun Monate." – bis zum Schluss nicht wahrhaben will. Obwohl man sieht, dass der körperliche Zerfall so stark ist. Trotzdem dachten wir, es geht einfach so weiter. Oder besser gesagt, wir wünschten uns das. Das ist sehr egoistisch gedacht und ich habe Eltern kennengelernt, die es anders gemacht haben, um es dem Kind leichter zu machen. Ich muss sagen, dass ich das sehr bewundere. Wir wollten daran festhalten, wir wollten nicht loslassen.

Ich bin mir aber sicher, Jolle hat gewusst, dass er sterben wird, er hat es nur nicht ausgesprochen. Es gab eine Situation, in der wir zusammen auf dem Sofa saßen und Jolle mich ganz lange anguckte. Dann hat er gesagt: „Sag mal, Mama, es muss doch irgendjemanden geben, der mich heilen kann. Es gibt doch für alles irgendwie irgendwas." Da saß ich, habe ihn angeguckt und konnte es ihm nicht erklären, weil ich dachte, dass er einfach recht hat. Es war so unvorstellbar für ihn. Und dann hat er noch gesagt: „Ich bin doch ein Kind."

Ab einem gewissen Zeitpunkt war es dann gut, dass es dann schnell vorbeiging. Es war für ihn nicht mehr zu ertragen und es war für uns nicht mehr zu ertragen, ihn so leiden zu sehen.

Wie viel Zeit verging denn zwischen der Diagnose und diesem Punkt?

Es war ein schleichender Prozess. Seinen sechsten Geburtstag im März haben wir groß gefeiert, da war er noch ziemlich fit. Ich glaube, danach ging es relativ zügig. Ich kann es dir nicht wirklich genau sagen. Er sollte danach noch einmal operiert werden und da haben wir uns dagegen entschieden. Da ging es ihm aber schon sehr, sehr schlecht. Wir wollten ihn keinen Tag länger im Krankenhaus lassen.

Ganz schlecht ging es ihm in den letzten drei oder vier Wochen, bevor er starb. Vorher saß er im Rollstuhl, dann sollte er einen Rollator bekommen. Es war so viel, was in dieser kurzen Zeit passierte, dass ich nicht alles in Worte fassen kann.

Es gibt einfach nichts Schlimmeres, als das eigene Kind leiden zu sehen.

Ich stelle mir diese Zerrissenheit überwältigend vor, dass du auf der einen Seite froh bist um jeden einzelnen Moment, den du mit deinem Kind noch erleben kannst, und auf der anderen Seite erlebst du, wie dieses Kind so stark leidet …

Ich habe nie wieder so einen inneren Kampf mit mir selbst gehabt. Ein Teil von mir ist unglaublich traurig und der andere denkt, dass ich ihn gehen lassen muss. Es gibt einfach nichts Schlimmeres, als das eigene Kind leiden zu sehen. Man will ihm den

Schmerz nehmen, aber das kann man natürlich nicht. Für mich ist es das Allerschlimmste gewesen, dass Jolle das durchstehen musste. Und auch Jonas als Bruder.

Wie war all das für ihn? Wie wusste er Bescheid?
Von uns wusste er lange Zeit nicht, dass Jolle sterben würde. Ich glaube, dass er es dann irgendwann gespürt hat, auch wenn es für ihn genauso unrealistisch war wie für uns. Jonas ist schon immer ein Verdrängungskünstler gewesen und hat erstmal versucht, sein Leben so weiterzuleben. Er hat sich sehr um Jolle gekümmert. Und manchmal hat er ihn gemieden, weil er es nicht ertragen konnte.

Ich stelle mir das in der Situation als großer Bruder verdammt schlimm vor: zu ertragen, dass du deinen kleinen Bruder nicht retten kannst.
Es gab schlimme Situationen. Zu Hause haben unsere Jungs in einem Zimmer geschlafen, sie waren die besten Kumpels. Jolle wollte dann unbedingt, dass Jonas auch im Krankenhaus bei ihm übernachtet. Aber Jonas war ganz selten im Krankenhaus, er konnte es einfach nicht und er wollte auch nicht dort schlafen. Das war furchtbar, weil Jolle so traurig war – aber ich wusste, dass Jonas es einfach nicht konnte, auch das musste ich Jolle erklären.

Ich verzeihe mir bis heute nicht, dass ich weg war.

Wie und wo ist Jolle schließlich gestorben?
Das ist für mich gar keine schöne Geschichte, denn ich war nicht da. Ich war tatsächlich nicht da. Ich werde nie verstehen, warum ich das getan habe, aber ich bin an diesem Tag morgens um vier Uhr aus dem Haus und mit dem Zug nach Freiburg gefahren. Ich hatte das Gefühl, einfach raus zu müssen, hatte das Gefühl, einen Job machen zu müssen – total banal. Ich wusste natürlich nicht, dass es der Tag sein würde, aber ich hätte einfach zu Hause bleiben können, weil es Jolle an diesem Tag richtig schlecht ging. Ich habe unterwegs noch mit ihm telefoniert und hatte ein ganz beschissenes Gefühl. Er konnte kaum noch sprechen. Auch Ansgar meinte, es sei alles anders. Ich verzeihe mir bis heute nicht, dass ich weg war. Obwohl es natürlich ganz viele Erklärungen gibt, die ich mir selbst immer wieder gebe und für mich auch annehme, um damit leben zu können. Im Sinne von: Wahrscheinlich war es für mich ein Muss, dass ich morgens gefahren bin, vielleicht wäre Jolle sonst nicht gegangen. Obwohl ich natürlich weiß, dass ich es ja nicht hätte aufhalten können. Aber es gibt Mütter, die neben ihrem Kind sitzen und es verabschie-

den. Sie nehmen in dem Moment für sich an, dass das passiert. Ich finde das großartig und ich wünschte, ich hätte diese Mutter sein können. Aber ich wäre nie bereit dazu gewesen. Auch wenn ich im Nachhinein weiß, dass es eine Erleichterung für ihn und uns war, hätte ich wie eine Löwin gekämpft – auch wenn ich nichts hätte tun können.

Dann rief Ansgar mich wieder an und sagte: „Jolle ist gestorben." Und ich musste von Freiburg aus mit dem Zug zurück nach Köln fahren. Keine Ahnung, wie lange man fährt, aber man fährt lange. Als ich zu Hause ankam, lag er bei uns auf dem Sofa. Ich bin zusammengebrochen, aber gleichzeitig sah Jolle in diesem Moment so friedlich aus, so erleichtert und so befreit.

Was man sich vermutlich nicht vorstellen kann: Er lag nach seinem Tod noch zwei Tage bei uns auf dem Sofa. Wir haben allen Freunden die Möglichkeit gegeben, sich persönlich von ihm zu verabschieden. Es wurde gespielt und alles Mögliche gemacht. Ich kann mir das gar nicht mehr vorstellen, aber Jonas hat neben Jolle gesessen und auf dem Fernseher *FIFA* gespielt.

Dann kam der Moment, als Jolle vom Bestatter abgeholt wurde, da ist Jonas in meinen Armen zusammengebrochen. Vermutlich hat er es da zum allerersten Mal realisiert. Wir haben ewig – es fühlte sich wie Stunden an – zusammen auf dem Boden gesessen und nur geheult. Auch ich habe es in dem Moment erst wirklich begriffen.

Ich bin zusammengebrochen, aber gleichzeitig sah Jolle in diesem Moment so friedlich aus, so erleichtert und so befreit.

Wie ging es danach für euch weiter?

Dann kam die Beerdigung, die unglaublich groß war. Es kamen viele, viele Leute und es war sehr schön. Nach dem Tod ist man plötzlich in so einer Dynamik, man ist ja gezwungen, alles zu organisieren. Jeder macht und tut irgendwas, man hat gar nicht das Gefühl, in ein Loch zu fallen. Doch nach der Beerdigung gehen die Menschen ihre Wege, gehen ihrem Alltag wieder nach. Viele unserer Familie und Freunde waren lange an unserer Seite, aber das Kümmern um Jolle, das war plötzlich weg, und es begann eine neue Zeit.

Für Jonas war es auch sehr wichtig, das Gefühl zu haben, seinen Alltag wieder zu leben. Er ist zur Schule gegangen, er hatte nicht einen Fehltag. Er wollte auch nicht zur Trauerbegleitung. Er war schon vorher kein Kind, das immer reden wollte, und auch in dieser Situation wollte er keine anderen Kinder um sich haben, die das Gleiche erlebt haben. Ich habe mir sehr, sehr viele Sorgen um ihn gemacht. Und dann kam noch die Trennung von Ansgar und mir.

Viele Paare zerbrechen an solchen Schicksalsschlägen, andere gehen da zusammen durch.

Es war für euch sicher nicht einfach, diesen Schritt zu diesem Zeitpunkt zu machen. Euch zu trennen in dem Wissen, dass für Jonas dadurch noch etwas zerbrechen kann.

Viele Paare zerbrechen an solchen Schicksalsschlägen, andere gehen da zusammen durch. In der Zeit vor Jolles Tod haben wir so zusammengehalten wie wahrscheinlich noch nie in unserem Leben. Zwischen uns war auch vor der Ausnahmesituation durch Jolles Krebserkrankung nicht alles in Ordnung. Hinzu kam in der schwierigen Phase, dass wir ganz unterschiedlich in unserer Art sind, mit Belastungen umzugehen. Ansgar ging raus, unter Leute. Er ist auch nach Jolles Tod viel unterwegs gewesen und ich habe mich zurückgezogen. Ich wollte zu Hause sein, allein sein, bei Jonas sein. Das passte überhaupt nicht mehr zusammen und wir fingen an, uns gegenseitig vorzuwerfen, wie wir trauerten. Am Ende ist es eine lange Geschichte.

Ansgar zog dann aus und Jonas und ich saßen an dem Tisch, an dem wir mal zu viert saßen. Plötzlich nur Jonas und ich. Morgens nach dem Aufstehen nur noch Jonas und ich. Das war sehr bedrückend und auch beängstigend. Er war da neun Jahre und hatte schon so viel durchgemacht und ich saß vor ihm und dachte, dass ich das alles nicht schaffe.

Ich habe mir dann nach der Trennung psychologischen Beistand geholt, und erst da habe ich gemerkt, dass ich all das verarbeiten musste, was ich vorher nicht so richtig anfassen konnte. Denn der Kampf um die Beziehung hat unglaublich viel an wirklicher Trauer überschattet. Ja, ich würde sogar sagen, wir haben die Trauer eine Zeit lang damit übertüncht, uns gegenseitig zu bekämpfen. Mittlerweile haben wir wieder einen sehr guten Kontakt und haben es sogar geschafft, richtig gute Freunde zu werden.

Wie hat Jonas diese Situation der Trennung gemeistert?

Naja, wie eben schon gesagt, am Anfang war es ganz schlimm für ihn. Wo früher so viel Action und Leben war, saßen nun Jonas und ich still vor unseren Tellern – stell dir das mal filmisch vor. Es war der Tisch, den wir gekauft hatten, als Jonas geboren wurde. Das war unser Familientisch, da stand noch dieser *Stokke*-Hochstuhl von Jolle. Die Luft war zum Schneiden.

Jonas hatte zusätzlich immer unglaubliche Angst um mich und hat das auch selbst so ausgedrückt. Er hatte große Verlustängste und hat sich immer Sorgen gemacht, dass mir etwas passiert. Ich musste ihn ständig anrufen, wenn ich etwas ohne ihn gemacht habe. Im Nachhinein glaube ich, er war mehr besorgt, als dass er trauern konnte. Es war wirklich eine Aufgabe, ihn da durch zu begleiten.

Auch ich hatte in der Anfangszeit große Angst, dass Jonas etwas passiert, und es war für mich eine riesige Kraftanstrengung, ihn nicht einzuengen, sondern genau das Gegenteil zu tun. Ich habe immer versucht, ihn weiter zu ermutigen und zu fördern. Wenn er dann mit dem Fahrrad zur Schule gefahren oder schwimmen gegangen ist, habe ich oft Ansgar angerufen und mit ihm gesprochen, weil es ihm genauso ging. Wir haben uns gegenseitig immer gesagt: Es wird schon alles. Man kann nicht immer nur aufpassen und man kann schließlich auch nicht beeinflussen, was passiert – wer weiß das besser als wir.

Ich habe keine Ahnung, wie wir es gemeinsam geschafft haben, aber jetzt kann ich sagen: Für Jonas ist es am Ende gut gelaufen. Mittlerweile leben Jonas und ich wie in einer WG zusammen. Wir kuscheln und haben auch jede Menge Spaß miteinander. Und sind füreinander da. Er wäre wahrscheinlich nicht der starke, coole und lustige Typ, der er heute ist, wenn all das nicht passiert wäre. Zumindest wäre er ein anderer und so wie er jetzt ist, ist er wirklich toll. Ich bin sehr stolz auf ihn und auch auf uns als Eltern.

Man kann nicht immer nur aufpassen und man kann schließlich auch nicht beeinflussen, was passiert – wer weiß das besser als wir.

Du hast gesagt, ihr lebt noch in der gleichen Wohnung. Warum habt ihr euch dafür entschieden, dort zu bleiben?

Tatsächlich gab es öfter Momente, in denen ich dachte, dass ich dort raus muss und auch aktiv nach anderen Wohnungen geschaut habe. Aber wir wohnen hier in unserem Veedel, in dem Jonas alles kennt. Er hat hier seine Freunde und es war anfangs eine große Erleichterung für ihn, zwischen den Familien hin- und herspringen zu können. Er ist hier groß geworden, er ist hier verwachsen, er liebt es einfach. Da wollte ich ihn nicht rausreißen und irgendwann bin ich morgens aufgewacht und mir war klar, dass auch ich nicht weg will. Meine beste Freundin lebt ebenfalls in der Nachbarschaft und ich bin hier einfach Zuhause.

Dann habe ich mein Fotostudio umgebaut und in unserer Wohnung den Familientisch rausgeschmissen. Wir haben auch das Sofa, auf dem Jolle gestorben ist, entsorgt. Das Kinderzimmer hatten wir schon umgebaut, das hatte Jonas sich gewünscht, er konnte dort vorher nicht mehr rein. Ich habe vorübergehend in der Wohnküche geschlafen, weil ich nicht mehr im Schlafzimmer schlafen konnte. Also habe ich mich von sehr vielen Dingen getrennt und wir haben für uns eine neue Wohnung daraus gemacht. Ich hatte auch das Gefühl, dass ich damit umgehen können muss, dass ich nicht einfach weglaufen kann. Ich hatte das Bedürfnis, in dieser Wohnung ein Heim für Jonas und mich zu schaffen. Wir haben aus dem, was uns zugetragen wurde, das gemacht, was es jetzt ist und es ist schön so. Das ist unser Weg.

Und an dieser Stelle will ich mich auch einfach mal bei dir bedanken, weil es mir unglaublich viel bringt, über all das zu reden. Man spricht ja selten mit Leuten diesen ganzen Weg noch einmal durch und das tut mir sehr gut mit dir.

Wir haben aus dem, was uns zugetragen wurde, das gemacht, was es jetzt ist und es ist schön so.

Das freut mich, liebe Silke. Ich bin dir sehr dankbar, dass du Teil dieses Buchs bist und deine beziehungsweise eure Geschichte erzählst, die so beeindruckend ist und Hoffnung und Kraft schenkt, dass wir Unmögliches bewältigen können.

Ja. Ich finde, wir machen es ganz gut – auch wenn ich nicht weiß, wie wir es geschafft haben. Meine Psychologin, bei der ich nicht sehr lange war, hat mich jedes Mal gefragt, warum ich denken würde, dass ich es nicht schaffe. Warum ich nicht sehen könne, was ich bereits alles geschafft hatte. Damals konnte ich das nicht sehen. Ich habe gedacht: Ich mache alles falsch, es ist meine Schuld, ich kriege es nicht hin.

Die Psychologin sagte dann irgendwann zu mir: „Sie brauchen mich nicht. Genauso wenig wie Sie einen Mann brauchen. Sie haben viel geschafft und für Jonas schaffen Sie noch viel mehr.“ Als ich bei ihr rausging, bin ich sofort zum Friedhof gefahren, weil mir in diesem Augenblick klar wurde, wie viel Zeit ich verschwendet hatte, ohne wirklich um Jolle zu trauern. Für Jolle und Jonas haben auch Ansgar und ich wieder einen gemeinsamen Weg gefunden, füreinander und vor allem für Jonas da zu sein und ein wirklich gutes Verhältnis zueinander zu haben. Jolle hätte uns sonst auch ganz bestimmt fürchterlich beschimpft und bestraft.

Weil er euch ins Gesicht gesagt hätte, wie beschissen er all das sonst gefunden hätte?
Ja, das hätte er bestimmt. Wenn ich zu Jolles Grab fahre, sage ich oft schon beim Ankommen: „Ich weiß, was du sagen willst, Jolle. Ist mir schon klar ..." Wir haben ihn einfach immer im Sinn. Es gibt ganz oft Situationen, in denen wir sagen: „Stell dir jetzt mal den Jolle vor!" Es ist acht Jahre her, dass er gestorben ist – aber er ist immer da.

Es gibt ganz oft Situationen, in denen wir sagen: „Stell dir jetzt mal den Jolle vor!"

Wenn ihr solche Momente spürt, könnt ihr das dann noch als Familie miteinander teilen?
Mittlerweile können wir das. Ansgar und mir ist inzwischen klar, dass uns das, was wir durchgemacht haben, nicht auseinanderbringen kann – es muss uns zusammenschweißen. Auch wenn wir kein Paar mehr sind, sind wir eine Familie. Jolle hat mal gesagt: „Wir halten immer zusammen!" Das durften wir nicht ignorieren. Also haben wir uns irgendwann getroffen und geredet, wir haben uns eingestanden, dass wir uns lieben als Eltern, als Freunde, als Menschen, die unglaublich Furchtbares gemeinsam durchgestanden haben, und aus diesen Gründen werden wir uns auf dieser Art immer lieben und füreinander da sein – egal, ob wir eine Partnerschaft haben oder nicht. Das haben wir geschafft und das ist jetzt vor allem für Jonas ein Geschenk.

Du hast eben von deinen Besuchen an Jolles Grab erzählt und ich habe dich ja deswegen kontaktiert, weil ich vor sechs Jahren auf einem meiner Spaziergänge über den Friedhof an Jolles Grab vorbeigekommen bin. Ich weiß heute noch, wie mir die Tränen übers Gesicht liefen und ich eine lange Zeit einfach da stand. Ich war so erfasst von so einer starken Wärme, Liebe und dem Leben, das habe ich selten gespürt. Ich hatte das Gefühl, Jolle würde mit mir sprechen, obwohl ich ihn überhaupt nicht kannte. Bist du oft am Grab, um mit Jolle in Verbindung zu kommen?
In Verbindung mit ihm komme ich überall. Wir haben ein sehr großes Bild von Jolle auf dem Klavier stehen, vor dem ich manchmal stehen bleibe und etwas zu ihm sage. Und er hat mir sein Lieblingsstofftier zum Ab-

schied geschenkt, darüber komme ich immer mit ihm in Kontakt.
Das Grab war am Anfang für mich ein ganz wichtiger Ort, in den ersten zwei Jahren war ich jeden Tag da. Ich habe ein Vermögen für Schnittblumen ausgegeben und ich weiß nicht, in wie vielen Blumenläden ich gelogen habe, wenn man mir gesagt hat: „Mensch, das wird bestimmt schön aussehen in Ihrer Wohnung." Ich sagte immer nur: „Ja, ja." Es ist ja verrückt, was einem so widerfährt.
Irgendwann bin ich nicht mehr täglich zum Grab und mittlerweile fahre ich seltener hin. Wir machen das Grab noch immer zweimal im Jahr neu, an Jolles Geburtstag im März und an seinem Todestag im August. Jolle wäre jetzt 14 Jahre alt. Da, wo am Anfang ganz viel *Lego* stand, ist heute alles voller Spielsand, dazu Muscheln und sein Bild, das immer noch da ist.

Das Grab war am Anfang für mich ein ganz wichtiger Ort, in den ersten zwei Jahren war ich jeden Tag da.

Wir haben am Anfang darüber gesprochen, wie eine aktuelle Aufnahme von dir aussehen würde. Wenn du damals einen Schnappschuss von Jolle gemacht hast, wie hat der ausgesehen?
Eine völlige Fratze. Eine richtig gezogene Fratze, die Zunge raus, die Augen aufgerissen, die Finger irgendwo. Also irgendwas Bescheuertes aus voller Seele und natürlich mit einem Lachen. Es gibt auch Fotos, auf denen er mal normal guckt, aber sobald er die Aufmerksamkeit bekam, war er gerne Clown. Er war einfach ein unglaublicher Charakter. Er hat das Familienleben sehr stark bestimmt. Ich glaube, deswegen war es auch so schwierig für uns als Familie, als es ihn dann nicht mehr gab.

Vielleicht hat Jolle euch vor die Herausforderung gestellt, euch als Familie neu zu definieren. Vielleicht hat er euch die Aufgabe gegeben, herauszufinden, wer ihr seid, wenn es ihn nicht mehr gibt.
Der Verlust von Jolle hat uns immer wieder auf die Probe gestellt und wir mussten daran wachsen. Der Verlust selbst ist natürlich furchtbar und diese Krankheit ist einfach eine Scheiß-Krankheit. Aber wenn man es so sehen möchte, kann man im Nachhinein sagen: Es ist ganz viel Schönes passiert, was sonst nicht so passiert wäre. Auch wenn ich weiß, dass manche Eltern, die ein Kind verloren haben, das nie sagen würden. Ich kann das nachvollziehen, aber ich habe mir angewöhnt, zu sagen: Ich kann es nicht ändern und jetzt muss ich das Beste draus machen. Das schaffe ich, indem ich mir positive Dinge heraus-

suche und nicht immer nur sage, wie scheiße alles ist.
Jonas ist sehr stark an dieser Aufgabe gewachsen. Er hat sich früher nur sehr wenig getraut. Jolle war immer etwas lauter und mutiger als Jonas. Der ist einfach immer los und hat alles ausprobiert. Jonas musste sich der Herausforderung stellen, dass er nun kein großer Bruder mehr war. Er ist in dem Jahr auch auf die weiterführende Schule gekommen und musste erklären, dass sein Bruder gestorben ist. Er hat das nach und nach gelernt und ist wirklich gewachsen. Als ich letztens von ihm wissen wollte, ob er sich manchmal frage, was wäre, wenn Jolle noch da wäre, sagte er zu mir: „Was ich nicht ändern kann, kann ich nicht ändern. Klar denke ich auch mal darüber nach, aber mir geht es gut, ich bin glücklich und ich kann es mir auch nicht mehr vorstellen."

Welche positiven Veränderungen nimmst du an dir selbst wahr?
Ich merke, dass ich manche Dinge jetzt anders angehe. Zum Beispiel kann ich Kritik besser annehmen oder gehe auf Freunde zu, um zu sagen: „Das ist es doch nicht wert, dass wir uns streiten." Ich war schon immer ein sehr emotionaler Mensch, aber jetzt erkenne ich, wenn ich überreagiere oder Mist gebaut habe, und entschuldige mich ehrlich und offen dafür. Ich denke mir oft, dass wir alle versuchen sollten, ein bisschen versöhnlich miteinander zu sein und andere Menschen so zu lassen und zu nehmen, wie sie sind.
Ich habe mittlerweile auch mit Leuten zu tun, die ich früher gemieden habe, weil sie nicht in mein Denkschema passten. Ich bewerte jetzt viel weniger und wenn ich bewerte, dann kann ich meine Meinung für mich behalten. Vor Jolles Tod hatte ich schon ein starkes Bedürfnis, direkt und deutlich zu sagen, was ich denke. Da steckte wohl auch immer ein bisschen Jolle in mir.

Ich denke mir oft, dass wir alle versuchen sollten, ein bisschen versöhnlich miteinander zu sein und andere Menschen so zu lassen und zu nehmen, wie sie sind.

IMPULS
Vom Mut, sich zu öffnen

von Julia

In den Vorgesprächen für dieses Buch haben unsere Gesprächspartner:innen manchmal gesagt: „Ich weiß gar nicht, ob ich wirklich so viel erzählen kann." Wir alle merken beim Lesen: Diese Personen haben wahnsinnig viel zu erzählen und wir können daraus so viel für uns mitnehmen.

Ich selbst habe vor einigen Jahren verstanden, wie wertvoll es sein kann, sich mit der eigenen, ganz persönlichen Geschichte anderen Menschen zu öffnen. Da sagte mir zum ersten Mal jemand: „Danke, dass du das geteilt hast." Es ist ein Satz, der auch in den Kapiteln dieses Buchs häufig auftaucht (und der an noch viel mehr Stellen stehen würde, wenn wir ihn nicht ab und zu herausgekürzt hätten). Mir galt der Satz auf einem Workshop, den meine Co-Autorin Laura veranstaltet hat und durch den ich sie überhaupt erst kennenlernte. Dort erzählte ich von einer sehr persönlichen Herausforderung, öffnete mich der Gruppe – und sie dankte mir später dafür. Mich hat das damals total überrascht, denn mir selbst war es unangenehm, mit meinen Worten (und meinen Tränen) so viel Raum einzufordern. Wie immer sprach ich zu schnell, um weniger Zeit in Anspruch zu nehmen. Dabei hörten die anderen Personen mir gerne zu, sie fanden es interessant, was ich zu erzählen hatte, und sie freuten sich, als sie mir Feedback geben oder ihre Ideen mit mir teilen konnten. Tatsächlich habe ich in dem Moment gefühlt, dass ich selbst etwas zu sagen habe. Dass Dinge, die ich für selbstverständlich halte, anderen Menschen eine Inspiration sein können. Dass ich mich trauen darf, mit meinen Gedanken herauszugehen – auch wenn das oft Mut braucht. Genau wie es ehrlich gesagt Mut kostet, die Impuls-Texte für dieses Buch zu formulieren.

Wenn wir uns öffnen, dann tun wir nicht nur uns selbst einen Gefallen, weil es uns vielleicht entlastet, weil wir Hilfe bekommen, weil wir uns mal ganz unverstellt zeigen können. Auch unser Umfeld gewinnt dadurch. Es ist erstens ein riesiger Vertrauensbeweis, weil es noch lange nicht selbstverständlich ist, dass wir andere Menschen so nah an uns heranlassen. Zweitens macht es den meisten Personen Freude, wenn sie das Gefühl haben, helfen zu können – und sei es „nur" durch Zuhören. Drittens und vielleicht am allerwichtigsten: Wer sich öffnet, zeigt ganz ehrlich, wie es in seinem oder ihrem Leben läuft. Plötzlich wird klar, dass es auch hier Probleme und Herausforderungen gibt. Wir sehen sonst so oft nur kleine Ausschnitte aus dem Leben anderer Menschen. Wir treffen sie, wenn sie perfekt angezogen und frisch geschminkt sind, hören zu, welche aufregenden Reisen sie zuletzt gemacht haben, beobachten auf *Instagram*, wie sie in angesagten Restaurants zum Lunch gehen. Dass ihre Beziehung in Wirklichkeit unglücklich ist, sie um die verstorbene Oma trauern oder seit Monaten starke Verdauungsbeschwerden haben – das sehen wir in der Regel nicht.

Deshalb gehen wir oft davon aus, dass all diese Probleme nicht existieren. Wir glauben, dass wir von Superheld:innen umringt sind, dass wir die einzigen sind, die ungesehene Herausforderungen mit uns durchs Leben tragen. Bis wir uns öffnen und unser Gegenüber dadurch beginnt, die eigene Geschichte zu erzählen. Denn auch das ist das Wertvolle daran, wenn wir den Mut haben, uns verletzlich zu zeigen. Oft teilen dann auch andere Menschen, was sie wirklich bewegt – und es entsteht eine Verbindung, die nicht möglich wäre, wenn wir in Gesprächen immer nur an der Oberfläche bleiben.

HOLGER SCHARF

„Es war für mich als Sterbebegleiter eine wertvolle Erkenntnis, auch mal sprachlos sein zu dürfen – man muss nicht immer eine Antwort haben."

Früher legte er in seinem Vertriebsjob sehr viel Wert auf die äußere Wirkung. Das Auto musste die passende Marke haben und das Haus groß genug sein. Heute arbeitet Holger Scharf (*1966) noch immer hauptberuflich im Finanzbereich, hat seinen Fokus aber komplett verändert: Er war viele Jahre ehrenamtlicher Mitarbeiter im ambulanten Kinderhospizdienst, bevor er als ausgebildeter Sterbebegleiter in ein stationäres Hospiz wechselte, ebenfalls ehrenamtlich. Seit einiger Zeit ist er ausgebildeter Trauerbegleiter und gestaltet den Trauertreff für Angehörige im Hospiz. Wie es zu diesem Shift kam, was er aus seinem Ehrenamt für den Job als Abteilungsleiter mitnimmt und warum Holger jeden Morgen aufs Neue dankbar ist, aufzuwachen und genau in diesem Leben zu sein: Das erzählt er hier im Gespräch.

Holger Schart

Holger, wenn du zum Start einen Rückblick wagst: Weißt du noch, wie du dir als Kind den erwachsenen Holger vorgestellt hast?
Spontan würde ich sagen, dass ich mich als Fußballer gesehen habe. Ich bin Jahrgang 1966 und habe als Kind ganz viel Fußball miterleben dürfen. Damals fand der Sport viel stärker in Präsenz statt und weniger auf dem Bildschirm. Ich habe jede freie Minute mit Fußball verbracht und dachte, es wird schon irgendwie klappen mit der Profi-Karriere.

Machen wir einen Sprung weg vom Kindesalter, hin zu Holger mit Anfang 20. Wie hast du dir da dein späteres Leben ausgemalt?
In der Schule bin ich ein Spätstarter gewesen, ich habe ein Jahr freiwillig wiederholt und eins wiederholen müssen. So habe ich relativ spät die Realschule abgeschlossen und eine Ausbildung zum Bankkaufmann gemacht. Da dachte ich, dass ich erfolgreicher Banker werde und da mich die Sprache Englisch immer fasziniert hat, ging ich davon aus, dass sich mein weiteres Leben im Ausland abspielen würde – vermutlich in London.

Hat sich diese Zukunftsvision erfüllt und bist du gerade in London?
Nein. Ich war einige Male da, aber es hat sich nie ergeben, dass ich auch dort arbeite. Auch die Zeit bei der Bank war für mich im Alter von 28 Jahren vorbei, ich habe damals den Beruf gewechselt und arbeite seitdem bei einer Investmentfondsgesellschaft.

> Da stand ich vor einer Weggabelung und wusste nicht, wohin mich das Leben führen wird.

Ich weiß aus unserem Vorgespräch, dass sich im Jahr 2012 vieles für dich verändert hat. Wie sah dein Leben zu diesem Zeitpunkt aus und welches Bild hattest du dort von deiner Zukunft?
Es war ein sehr prägendes Jahr für mich, eigentlich begann es bereits 2011. Da stand ich vor einer Weggabelung und wusste nicht, wohin mich das Leben führen wird. Ich hatte mich in meiner ersten Ehe nach 17 Jahren getrennt und bin aus dem Schwäbischen, wo ich herkomme, nach Frankfurt gezogen. Meine drei Kinder blieben bei meiner Frau, die-

se Entscheidung war schwer und ich spüre die Auswirkungen zum Teil noch heute. Die Präsenz für mich mit den Kindern beziehungsweise deren Wahrnehmung für den Vater vor Ort hat sich natürlich stark verändert. Die Situation hat mich zum Nachdenken gebracht, ich habe gewisse Lebensumstände hinterfragt, für die ich mich bis dahin entschieden hatte.

Und, wenn wir einen letzten Sprung machen, ins Hier und Jetzt: Wie blickst du auf dich und dein Leben und deine Zukunft?

Ich blicke milde auf mich und bin sehr, sehr dankbar. Ich meditiere seit einiger Zeit und beende die Sessions immer mit dem Gong einer Klangschale, dabei verneige ich mich. Dieses Verneigen vor mir selbst und meinem Leben, das spüre ich sehr intensiv. So fühle ich mich gerade: Ich verneige mich auch vor mir, weil ich wahrnehme, spüre, reflektiere und nachvollziehe, was ich alles geleistet habe. Ich sehe, was es auf der einen Seite für wunderbare Entwicklungen bei mir gibt – und was es noch zu entwickeln gibt. Insofern stehe ich wieder an einem Punkt, an dem ich das Leben total spannend finde und optimistisch in die Zukunft blicke.

Ich weiß nicht genau, wie es in drei Jahren für mich aussehen wird, aber ich habe eine Orientierung und einen Plan. Gleichzeitig habe ich gelernt, dass ich nicht an Plänen festhalten kann, wenn unvorhergesehene Dinge passieren – auf der Soll- oder auf der Haben-Seite.

Ich bin zutiefst überzeugt, dass es immer eine Tür gibt, die sich öffnet – auch wenn sich viele Türen schließen.

2011 standest du an dieser Weggabelung und wusstest nicht, was du aus deinem Leben machen möchtest. Jetzt erlebe ich einen sehr glücklichen und in sich ruhenden Holger. Warum und wie hat sich dein Leben, aber auch deine Beziehung zu dir selbst, verändert? Nimm mich gerne einmal mit zu den wichtigsten Eckpfeilern.

Es gibt einige Meilensteine und natürlich Menschen, die stark mit dieser Entwicklung verbunden sind. Was mir in der schwierigen Zeit der Trennung und danach sehr geholfen hat, ist mein Grundoptimismus. Es war nicht klar, wie es weitergeht, wie das Leben in der Rolle des Vaters, der nicht da ist, funktioniert. Da hat mir das Urvertrauen, dass es schon irgendwie weitergeht und eine Lösung gibt, extrem geholfen.

Ich bin zutiefst überzeugt, dass es immer eine Tür gibt, die sich öffnet – auch wenn sich viele Türen schließen. Das korrespondiert auch mit mei-

Bis 2011 würde ich mich rückblickend als oft oberflächlich bezeichnen, manchmal auch von oben herab.

nem Glauben. Ich war früher in der Kirche und bin ausgetreten, aber das hat nichts an meinem Glauben geändert. Ich glaube an irgendetwas, und ich nenne es Gott. Seit einigen Jahren gehe ich jeden Morgen spazieren – ich habe einen Hund, das macht es einfacher – und während dieser Stunde bete ich im Sinne eines Zwiegesprächs.

Ich sage Danke und reflektiere, was gestern war. Ich schaue auf den heutigen Tag und mache mir immer wieder bewusst, wie verdammt gut es mir geht. Heute Morgen zum Beispiel waren es die Gedanken, dass ich trotz zwei Grad Außentemperatur nicht frieren musste, ich hatte eine warme Jacke und Schuhe an und konnte danach zurück in meine beheizte Wohnung kommen. Was ist das für ein Luxus! Es macht mich glücklich, dass ich das nicht als normal ansehe, sondern weiß, dass ich sehr privilegiert lebe.

Das Thema Hospiz, das ich gefunden habe oder das – wie viele Dinge – vielleicht eher mich gefunden hat, hat mir bei diesem Veränderungsprozess außerdem sehr geholfen. Bis ich damit begonnen habe, war ich ganz anders geprägt. Ich nehme das heute für mich an, weil ich weiß, dass meine Vergangenheit zu mir dazu gehört, aber ich wünsche sie mir nicht zurück. Um das etwas genauer zu beschreiben: Bis 2011 würde ich mich rückblickend als oft oberflächlich bezeichnen, manchmal auch von oben herab. Ich hatte und habe das Glück, bei einer Firma zu arbeiten, der es sehr gut geht. Ich habe das Glück, sehr gut zu verdienen. Aber das habe ich früher wenig geschätzt und mich immer mit Anderen verglichen: Wenn jemand weniger verdiente als ich, erschien er mir weniger wert. Wenn vor meiner Tür nur der *3er-BMW* steht, ist es wichtig, dass es bald ein *5er* ist. Das ganze Auftreten war sehr relevant für mich: Wie sehe ich aus, welche Kleidung trage ich, wie groß ist das Haus, das ich mal baue?

Diese Denk- und Verhaltensmuster haben mir nicht gut getan und durch sie bin ich tief gefallen. Irgendjemand wollte, dass ich nicht völlig abstürze und ertrinke, aber ich habe extreme Erfahrungen machen dürfen, auch was den finanziellen Background betrifft. Ich habe eine Schuldnerberaterin kontaktiert und eine Gläubigervereinbarung getroffen, um nicht in die Privatinsolvenz gehen zu müssen. Aufgrund der Trennung musste ich das Haus verkaufen und ich hatte noch weitere kleine und größere Verbindlichkeiten. Auf der einen Seite hatte ich das Glück, weiterhin meinen guten Job zu haben, wusste aber gleichzeitig, dass ich aufgrund der Umstände – die ich selbst zu verantworten hatte und an denen niemand sonst die Schuld trug – einige Jahre mit starken finanziellen Einschränkungen vor mir haben werde. Viele Dinge, die früher für mich selbstverständlich waren, waren plötzlich nicht mehr möglich.

Das, worauf du vorher dein – in Anführungszeichen – Lebensglück aufgebaut hast und worüber du dich definiert hast, ist weggebrochen. Das ist wirklich ein riesiger Veränderungsprozess. Du hast eben erwähnt, dass dich das Thema Hospiz in gewisser Weise gefunden hat. Wie genau kam es dazu?

Mir ging es in der eben beschrieben Phase gesundheitlich nicht gut, ich würde heute sagen, dass ich psychosomatisch an der Grenze war, vielleicht war es auch ein Burn Out. Die finanzielle Situation, die Situation mit den Kindern, die Tatsache, dass ich meine Frau verlassen habe und der damit verbundene Druck, auch aus dem familiären Umfeld – das alles hat dazu geführt, dass es mir zu dieser Zeit schlecht ging. Ich habe versucht, mich ein Stück weit über die Arbeit zu definieren, aber das gab mir nicht den tieferen Sinn. So habe ich in Frankfurt eine Jesuitenkirche gefunden und war regelmäßig im Gottesdienst. Ich habe mich gefragt, ob es einen Weg im Kontext der Kirche geben könnte, um mich zu engagieren, habe aber nichts Konkretes unternommen.
Dann bin ich eines Tages in einem Park joggen gewesen. An diesem Tag gab es dort in der Orangerie eine Veranstaltung des ambulanten Kinderhospizdienstes in Frankfurt. Sie haben über ihre Arbeit informiert und draußen kleine Panels aufgestellt, auf denen im Vorbeijoggen vieles zu le-

sen war. Ich bin auf meinen Runden sieben, acht Mal dort vorbeigejoggt und es ist haften geblieben. Wäre ich einen Tag früher oder später dort gewesen, wären sie mir nicht begegnet. Es hat bestimmt ein halbes Jahr gedauert, bis daraus mehr wurde. Ich saß auf dem Rückweg von der Kirche gerade in einem Café und erinnerte mich wieder daran, dass ich mich doch schon so lange engagieren wollte. Ich suchte im Internet nach dem Hospiz und fand zunächst ein stationäres Hospiz in Wiesbaden. Das kam für mich aber nicht in Frage, weil ich mein Auto aus finanziellen Gründen abgegeben hatte und der Weg somit für mich zu weit war. Also habe ich weitergesucht und festgestellt, dass der ambulante Kinderhospizdienst in Frankfurt nur 300 Meter von meinem Wohnort entfernt war und es zwei Wochen später eine Infoveranstaltung für Menschen geben sollte, die sich für eine ehrenamtliche Mitarbeit interessieren. Ich ging zu dieser Veranstaltung, auch wenn ich anfangs sehr skeptisch war. Ich war Vater von drei Kindern, war immer sehr besorgt um sie, und Tod und Trauer hatte ich in meinem Leben vorher absolut ausgeschlagen.

Ich wollte dich gerade fragen, wie vorher deine Berührungspunkte mit dem Tod waren. Du sagst, du hast die Themen rund um das Sterben eher verdrängt?

Total. Meine Oma ist mit 96 Jahren gestorben, das war schlimm, aber ich habe es weggeschoben. Todesanzeigen in Zeitungen habe ich immer überblättert – genau wie meine Mutter. Es gab in meinem Elternhaus immer die Einstellung: Sterben tut man später, das ist nichts für Jetzt und Hier. Auch als zwei Schulkameraden starben, wurde das in meiner Familie nicht weiter aufgearbeitet.
Der Tod hatte bis zu diesem Punkt also für mich keine Rolle gespielt und es war für mich auch undenkbar, mich mit dem Tod meiner eigenen Kinder auseinanderzusetzen. Da hatte ich schon Bedenken, wie das mit der Idee zusammenpassen soll, mich zukünftig in der Kinderhospizarbeit einzubringen.

Es gab in meinem Elternhaus immer die Einstellung: Sterben tut man später, das ist nichts für Jetzt und Hier.

Trotzdem hast du dich getraut, zu dieser Veranstaltung zu gehen. Warum?

Ich habe mich getraut, weil ich etwas für mich gesucht habe. Und schon während dieser zwei Stunden wusste ich: Das ist mein Ding, das möchte ich machen. Ich habe mich am selben Abend angemeldet. Es gab ein separates Aufnahmegespräch und im

Sommer 2013 bin ich in die Ausbildung zum ehrenamtlichen Begleiter im Kinderhospizdienst gestartet, die über ein halbes Jahr ging.

Hat es für die Ausbilder:innen eine Rolle gespielt, dass der Tod bislang wenig präsent war in deinem Leben, dass du ihn sogar eher bewusst von dir weggeschoben hast? Und kannten sie das von anderen Aufnahmegesprächen?
Ich erlebe ja heute selbst in der Trauerarbeit, dass das Thema in unserer Gesellschaft mit wenig Raum gesegnet ist. Bei diesem Infonachmittag hat auch ein betroffener Vater von seiner Situation erzählt und er beschrieb, dass sich Menschen abwenden, wenn sie mitbekommen, dass eine Familie einen Schicksalsschlag erleidet. Viele wissen nicht, wie sie als Außenstehende mit Verlust und Trauer umgehen sollen und ziehen sich zurück. Für die Betroffenen bilden sich deswegen häufig neue Freundeskreise, teilweise verändert sich ihr ganzes soziales System.
Meine bisherigen persönlichen Berührungen mit diesen Themen waren für die Koordinatorin des Hospizdienstes also eher normal. Und man muss sagen: Sie waren sehr dankbar über meine Bewerbung, ganz banal gesagt, weil ich ein Mann bin. Von zehn Ehrenamtlichen sind meistens acht oder neun weiblich. Es ist selten, dass Männer ins Ehrenamt gehen. Und wenn, dann sind sie – ohne das despektierlich zu meinen – oft 65 und haben gerade mit der Arbeit aufgehört. Ich kam mit Mitte 40, hatte selbst drei Kinder, die relativ jung waren. Das war sicher etwas, was dem Verein indirekt auch gut tat.

Viele wissen nicht, wie sie als Außenstehende mit Verlust und Trauer umgehen sollen und ziehen sich zurück.

Wie hat sich dann dein Start in die ehrenamtliche Arbeit im ambulanten Kinderhospiz gestaltet?
Ich habe ein Mädchen namens Nele begleitet, sie leidet an einer besonders schwerwiegenden Form der Erkrankung MPS. Diese führt dazu, dass Nele keine Eigenkontrolle mehr über sich hat. Sie würde einfach über die Straße laufen, ohne nach links und rechts zu schauen. Sie kann auch nicht mehr mit ihrem Roller fahren, weil sie sonst gegen eine Wand fahren würde, ohne dabei zu spüren, dass sie sich selbst verletzt oder gefährdet. Auch die Feinmotorik nimmt extrem ab. Diese Krankheit wird definitiv frühzeitig zum Tod führen.
Ich hatte die Familie Ende 2013 auf der Weihnachtsfeier des ambulanten Kinderhospizdienstes kennengelernt,

zu diesem Zeitpunkt war ich gerade fertig mit der Ausbildung. Eine der Koordinatorinnen hat mich der Familie vorgestellt, Nele war damals fünf oder sechs Jahre alt. Sie kam bei dieser Feier immer wieder zu mir und hat viel Zeit mit mir verbracht. Zwei Monate später rief mich mein Koordinator vom Hospizdienst an und schlug vor, mich in diese Familie hereinzubringen. Kurz darauf habe ich die Begleitung aufgenommen.

Wie lief das ab?
Einmal in der Woche oder auch mal alle zwei Wochen war ich für einige Stunden in der Familie und habe mich mit Nele beschäftigt. Es gibt auch Fälle, in denen man sich beispielsweise um das gesunde Geschwisterkind kümmert, um diesem ebenso Fokus und Zeit zu schenken. Ich habe mit Nele zuhause gespielt, bin mit ihr auf den Spielplatz oder war mit ihr spazieren. Einmal im Jahr sind wir gemeinsam ein Wochenende weggefahren, das vom ambulanten Kinderhospizdienst organisiert wurde. Die Familie wurde immer zu einem therapeutischen Reiten in der Nähe von Aschaffenburg eingeladen und ich begleitete sie.

Es geht in diesem Ehrenamt darum, Zeit zu schenken.

Du warst also für Nele wie ein Spielkamerad, der einmal pro Woche kam, sodass die Eltern Zeit für sich hatten?
Genau das ist die Idee dahinter. Es geht in diesem Ehrenamt darum, Zeit zu schenken. Den betroffenen Kindern oder den Eltern, damit sie wenigstens, wie in meinem Fall, für zwei oder drei Stunden eine Entlastung erfahren. Sie können mal in Ruhe einkaufen gehen oder sich mit Freunden treffen.

Ich sehe gerade dieses kontrastreiche Bild vor mir: Am Morgen führst du dein Business, triffst Entscheidungen, mitten in den Herausforderungen der straighten, agilen Wirtschaftswelt. Am Nachmittag gehst du dann in eine Familie mit einem schwerkranken Kind, und bist auch dort mittendrin in dieser ganz anderen Realität, die an die essenziellen Dinge des Lebens erinnert. Mich beeindruckt deine Entscheidung, die dir bekannte Welt nicht radikal hinter dir zu lassen, sondern zusätzlich eine neue Tür zu öffnen und beide Welten zu verbinden.
Danke. Es gibt mir natürlich auch viel, immer wieder die zwei Welten in Verbindung zu bringen und zu sehen, in welcher Blase ich arbeite und lebe. Es soll gar nicht so rüberkommen, dass ich diese Welt nicht mehr mag, denn das tue ich. Ich habe großartige Kolleg:innen und bin dankbar, dort seit 30 Jahren arbeiten und mich einbringen zu können. Aber früher war

diese Form des Lebens für mich völlig normal und heute sehe ich jeden Tag, dass ich in einer sehr privilegierten Situation bin: Ich bin Abteilungsleiter, habe einen Dienstwagen und eine Assistentin, die mir viele Dinge abnimmt – was ist das für eine wunderschöne Komfortzone?
Natürlich gibt es auch hier Herausforderungen, aber es sind einfach ganz andere als zum Beispiel in der Familie von Nele. Dort erlebe ich, wie sie ihr Leben und Schicksal gemeinsam managen. Ich erfahre dort viel Freude und viel Lachen, ich bemerke, wie viel auch ich in dieser Familie lache. Gleichzeitig erfahre ich viel Wut, Verzweiflung und Traurigkeit. Und doch haben alle die Einstellung: Egal, wie lange Nele lebt, wir machen diese Zeit zu einer schönen Zeit. Das finde ich großartig.
Wenn ich dann mit Kolleginnen und Kollegen oder genauso mit meinen eigenen Kindern diskutiere, frage ich mich oft: Worüber streiten wir gerade? Über welchen Firlefanz redet ihr? Natürlich sind es aus der jeweiligen Sicht gerade persönlich relevante Themen, aber diese fünf, sechs Jahre, in denen ich Nele begleitet habe, die haben mich wirklich sehr geerdet und demütig gemacht.

Waren der Tod und das Sterben in den Besuchen bei Nele für dich präsent?
Nein. Die Begleitung von Nele ist ganz anders als die Erwachsenen-Sterbebegleitung, mit der ich später im Hospiz begonnen habe. Vielleicht sehen manche Ehrenamtliche es anders, aber in meinen Augen ist die Sterbebegleitung tatsächlich eine Sterbebegleitung. Und die Begleitung im ambulanten Kinderhospizdienst ist in meiner Wahrnehmung eine Lebensbegleitung. Natürlich gibt es auch immer Fälle, in denen ein Kind innerhalb kurzer Zeit stirbt, während meiner Zeit im Dienst waren es aber meistens Familien mit kranken Kindern, bei denen das noch einige Jahre dauern wird.

Das Thema Nähe und Distanz wurde intensiv in der Ausbildung behandelt, um klar zu ziehen: Ich bin der professionelle Unterstützer, Begleiter, Zeitschenker.

Auch wenn es wahrscheinlich nicht das ist, was sich Außenstehende im ersten Moment unter Sterbebegleitung vorstellen, klingt es nach einer lebensbejahenden und lebendigen Aufgabe: Du bist derjenige, der Lebensqualität und Freundschaft schenkt, der das Leben von mindestens einem Menschen bereichert.
Das stimmt. Wo du gerade das Wort Freundschaft benutzt: Das Thema Nähe und Distanz wurde intensiv in der Ausbildung behandelt, um klar

zu ziehen: Ich bin der professionelle Unterstützer, Begleiter, Zeitschenker. In der Begleitung von Nele haben wir das im Ganzen gut hinbekommen, denke ich, und trotzdem gab es immer wieder Punkte, an denen es etwas zu tief ging und zum Beispiel lachend gesagt wurde: „Ach Holger, du gehörst ja schon zur Familie.“ Da habe ich mir selbst immer wieder verdeutlicht, dass ich trotz aller Nähe Distanz wahren muss und möchte.

Diese professionelle Abgrenzung gilt auch für andere Aspekte: Ich bin zum Beispiel jemand, der es immer noch stylisch mag. Auch wenn ich mein Leben sehr verändert habe, mag ich es, wenn ich gut angezogen bin und es bei mir zu Hause schön ist. Ich habe einen Gefallen an ausgefallenen, manchmal leider auch teuren Dingen. Und dann komme ich als Begleiter eventuell in einen Haushalt, in dem es komplett anders aussieht. Wo eine Form von Ordnung – oder Chaos – herrscht, wie ich sie nicht kenne. Da muss ich mich besinnen: Es ist nicht meine Rolle, das zu bewerten. Meine Rolle ist auch nicht anzusprechen, ob es förderlich ist, dass das gesunde Geschwisterkind nachmittags einige Stunden vor dem Fernseher sitzt. Oder dass ein Vater um 16 Uhr sein Bier aufmacht.

Ich glaube, die Überprüfung der eigenen Verantwortung und der Einhaltung von Grenzen ist für uns alle so wichtig – in jeder Rolle, die wir in unserem Leben besetzen. Manchmal ziehen wir uns Schuhe an, die nicht unsere sind.

Ich möchte nochmal zurück zu Nele kommen: Wenn ich es richtig verstanden habe, begleitest du sie jetzt nicht mehr, oder? Steht ihr heute noch in Kontakt?

Genau, 2019 habe ich die Begleitung beendet. Zu dieser Zeit wechselten zwei Freunde, die ich in der Ausbildung kennengelernt hatte, in den Erwachsenenbereich und fragten, ob ich es mir nicht mal anschauen wolle. Ich hatte nun einige Jahre im Kinderhospizdienst gearbeitet, was mich sehr erfüllt und geerdet hat. Und doch habe ich gemerkt, dass ich offen für etwas Neues war. Und da habe ich dann die Ausbildung zum Erwachsenen-Sterbebegleiter gemacht.

Neles Mutter und ich schreiben uns seitdem manchmal, aber ich habe die Familie sicher schon zwei Jahre nicht gesehen.

Meine Rolle ist auch nicht anzusprechen, ob es förderlich ist, dass das gesunde Geschwisterkind nachmittags einige Stunden vor dem Fernseher sitzt. Oder dass ein Vater um 16 Uhr sein Bier aufmacht.

Wie hat sich deine Rolle als Sterbebegleiter mit dieser neuen Ausrichtung, nämlich der Hospizarbeit für Erwachsene, verändert?
Zu dieser zweiten Ausbildung gehörte ein einwöchiges Praktikum in einem Hospiz ganz in meiner Nähe und bereits am zweiten Tag wusste ich, dass ich dort bleiben möchte. Ich fand dort das, was ich vorher ein Stück weit in meiner Arbeit für den ambulanten Kinderhospizdienst vermisst hatte: Gespräche mit den Menschen, die dort zu Gast waren. Denn, was ich gut kann und wofür ich brenne, das ist, mit Menschen in Kontakt zu gehen und sie ein Stück weit zu begleiten. Wir haben acht Zimmer im Hospiz und in meiner Hospizarbeit verstehe ich mich als jemand, der unsere Gäste spüren lässt: Ich bin da und wenn du magst, stehe ich dir zur Verfügung. Zum Beispiel für ein Gespräch, wenn es der Gesundheitszustand zulässt, für die Stille oder zum gemeinsamen Musikhören. Wir können auch spazieren gehen oder ich schiebe dich im Rollstuhl, was immer dir gut tut.
Es gibt natürlich weitere Möglichkeiten, sich dort zu engagieren. Wer beispielsweise einen grünen Daumen hat, kann sich um die Blumen und den Garten kümmern – das ist auch ein sehr wichtiges Element für die Menschen, die dort leben.

Es ist okay, keine Antwort zu haben.

Was waren in der Hospizarbeit besonders bewegende Momente für dich?
Da gab es zum Beispiel Andrea, sie war so alt wie ich. Sie fragte mich bei einem gemeinsamen Spaziergang: „Warum ich? Warum ausgerechnet ich? Das ist so unfair.“ Da war ich sprachlos. Es war für mich eine wertvolle Erkenntnis, auch mal sprachlos sein zu dürfen, auch mal nichts sagen zu müssen. Das gilt als Sterbebegleiter ebenso wie als Trauerbegleiter. Es ist okay, keine Antwort zu haben. Gerade, wenn man aus einem Job wie meinem kommt, in dem man immer für alles eine Lösung hat. Dein Gegenüber hat den Satz noch nicht fertig ausgesprochen, da geht es schon los im Kopf mit der Suche nach Lösungen.
Ich durfte lernen, dass es nicht darum geht, einfach irgendwas zu sagen. „Ja, vielleicht wird es ja gar nicht so schlimm ...“ – so etwas hilft niemandem weiter. Wir können es so stehen lassen: „Ja, das ist furchtbar, es ist wirklich furchtbar. Ich verstehe, dass du es ungerecht findest und mir fällt auch nichts anderes dazu ein.“

In den meisten Lebensbereichen scheint ja heute leider die unausgesprochene Regel zu gelten: Wer spricht, der führt. Oder: Der oder die

Lauteste gewinnt. In so einer Situation lernst du wieder, welche Qualität echtes Zuhören hat und auch, dass es in manchen Situationen nicht um Lösungen geht, sondern darum, das Gefühl zu vermitteln: Ich bin für dich da. Das ist sicher auch der größte Unterschied zum Coaching. Ich arbeite ja auch als systemischer Coach und natürlich will ich auch in dieser Rolle keine Lösung vorgeben, die soll der- oder diejenige für sich finden. Trotzdem habe ich immer im Fokus, was ich tun kann, um eine neue Perspektive zu ermöglichen, um den Weg zur Lösung zu bereiten. In der Sterbe- oder Trauerbegleitung wollen wir einfach den Raum geben, um zu trauern. Man kann es auch scheiße finden, furchtbar finden und ungerecht finden. Man kann es hässlich und zum Kotzen finden, das darf alles sein.

Man kann es auch scheiße finden, furchtbar finden und ungerecht finden. Man kann es hässlich und zum Kotzen finden, das darf alles sein.

Es war bestimmt ein krasser Gegensatz zwischen deiner Tätigkeit bei Nele, bei der das Leben so präsent war, und der im Hospiz, wo der Tod auf einmal zum Greifen nah ist. Hat dich das auch mal übermannt?

Wir hatten mal eine Phase, in der extrem viele junge Menschen bei uns im Hospiz waren. Der Jüngste in meiner Zeit als Sterbebegleiter war 33, andere waren Ende 40 oder Mitte 50. Es gab viele in meinem Alter, die plötzlich von Tumor-Erkrankungen niedergerafft wurden. Zu sehen, dass Eltern erleben müssen, wie ihr 50-jähriger Sohn stirbt, das machte mir schon zu schaffen. Da wurden wir zum Glück sehr gut durch die Supervision begleitet.

Es gab eine weitere Situation, die mich sehr getroffen hat. Als Andrea – von der ich eben erzählte – gestorben ist, bin ich extra noch einmal ins Hospiz gegangen, um mich von ihr zu verabschieden. Als ich sie da liegen sah, habe ich bitterlich weinen müssen. Das war ein sehr eindrücklicher Impuls für mich, um zu spüren: Ich bin zu nah dran.

Weil du selbst getrauert hast?

Ja. Danach habe ich mich noch von einigen Verstorbenen verabschieden dürfen, bei denen ich für mich den Hospizgedanken in den Vordergrund rücken konnte: Diese Person muss jetzt nicht mehr an der Krankheit leiden. Der Körper, der Organismus und alles, was betroffen war, ist nun erlöst. Wir können dankbar dafür sein, dass dieses Leiden nicht mehr fortbesteht – und nicht nur darauf blicken, dass die Person nicht mehr da ist.

Als ich sie da liegen sah, habe ich bitterlich weinen müssen. Das war ein sehr eindrücklicher Impuls für mich, um zu spüren: Ich bin zu nah dran.

Und wieso hast du dann zuletzt die Entscheidung getroffen, von der Sterbebegleitung in die Trauerbegleitung zu wechseln?

Durch die Sterbebegleitung gab es ja schon immer einen gewissen Kontakt mit den Angehörigen. Bei männlichen Angehörigen konnte ich eine gewisse Hemmschwelle beobachten, mit meinen Kolleginnen über ihre Trauer und Gefühle zu sprechen. Da ich zu diesem Zeitpunkt der einzige männliche Sterbebegleiter im Hospiz war, lag es auf der Hand, dass ich mich dort einbringe.

Mir wurde klar, dass ich drei bereichernde und erfüllende Jahre mit der Sterbebegleitung von Erwachsenen verbracht hatte, aber mein Herz und alles, was mich neugierig machte, mich in die Trauerbegleitung zog. Ich stellte fest, was für mich den besonderen Unterschied ausmachte: Die Sterbebegleitung hat eine vorgegebene Endlichkeit. In der Trauerbegleitung ist es ein anderer Fokus. Zwar endet auch in dieser Form der Begleitung mein Auftrag nach einer gewissen Zeit, aber der Mensch kann danach vielleicht für sich mit neuen Perspektiven weiter durchs Leben gehen. Das hat sich für mich – in Kombination mit meiner Coaching-Ausbildung – am stimmigsten angefühlt, und das tut es auch heute noch.

So bin ich bildlich gesprochen in den nächsten Raum gegangen und bin nun einer von drei Trauerbegleitern in unserem Hospiz, die den Trauertreff mit leiten. Zudem stehe ich auch für Einzelbegleitungen zur Verfügung.

Welche größte persönliche Entwicklung nimmst du an dir wahr, seitdem du den Tod mehr in dein Leben gelassen hast und dich diesem ehrenamtlichen Engagement widmest?

Es ist wie ein großes Becken, in das ganz viel Erfahrung, Entwicklung und Prägung miteinfließen. Speziell die Ausbildung zum Trauerbegleiter in den vergangenen anderthalb Jahren war sehr besonders für mich. In die Selbstreflexion gehen, in die Biografie-Arbeit einsteigen und mich auf den Weg zu meiner Mitte machen, das alles hat viel in mir bewirkt. Seitdem erlebe ich mich noch ruhiger und gelassener, ich bin geerdeter. Es lässt mich auch souveräner reagieren – ohne dass ich dabei vergesse, dass ich natürlich weiterhin unvollkommen bin und meine Fehler mache. Es passiert immer wieder, aber ich kann sie mir gut verzeihen. Ich habe in der Trauerbegleiter-Ausbildung mit meinem Kursleiter Dirk einen wunderbaren Menschen kennengelernt. Er sagt immer wieder: „Da sein genügt." Und: „Werde dir bewusst, gewahr, wie großartig es ist, dass du jeden Morgen wieder den Boden unter deinen Füßen spüren kannst." Mich bewegt das sehr und ich denke, ich fühle, ich verdanke ihm sehr viel.

Und es gibt einen Satz, den ein Ausbilder auf meinem Weg zum Sterbebegleiter geprägt hat: „Inne halten, Abstand halten, aushalten." Das zieht sich wie ein Mantra durch mein Leben. Egal, ob es eine Situation auf der Arbeit ist oder mich die eigene Tochter mit Vorwürfen konfrontiert: Wut oder andere starke Emotionen lösen oft schnell eine Gegenreaktion in uns aus. Seitdem ich dieses Mantra verinnerlicht habe, sage ich mir jetzt immer: „Halte inne, nimm einen gewissen Abstand ein und halte es auch mal aus. Halte auch mal Stille aus oder halte es aus, dass etwas Schwieriges zurückkommt."

… es gibt einen Satz, den ein Ausbilder auf meinem Weg zum Sterbebegleiter geprägt hat: „Inne halten, Abstand halten, aushalten."

Was ich dich zum Ende unseres Gespräches noch gern fragen möchte: Hast du Angst vor deinem eigenen Tod?

Spontan würde ich sagen: Nein, ich habe keine Angst. Ich glaube, ich habe Respekt davor, schwerkrank zu werden und durch diese Krankheit einen langen Leidensweg vor mir zu haben. Dabei liegt es an mir, in der Vorsorgevollmacht entsprechend meine Wünsche einzubringen – was ich getan habe.

Ich fände es großartig, wenn ich noch erleben dürfte, Opa zu werden oder bei möglichen Hochzeiten meiner Kinder dabei zu sein. Aber ich habe so viel gesehen, dass ich weiß: Es ist nicht jedem vergönnt, ein hohes Alter zu erreichen. Manche Menschen sterben deutlich jünger, als ich es jetzt bin. Das habe ich ja in der Hospizarbeit oft genug erlebt.

Und das bringt mich wieder in die Dankbarkeit dafür, dass ich auch heute Morgen aufstehen durfte, und zwar ausgerechnet hier. Und wenn das irgendwann nicht mehr so ist, dann habe ich den Glauben, dass es etwas Anderes geben wird. Dass meine Seele in irgendeiner Art und Weise weiter ihre Arbeit verrichtet.

Zu Beginn unseres Gesprächs habe ich dich gefragt, wie du dir dein späteres Leben als Kind vorgestellt hast. Jetzt, wo du weißt, wie es bis hierhin gelaufen ist: Worauf wäre der kleine Holger wohl stolz?
Ich glaube, der kleine Holger wäre total stolz darauf, wie sich der größere Holger entwickelt hat und wie er sich durch viele Rückschläge – teils von außen, teils selbst verursacht – nicht aus dem Urvertrauen, dass die Dinge gut werden, bringen lassen hat. Und: Er würde sich immer wieder wundern, was alles möglich ist und was man schaffen kann.

… ich habe so viel gesehen, dass ich weiß: Es ist nicht jedem vergönnt, ein hohes Alter zu erreichen.

Ambulante Kinderhospizdienste sind immer auf ehrenamtliches Engagement und Spenden angewiesen. Wenn du die Arbeit unterstützen möchtest, findest du alle Informationen unter www.deutscher-kinderhospizverein.de. Oder du kannst an das Hospiz „Fanny de la Roche" in Offenbach, bei dem Holger ehrenamtlich als Trauerbegleiter arbeitet, spenden. Holgers Website erreichst du über www.holgerscharf.com.

IMPULS
Lust auf eine kurze Geschichte?

von Laura

Geschichten tragen etwas Zauberhaftes und zugleich ganz Alltägliches in sich, wahrscheinlich mag ich sie deswegen so gern. Ich habe vor einigen Jahren eine Geschichte geschrieben und hatte dabei nicht die Absicht, sie zu veröffentlichen, sondern einfach mal wieder Lust, zu schreiben. Umso mehr freue ich mich, sie jetzt doch hier mit dir zu teilen. Und vielleicht ermutigt sie dich auch dazu, etwas das erste Mal zu tun und deinem Anfängergeist zu folgen oder etwas wiederzuentdecken, das du früher sehr gern getan hast.

Es war einmal eine Gärtnerin, die säte in der Erde vor ihrem Haus die kostbarsten Samen, denn sie wollte endlich einen Garten voller Blumen haben, an dem sie sich jeden Tag erfreuen konnte. Sie hatte bei der vielen Arbeit und Pflege der Gärten ihrer Klienten ihren eigenen völlig vernachlässigt. Hier wuchs bisher einfach das, was schon immer dort gewachsen war und das waren vor allem robuste Gräser und Sträucher. Frisch zurück und neu inspiriert von einer Reise, auf der sie die schönsten Blumen gesehen hatte, merkte sie, wie sehr sie sich solche bunten und duftenden Blumen für ihr eigenes Zuhause wünschte. Und so machte sie sich voller Begeisterung daran, die ersten bunten Blumensorten in ihrem Garten zu pflanzen.

Als sie einige Wochen später an ihrem neu bepflanzten Beet stand, spazierte ein Junge vorbei, den sie zuvor noch nicht gesehen hatte. Er fragte: „Hey du, alles gut bei dir? Du schaust etwas traurig aus.“ „Ach, das ist lieb, dass du fragst“, erwiderte die Gärtnerin. „Und ja, du hast recht, ich bin etwas traurig. Ich versuche mir gerade den Traum von einem bunten Blumengarten zu erfüllen, dafür habe ich mit großer Sorgsamkeit die Samen ausgewählt, gesät und mit Liebe gepflegt, aber das scheint nichts zu bringen. Ich zweifle wirklich an mir selbst, denn ich bin von Beruf Gärtnerin, habe vieles gelernt und mich bisher gut um andere Gärten gekümmert. Vielleicht habe ich einfach kein Händchen für meinen eigenen Garten und sollte besser wieder alles so wachsen lassen wie vorher. Ein grüner Garten ist schließlich besser als gar keiner und vielleicht auch praktischer für mich, bei der vielen Arbeit mit den anderen Gärten."

„Hmmm", antwortete der kleine Junge. „Ich bin ja schließlich kein Profigärtner, aber ich finde, hier ist gar kein richtiger Platz für die neuen Blumen. Ich habe von Weitem schon die vielen Sträucher sehen können." Die Gärtnerin stand mit offenem Mund da und schaute auf ihr Beet. Das, was sie bei anderen Gärten ganz selbstverständlich sah, war ihr bei ihrem eigenen Garten gar nicht ins Auge gefallen: Sie hatte sich nicht getraut, großflächig Platz zu schaffen. Sie wollte sich gerade bei dem kleinen Jungen bedanken, doch als sie sich zu ihm umdrehte, war dieser schon weg.

Einen Monat danach sah der Garten immer noch unverändert aus. Die neuen Samen wollten nicht zu zarten Pflänzchen werden. „Es hat einfach keinen Sinn", sagte sie zu sich selbst. Da erklang wieder die vertraute Stimme hinter ihr. „Hey, du kannst doch nicht aufgeben, vielleicht musst du es einfach nochmal auf eine andere Art probieren. Weißt du, ich habe jetzt zwei Monate Fahrradfahren geübt und es immer mit dem Trick versucht, mit dem auch schon meine ältere Schwester das Fahrradfahren gelernt hat. Mein Papa hat die ganze Zeit zu mir gesagt: Du musst dich nur ein bisschen mehr anstrengen, dann hast du es bald. Aber ich konnte das Gleichgewicht so nicht halten. Gestern, als ich allein für mich geübt habe, habe ich einfach mal drauf los probiert und es hat tatsächlich irgendwann geklappt. Es war mein größter Wunsch, Fahrradfahren zu können und jetzt kann ich es. War es nicht dein größter Wunsch, einen bunten Blumengarten zu haben?" „Ja", sagte die Gärtnerin zu dem Jungen und merkte, wie ihr plötzlich die Tränen in die Augen stiegen. „Und das ist er immer noch. Ich danke dir, dass du mich daran erinnert hast. Ich werde nicht aufgeben und mich trauen, etwas Neues auszuprobieren. Was soll schon schief gehen?" Der Junge nickte, lächelte sie verschmitzt an und machte sich dann wieder auf den Weg.

Einige Zeit war vergangen, als der Junge erneut am Haus der jungen Gärtnerin vorbeikam und stehenblieb, um sie zu beobachten. Dieses Mal stand sie barfuß mitten im Beet. Vorsichtig begutachtete sie die zarten Pflänzchen mit strahlenden türkisfarbenen Blüten. Neben den verschiedenen Blumen steckten Schilder mit kurzen Hinweisen. „Wow, das ist echt schon richtig cool hier“, machte sich der Junge bemerkbar. „Da bist du ja, mein Held. Wie schön dich zu sehen. Ich habe dich schon vermisst und wollte dir unbedingt Danke sagen“, begrüßte ihn die Gärtnerin. „Denn schau mal, wie gut das funktioniert hat mit dem Ausprobieren. Ich habe mir jetzt erstmal kleine Erinnerungen geschrieben, wie ich die Blumen am besten pflege.“ Sie lachte und fügte hinzu: „Weißt du, ich fühle mich gerade noch wie eine ziemliche Anfängerin in meinem eigenen Garten, aber das macht mir nichts, weil dieser Garten mir echt Spaß macht und ich mich jeden Tag freue, hier Zeit zu verbringen – und wenn auch nur kurz.“ Der Junge musste los, doch er versprach, bald wiederzukommen und sich alles in Ruhe anzuschauen.

Wochen später war die Gärtnerin fast nicht mehr in ihrem Garten zu sehen – er blühte in allen Formen und Farben. Dieses Mal war sie es, die den kleinen Besucher zuerst erblickte, und sie sah schon aus der Ferne, dass er mit hängendem Kopf auf sie zukam. „Hey, was ist los bei dir?“, fragte sie ihn, als er bei ihr war und sie setzten sich zusammen auf einen Stein im Garten. Der Junge erzählte ihr, dass er sich gestern mit seiner besten Freundin gestritten hatte und er gar nicht mehr wisse, wieso eigentlich. Am Ende hätte er wohl etwas Gemeines gesagt und sich anschließend dafür entschuldigt. „Aber heute war sie immer noch komisch, als wir uns gesehen haben. Ich will doch einfach, dass alles wieder gut ist.“ Die Gärtnerin drehte sich zu ihm und legte ihre Hand auf seinen Arm: „Weißt du, was ich durch den Garten und besonders durch dich gelernt habe? Geduldig zu sein und zu vertrauen auf sich und darauf, dass alles gut wird. Schenk deiner Freundin noch etwas Zeit. Und wenn du reden magst, kommst du einfach immer bei mir vorbei.“ Sie sah in warme, dankbare Kinderaugen. Dann schaute der Junge sich um, fand sein Lächeln wieder und flüsterte ihr zu: „Was ich dir noch verraten wollte: Wenn ich groß bin, möchte ich auch so einen bunten Garten haben wie du. Nicht so einen langweiligen wie den von meinen Eltern.“ Die Frau lächelte ihn an: „Du wirst einen Garten haben, der genauso bunt und schön ist, wie du ihn dir wünschst.“

DOROTHÉE MELLINGHAUS

„Die Aussicht auf einen selbstbestimmten Tod hat mich stets beruhigt."

Dorothée Mellinghaus (*1946) führte immer ein selbstbestimmtes und ereignisreiches Leben – und sie möchte selbst entscheiden, wann dieses Leben endet. Deshalb ist sie Mitglied der Deutschen Gesellschaft für Humanes Sterben, einem Verein, der sie bei der Vermittlung eines assistierten Suizids unterstützt. In diesem Gespräch erzählt sie, warum ihr diese Entscheidung schon lange ein Gefühl von Stabilität und Sicherheit gibt, wie sie frühe Erfahrungen der Kindheit und Jugend noch heute prägen und wieso ihr Kater aktuell der einzige Grund ist, wieso sie sich noch nicht vom Leben verabschiedet hat.

Frau Mellinghaus, Sie haben mir eben vor unserem Gespräch gesagt, Sie seien nicht lebensmüde, sondern lebenssatt. Worin liegt hier für Sie persönlich der Unterschied?

In meinen Augen spricht aus dem Begriff „lebensmüde" viel Unzufriedenheit. Ich habe zwar schon seit meiner Kindheit mit seelischem Schmerz und Depressionen zu kämpfen, aber ich bin überhaupt nicht unzufrieden, weil ich auch viel Schönes erlebt habe. Mein Leben war abwechslungs- und erlebnisreich, ich habe nichts mehr nachzuholen. Wenn ich meinen Antrag auf Freitodbegleitung stellen werde, tue ich das nicht mit Traurigkeit. Ich habe einfach genug vom Leben und ich finde es sehr gut, dass es Gesellschaften wie die *Deutsche Gesellschaft für Humanes Sterben* gibt, die mir einen sehr ordentlichen Tod in Harmonie und Zufriedenheit ermöglichen.

Ich habe einfach genug vom Leben ...

Wie und wann haben Sie sich mit dem konkreten Gedanken an Sterbehilfe das erste Mal beschäftigt?

Ich habe schon immer sehr viel gelesen und dabei ist mir irgendwann diese Gesellschaft begegnet, die Menschen bei der Vermittlung einer Freitodbegleitung unterstützt. Dort wurde ich 1994 Mitglied. Für mich war immer schon klar, dass ich mich nicht vor einen Zug werfe oder andere gewaltvolle Dinge tue, um mein Leben zu beenden. Doch ich hatte das Gefühl, dieser Weg der Sterbehilfe könnte für mich eine Alternative zum natürlichen Sterben sein und diese Aussicht hat mich immer beruhigt, sie hat mir innerlich eine große Stabilität gegeben, sie hat mir Kraft und Durchhaltevermögen in schwierigen Zeiten vermittelt. Ich stelle mir diese Form des Sterbens friedlich und ästhetisch vor. Und vor allem ganz klar und selbstbestimmt, nicht als Übersprungshandlung. Ich war schon als Kind sehr selbstbestimmt, weil ich es sein musste – und diese Fähigkeit ist mir mein ganzes Leben lang geblieben. Deshalb möchte ich irgendwann sagen: So, jetzt bin ich so weit. Ich möchte würdevoll sterben.

Wenn Sie an Ihre Kindheit zurückdenken, was hat sich aus dieser Zeit besonders bei Ihnen eingeprägt? Ich erinnere mich, dass Sie mir in unserem Kennenlerngespräch erzählt haben, dass Sie im Rheinland aufgewachsen sind, oder?

Genau. Ich bin 1946 in eine sehr heile Welt hineingeboren worden – auch wenn Deutschland zu dieser Zeit am Boden lag. In meiner frühen Kindheit hatte ich ein herrliches und leichtes Leben. Wir waren als Familie sehr wohlhabend und bis zu meinem ach-

Ich stelle mir diese Form des Sterbens friedlich und ästhetisch vor.

ten Lebensjahr lebten wir auf einem Gut mit vielen Angestellten. Ich erinnere mich noch, wie wohl und frei ich mich auf dem Gut gefühlt habe. Ich lebte dort mit zwei Geschwistern und vielen Hofkindern glücklich auf dem Land und hatte die lebensbejahendste und glücklichste Phase meines Lebens. Es war schrecklich für mich, als wir dort wegzogen, weil das Gut in die Hände des mittlerweile erwachsenen Eigentümers überging. Meine Familie zog übergangsweise in eine gemietete Bleibe in Grevenbroich, einige Jahre später in ein Einfamilienhaus nach Neuss. Ich habe all diese Umstände nicht verstanden, weil sie mir auch nicht erklärt wurden. Ein großes Schweigen begleitete von nun an meinen Alltag. Wie ich viele Jahre später erkannt habe, war das mein erstes Trauma, mit dem ich als Kind allein fertig werden musste. Ich gehe davon aus, dass ich nach dieser ersten traumatischen Erfahrung ein eigenartiges Kind und später ein für die Umwelt komplizierter Mensch wurde. Meine Eltern waren in dieser Hinsicht leider nie ein Rückhalt in meinem Leben, sie haben anfangs fast alle Aufgaben an Hausangestellte abgegeben. Eine Tante von mir sagte später einmal: „Ihr Kinder wurdet abends immer an die Hand genommen und zu euren Eltern zum Gute-Nacht-Sagen geführt." Und so war es auch: Es gab von meinen Eltern keine Liebenswürdigkeit und keine Zuwendung, sie haben mich nie in den Arm genommen. Kein Familienmitglied vermittelte mir Geborgenheit, auch meine sechs Jahre ältere Schwester bedachte mich nur mit Ignoranz, was mir ein Gefühl der Bedeutungslosigkeit gab.

Meinen Vater kannte ich nur im Jackett. Er war die Respektsperson der Familie und der Mittelpunkt unseres Alltags, er war unnahbar und es bestand immer eine respektvolle Distanz zu ihm. Er kam auch immer als Letzter an den Esstisch, wenn wir alle schon saßen. Im Vorbeigehen klopfte er mir auf den Rücken und sagte: „Halt dich gerade, Mädchen." Das war wohl seine Art von Liebesbeweis. Als vornehmer, ehemaliger Gutsherr von drei Höfen startete er später noch Versuche, in dem neuen Leben zurechtzukommen. Doch dieses Vorhaben gelang ihm nicht, wodurch sein Leidensweg begann, der für unsere ganze Familie zum Schicksal wurde: Er litt an schweren Depressionen – das liegt also bereits in meinen Genen. Ich mache meinen Eltern überhaupt keine Vorwürfe, sie hatten es auch nicht leicht, auch wenn es von außen immer ein privilegiertes Leben war. Sie versuchten, nach dem Wegzug vom Gut ein neues Leben aufzubauen, doch es gelang ihnen nicht – und mich schmerzte es besonders, dass sie uns Kinder dabei nicht einbezogen.

Wie war das Verhältnis zu Ihrer Mutter?

Ihr fühlte ich mich näher und ich glaube, sie ist einer der wenigen Menschen, der mich wirklich geliebt hat. Aber leider gab es auch von ihrer Seite keine liebevollen Worte oder Gesten. Sie war bis zum Ende der Überzeugung, dass sie ihr Bestes für uns als Familie getan hat und deshalb kann ich ihr auch keine Vorwürfe machen. Meine Mutter starb, als ich 50 Jahre alt war. Ihr Leben habe ich bis zum Schluss organisiert, weil ich von uns Geschwistern räumlich am nächsten dran lebte. Ich weiß heute, dass meine Eltern nach ihrem besten Wissen und Gewissen gehandelt haben und mir wurde erst später bewusst, was meine Mutter in ihrem Leben wirklich geleistet hatte. Ich habe in den vergangenen Jahren versucht, die Geschichte meiner Familie aufzuarbeiten, ich habe mir fehlendes Wissen angeeignet und auch die deutsche Geschichte ab 1910 intensiv durchgearbeitet. Meine Erkenntnisse daraus haben mir das Verhalten meiner Eltern etwas nähergebracht. Ich musste mit Bedauern feststellen, welche sozialen Veränderungen ihr Lebenslauf genommen hat – der Umzug war nicht nur für mich schwierig.

Trotzdem habe ich mich immer sehr allein gefühlt, habe alles mit mir selbst ausgemacht und früh gelernt, mich auf mich selbst zu verlassen. Ich hatte es auch im Umgang mit anderen Kindern nicht leicht, weil ich durch die schmerzhaften Erfahrungen ein tief unglückliches Kind war. Man kannte den Begriff damals noch nicht, aber heute würde ich sagen, dass ich gemobbt wurde. Einmal haben mich andere Kinder auf dem Weg zur Schule in einen Vorgarten geschmissen, da kam sofort ein älterer Junge, der mir half – die Männer standen schon immer auf meiner Seite. Aber das ist ja auch nicht unbedingt immer ein Vorteil für eine Frau. In solchen Situationen hatte ich niemanden, der mich tröstete oder mir half, mit diesen Erfahrungen umzugehen.

Haben Sie irgendwann später mit Ihren Eltern oder Geschwistern darüber gesprochen, wie belastend diese Situationen aus Ihrer Kindheit für Sie waren?

Nein, bei uns wurde nie über so etwas gesprochen und auch generell kaum miteinander geredet. Wenn ich darüber nachdenke, fällt mir wirklich nichts ein, worüber wir zum Beispiel bei den Mahlzeiten sprachen. Sowieso fehlte mir die Resonanz von meinen Eltern. Als ich als junges Mädchen Probleme in der Schule hatte – Ich musste dort immer ohne Frühstück hin, wie hätte ich da etwas leisten können? – und blaue Briefe nach Hause bekam, schimpften meine Eltern zum Beispiel nicht, sie haben einfach gar nicht reagiert. Allerdings erinnere ich mich noch daran, wie ich das erste Mal Taschengeld bekam. Ich habe direkt ein Buch über all meine Ausgaben angelegt, doch schon nach zwei Tagen war das Geld weg. Als ich dann meinen Vater fragte, ob ich einen Vorschuss auf das nächste Taschengeld bekommen könnte, da lächelte er. Ich weiß noch, wie glücklich mich das machte, wo es doch sonst kaum Zuwendung von ihm gab. Später im Erwachsenenalter wollte ich mal mit meinem Bruder über unsere Familie sprechen, doch er sagte nur: „Wir hatten doch eine schöne Kindheit." Ich denke, dieses Verdrängen ist seine Art, mit der Vergangenheit umzugehen.

Haben Sie all diese Erfahrungen für sich selbst aufarbeiten können?

Damit habe ich nach dem Tod meiner Mutter begonnen. Da ging ich zum ersten Mal zum Neurologen und es kam heraus, dass ich auch depressiv bin. Ich nehme also seit diesem Zeitpunkt Antidepressiva und gehe bis heute zum Psychiater – bei meinem aktuellen habe ich allerdings das Gefühl, dass ich ihn eher unterhalte, als dass er mir hilft. Als ich noch in Köln lebte, hatte ich zuletzt auch eine sehr gute Psychotherapeutin, aber die wollte mich tiefenpsychologisch behandeln und noch einmal wirklich tief in meine Vergangenheit einsteigen, um die Traumata aufzuarbeiten und mir nachhaltig zu helfen. Und da habe ich ganz deutlich gemerkt, dass ich das nicht möchte. Ich weiß, dass da noch viele Erkenntnisse möglich wären, aber ich habe festgestellt, dass ich jetzt so weit bin, dass ich die Vergangenheit ruhen und hinter mir lassen möchte. Ich bin davon überzeugt, es würde mir mehr Leid zufügen als mir zu helfen, wenn ich alles wieder aufwühle. Und als sie mir diesen Vorschlag unterbreitete, stand ich ohnehin kurz vor meinem Wegzug nach Görlitz.

Trotzdem kann ich wirklich sagen, dass ich sehr viel für mich getan habe, um die seelischen Belastungen aus meinem Leben loszuwerden. Neben Therapien und psychiatrischen Behandlungen habe ich viermal pro Woche Sport gemacht, ich ging zum Aqua Fitness, zum Tanzen und zum Pilates. Ich hatte da lange Zeit nachhaltig Freude dran, aber jetzt kann ich nicht mehr. Auch seit der Pandemie hat sich die Lage für mich nochmal deutlich verschlechtert – peu à peu wurde alles für mich beschwerlicher, wahrscheinlich, weil mein Leben wieder stark fremdbestimmt wurde. Jetzt spüre ich, dass ich keine Energie mehr habe und satt vom Leben bin. Oft habe ich Tage, an denen ich am liebsten einfach nicht mehr aufstehen möchte. Manchmal denke ich, ich bin fast schon auf dem Stand meines Vaters am Ende seines Lebens.

Bei ihm war es damals so, dass er nach einer zu spät erkannten Lungenentzündung und der Einlieferung in eine psychiatrische Klinik nur noch vor sich hin vegetierte. Er lebte ohne jeglichen Anspruch an seine Zukunft, verbrachte den Alltag mit Schlafen und Teilnahme an den Mahlzeiten – dies tat er nur meiner Mutter zu Liebe. Ich habe damals bis zu seinem Tod die Pflegschaft für ihn übernommen und begleitete ihn daher sehr eng. Heute frage ich mich, wie er diese seelischen Qualen so lange ertragen konnte – vermutlich wollte er meiner Mutter kein weiteres Unheil zumuten. Vor allem mit diesem Zustand vor Augen bin ich sehr froh, dass für mich die Aussicht auf einen würdevollen Freitod besteht.

Jetzt spüre ich, dass ich keine Energie mehr habe und satt vom Leben bin.

Und doch haben Sie bislang noch keinen Antrag zur Freitodbegleitung – wie Sie es nennen – gestellt. Was lässt Sie am Leben festhalten?

Mein starkes Pflichtgefühl. Ich habe einen wunderbaren schwarzen Hauskater, den ich aus einem Tierheim geholt habe und ich könnte es nicht ertragen, dass er zurück ins Tierheim muss, nur weil ich mein Leben beenden möchte.

Es klingt jetzt schrecklich, wenn ich sage, dass ich auf den Tod dieses Tieres warte, aber vermutlich ist es so. Dabei weiß ich gar nicht, wie alt der Kater ist, das konnte man mir damals nicht sagen. Wenn ich mit ihm zusammen bin, ist es das Einzige, was mir noch Freude gibt. Kater können ja so unheimlich entspannt daliegen und dann wird es mir auch ein bisschen leichter. Ich lebe mit ihm allein und es ist das Schönste für mich, mit ihm zu kuscheln. Wenn er mich ansieht, habe ich das Gefühl, dass er mich versteht. Deshalb würde ich es nicht übers Herz bringen, ihn seinem Schicksal zu überlassen.

Gibt es denn aktuell noch etwas, mit dem Sie sich selbst trotzdem etwas Freude schenken können, solange Ihr Kater noch am Leben ist? Etwas, das Ihnen gut tut oder Sie gern für sich machen?

Ja, solche Dinge gibt es, aber oft bin ich mir selbst zu wenig Wert, um mir diese zu gönnen. Um Ihnen ein Beispiel zu erzählen: Ich gehe schon mein Leben lang zur Kosmetikerin, ich habe auch selbst immer in der Kosmetikbranche und in Parfümerien gearbeitet. Hier in Görlitz lernte ich dann eine Kosmetikerin kennen, die wirklich goldene Hände hat. Da hätte ich früher nie dran geglaubt, aber sie hat wirklich ein Gespür für mich und das, was ich brauche. Sie wendete Reiki an und ist damit total zu mir durchgedrungen. Ich habe ihr so viele Dinge erzählt und war den Tränen nah. Dann wurde diese Frau eines Tages entlassen und ich war total erschüttert. Plötzlich klingelte bei mir das Telefon und sie war dran. Sie hatte irgendwie meine Nummer herausgefunden – ich weiß wirklich nicht, wie sie das geschafft hat. Jetzt arbeitet sie bei einer absoluten Luxusadresse direkt am See. Ich bin dort auch einmal hingefahren, aber ich komme dort nur mit Straßenbahn, Bus und Taxi hin und die Behandlung kostet mehr als das Doppelte als vorher in der Parfümerie. Da frage ich mich: Wenn ich sowieso nicht mehr lange leben möchte, soll ich das ganze Geld dann wirklich dafür ausgeben? Lohnt sich das noch? Andererseits muss ich ja auch niemandem etwas vererben – das wäge ich gerade für mich ab.

Wenn ich sowieso nicht mehr lange leben möchte, soll ich das ganze Geld dann wirklich dafür ausgeben?

Das ist alles ganz schön berührend, Frau Mellinghaus. Ich ertappe mich immer wieder bei dem Gedanken, dass ich Ihrem Kater dankbar bin, dass es ihn noch gibt, weil sich das Leben für Sie ja vielleicht doch nochmal drehen könnte. Ich erlebe Sie in diesem Gespräch trotz all der schlimmen Schicksalsschläge, die Sie verkraften mussten, immer wieder humorvoll, liebevoll, ja sogar strahlend, wenn Sie erzählen.

Ja, es ist vermutlich schwer zu verstehen, weil ich hier nicht die ganze Zeit sitze und weine – dann würden Sie vielleicht denken, ich sollte endlich erlöst werden. Man sieht es mir jetzt nicht an, aber auch heute hatte ich einen ganz schlechten Tag. Trotzdem habe ich mich natürlich aufgerafft und zurechtgemacht, dieses Gespräch mit Ihnen betrachte ich auch als einen Höhepunkt meiner Endphase. Genauso wäre es auch, wenn ich mich äußerlich total gehen lassen würde und Sie mir meinen inneren Zustand ansehen könnten. Aber ich bin einfach vom Typ her so: Wenn ich aus dem Haus gehe, dann trage ich Lidschatten auf und ein bisschen Lippenstift, dann lackiere ich mir die Fingernägel und auch die Fußnägel, das gehört sich für mich so.

Nach außen hin strahlte ich immer und mein Umfeld stellte mich auf einen Sockel.

Danke, dass Sie mich so mitnehmen in Ihr Inneres. Am Anfang sagten Sie ja, dass Sie trotz allem nicht lebensmüde, sondern lebenssatt sind. Auf welche schönen und guten Erinnerungen blicken Sie in Ihrem Leben?

Ich bin von Zuhause weg, als ich 20 war und heiratete. Vermutlich entschied ich mich so früh für die Hochzeit, weil ich endlich jemanden an meiner Seite haben wollte, der mir Geborgenheit und liebevolle Aufmerksamkeit schenkte. Mein Mann war mein Fels in der Brandung. Wir hatten 18 richtig gute Jahre, dann sieben schwierige, bis wir uns schließlich getrennt haben. Mein Mann war ein Abenteurer, der gerne gereist ist. Mit ihm habe ich Europa und auch die USA kennengelernt, wir hatten viele Freunde und eine schicke große Wohnung in Köln – ganz nah am Rhein und in einer Gegend, in der viele Mediengrößen lebten. Nach außen hin strahlte ich immer und mein Umfeld stellte mich auf einen Sockel. Das soll sich jetzt nicht anhören, als wollte ich prahlen, aber ich wurde öfter auf der Straße angesprochen, ob ich als Model arbeiten wollte, ich machte bei Modenschauen mit und machte Titelfotos für Magazine.

Mein Mann hat mich immer verwöhnt und wenn es mir aufgrund meiner seelischen Qualen mal schlecht ging – was sich in enormen Stimmungsschwankungen äußerte – wollte er nicht tiefer darüber sprechen, nicht wirklich wissen, wie es in mir drin aussieht. Er hat es dann als Laune abgetan und fuhr mit mir in die Stadt, damit es mir besser geht. Ich weiß nicht, ob er mich wirklich geliebt hat, aber er hat mich bewundert und alles für mich getan. Dabei kam er nur selbst zu kurz, vielleicht war das der

Grund, warum er sich nach 18 Jahren Ehe selbst stark veränderte, er wurde ein anderer Mensch und die weiteren sieben Jahre waren wirklich schlimm für mich. Er begann mehrere Beziehungen, zog aus unserer Wohnung aus und wieder ein, auch beruflich verließ er seine bis dahin erfolgreiche Linie. So sah ich mich gezwungen, nach 25 Jahren Ehe die Scheidung einzureichen. Trotzdem hatten wir anfangs eine tolle Zeit, für die ich dankbar bin.

Ich bin später viel mit meiner Nichte gereist, zu der ich lange Zeit ein sehr enges Verhältnis hatte. Überall, wo sie studiert hat, fuhr ich zu Besuch hin. Wir waren gemeinsam in den USA und in Mailand, da habe ich nach meiner Ehe nochmals eine sehr schöne Zeit erlebt.

Und ich habe mich auch noch einmal verliebt und hatte viele Jahre ein Liebesverhältnis mit einem tollen Mann. Wir haben nur schöne Dinge miteinander geteilt und hatten keine Verantwortung füreinander. Diese Unabhängigkeit und gleichzeitige Verliebtheit waren für mich eine gute Lösung und schöne Erfahrung.

Es war mir sehr wichtig, dass ich ein schönes neues Zuhause für mich finde, meine Wohnung ist eine der wenigen Dinge, die mir wirklich wichtig sind im Leben.

Eben haben Sie auch Ihren Umzug nach Görlitz erwähnt. Wieso haben Sie für sich den Entschluss gefasst, dort noch einmal ganz neu anzufangen?

Als ich im Jahr 2011 pensioniert wurde, lebte ich noch immer in der 100-Quadratmeter-Wohnung, in der ich schon gemeinsam mit meinem Ex-Mann gewohnt hatte. Ich wollte und musste mich verkleinern. Die Wohnung war mir zu groß und ich merkte, dass ich sie bei dieser Größe auch nicht mehr im Griff hatte, ich ließ vieles schludern. Erst versuchte ich, in Köln etwas Passendes zu finden, aber das war schwierig. Es war mir sehr wichtig, dass ich ein schönes neues Zuhause für mich finde, meine Wohnung ist eine der wenigen Dinge, die mir wirklich wichtig sind im

Leben. „My Home is my Castle“, wie man so schön sagt. Ich habe damals oft im Fernsehen diese Sendung mit Maklern gesehen, die Mieter durch Wohnungen und Häuser führen – und im Osten gab es immer die besten Wohnungen. Also dachte ich, ich fahre mal nach Leipzig und schaue mich dort um. Meine Schwägerin, die sehr pragmatisch ist, begleitete mich und wir zwei zogen durch Leipzig und besichtigten Wohnungen. Aber ich merkte, dass ich nicht wieder in eine Großstadt möchte – und Leipzig blüht ja immer mehr auf.

Ein früherer Kollege von mir hatte in Görlitz studiert und er hatte immer viele Geschichten von der Stadt erzählt, weil er die Gegend so liebte. Also bin ich dort hingefahren, habe mir meine jetzige Wohnung angesehen und fühlte mich sofort absolut wohl. So kam es, dass ich 2013 mit meinem damaligen Kater von Köln aus nach Görlitz zog. Der wurde leider später von einem Tierarzt zu hoch narkotisiert und starb. Das geschah kurz vor Weihnachten und es war für mich ein riesiges Drama. Die Frau meines Hausmeisters, die mich damals unterstützte, sagte, ich bräuchte unbedingt eine neue Katze, damit ich nicht an Weihnachten ganz alleine bin – so ging ich ins Tierheim und bekam meinen neuen Kater.

Haben Sie diese Verbindungen auch mit Menschen gesucht und wollten Freundschaften aufbauen, zum Beispiel durch Ihren Umzug nach Görlitz?
Ich wollte in Görlitz eigentlich von Anfang an keine neuen Freundschaften schließen. Ich fühle mich hier sehr wohl, weil es ein kleiner anschaulicher Ort ist, in dem ich meine Bleibe zum Wohlfühlort gestaltet habe. Meine Sportkurse ermöglichten soziale Kontakte, doch was Freundschaften betrifft, so merke ich schon länger, dass diese für mich sehr stressig geworden sind, und ich wollte ja bewusst aus der Kölner Gesellschaft raus, in der ich 60 Jahre gelebt hatte und extrem viel unterwegs war. Vor allem während der Zeit meiner Ehe waren wir ständig auf Festen oder haben selbst Freunde zu uns eingeladen. Viele dieser Menschen wollten gerne mit mir zusammen sein, sie haben mich sozusagen immer in die Fänge genom-

men, wissen Sie, ich habe nach außen hin auch immer gestrahlt, sah gut aus, war gut angezogen.
Ich habe mitgemacht, aber dabei immer eine Rolle gespielt, denn ich habe nur selten Menschen getroffen, die wirklich auf meiner Wellenlänge waren und die auch an mir als Person, an meinem Inneren interessiert waren. Meine Erwartungshaltung an Menschen war und ist vielleicht einfach zu hoch. Und wenn ich ehrlich bin: Ich bin auch kein Menschenfreund, die meisten gehen mir eher auf den Keks, und das kann ich nicht abstellen.

Und wenn ich ehrlich bin: Ich bin auch kein Menschenfreund, die meisten gehen mir eher auf den Keks, und das kann ich nicht abstellen.

Könnte eine neue liebevolle Beziehung oder überraschende Begegnung Ihren Entschluss, selbstbestimmt zu sterben, noch einmal umstoßen?
Nein, definitiv nicht. Ich habe zwar einerseits wirklich kein Selbstbewusstsein oder Selbstvertrauen – das hatte ich noch nie – aber gleichzeitig weiß ich sehr genau, was ich will. So wenig diese beiden Aussagen zusammenpassen, so sehr stimmt es. Ich weiß, was ich möchte und ich halte daran fest. Ich habe mich auch schon so viel über die Freitodbegleitung informiert, ich weiß eigentlich alles, was es zu diesem Thema zu wissen gibt und ich verfolge politische Entscheidungen und die gesellschaftliche Entwicklung intensiv.
Ich bin schon immer sehr wissbegierig gewesen, ich lese viel, ich schaue gern Literatursendungen, um neue Inspiration zu erhalten, und ich sehe mir im Fernsehen ganze Bundestagssitzungen mit großem Interesse an, wenn das Thema für mich spannend ist – und es gibt leider viele Themen, die ich sehr spannend finde. Ich schalte auch nach dem Aufwachen immer direkt das Radio an und höre *Deutschlandfunk*, um möglichst gut informiert zu sein. Und das ist ein weiterer Punkt: In dieser Gesellschaft und der aktuellen Zeit möchte ich nicht mehr leben. Seit der Pandemie und der eingetretenen Zeitenwende habe ich für mich keine Option mehr an meine Zukunft. Die Gesellschaft, zu der auch ich gehöre, entwickelt sich zu einer, zu der ich nicht mehr gehören möchte. Es tut mir natürlich leid, das Ihnen gegenüber zu sagen, weil Sie noch so jung sind, aber ich glaube, mindestens die nächsten zehn Jahre wird es noch einmal richtig schlimm in der Welt werden – und auch dafür fehlt mir die Kraft. Ich bin auch kein Mensch, der wie viele andere einfach wegschaltet oder von den aktuellen Problemen und Missständen die Au-

gen verschließt und sie ignoriert. Als Bürgerin dieser Gesellschaft nehme ich höchst interessiert Anteil an allem, was in der Welt passiert und so bin ich zu dem Ergebnis gekommen, dass ich bei all dem, was in der nahen Zukunft passiert, nicht teilhaben will. Ich für mich möchte so eine Art von Leben nicht führen.

Das Thema Freitod gehört zu meinem Leben …

Warum ist es für Sie wichtig, Ihre persönliche Geschichte mit uns zu teilen, wenn Sie, wie Sie sagen, doch eigentlich kein Menschenfreund sind?
Das Thema Freitod gehört zu meinem Leben und es ist für mich eine Selbstverständlichkeit, mich dazu zu äußern, wenn ich gefragt werde. Nachdem Sie wegen Ihres Buchs Kontakt zur *Deutschen Gesellschaft für Humanes Sterben* aufgenommen haben, wurde ich für ein Gespräch angefragt – und so sitzen wir heute hier.

Mir geht andauernd die Sinnfrage durch den Kopf. Als Sie zum Beispiel eben über Ihre Liebe zu Tieren gesprochen haben, habe ich mich gefragt, ob Sie darin Erfüllung oder eine Berufung finden könnten. Haben Sie sich mit dieser Frage auseinandergesetzt?
Nach der Schule war ich sehr froh, ohne Ausbildung eine Stelle in der Kosmetikbranche zu bekommen und dort hatte ich bis zu meiner Pensionierung immer gute Anstellungen. Mir ist das alles auf dem Tablett serviert worden und da ich ein bequemer Mensch bin, habe ich das alles angenommen und nie weiter hinterfragt. Doch heute weiß ich: Erfüllt hat mich das nie. Kinder waren nie ein Thema für uns. Mein Mann wollte ja immer viel reisen, wir waren häufig unterwegs und es ist auch kein Verlust für mich, dass wir keine bekommen haben.
Und ja, Sie liegen richtig, als ich nach Görlitz kam, kam mir die Erkenntnis, dass ich Erfüllung in meinem Leben gehabt hätte, wenn ich etwas mit Tieren gemacht hätte, vermutlich hätte ich Tierpflegerin werden sollen – Pflegerin, keine Ärztin. Ich liebe Tiere einfach und bin sehr gerne mit ihnen zusammen. Also habe ich zu Beginn meine Fühler ausgestreckt und mich in Görlitz im Tierheim angeboten. Ich sagte, ich würde auch ausmisten und die Drecksarbeit machen. Aber es kam nichts zustande, vermutlich glaubte man mir nicht, dass so eine Frau wie ich das wirklich ernst meint und ich mit meinen langen Fingernägeln tatsächlich anpacken wollte. Also habe ich mich zurückgezogen und um meinen Hauskater gekümmert. Und jetzt ist es auch zu spät, ich will kein neues Kapitel mehr aufschlagen. Dafür habe ich in den letzten Jahren aber viele Erkenntnisse gewonnen

und Verständnis entwickelt, sodass ich ohne schlechtes Gefühl von meinem Leben Abschied nehmen kann.

... jetzt ist es auch zu spät, ich will kein neues Kapitel mehr aufschlagen.

Haben Sie schon genau vor Augen, wie Sie sterben möchten, wie dieser Abschied ablaufen soll?

Also am liebsten wäre es mir, das Medikament für die Freitodbegleitung würde so weit freigegeben, dass Ärzte es direkt an Patienten verschreiben können. Das wird ja aktuell diskutiert, ich verfolge diese Debatte sehr intensiv. Damit wäre es für die Betroffenen so viel einfacher, denn der aktuelle gesamte Prozess ist im Moment noch eine Grauzone und zusätzlich sehr anstrengend und nervenaufreibend. Es gibt Gespräche mit Juristen und Ärzten, es muss eine sechsmonatige Frist ablaufen, damit der Wunsch wirklich dauerhaft ist. Und wenn der Antrag gestellt und bewilligt ist, hat er trotzdem nur eine begrenzte Gültigkeit, wenn diese Zeit abgelaufen ist, geht der Prozess von vorne los. Das ist vor allem für mich schwierig, weil ich den Zeitpunkt für mich persönlich ja von meinem Kater abhängig mache.

Ich finde, ein würdevolles und gewaltfreies Sterben muss den Menschen ermöglicht werden, sodass sie sterben, wenn, wo und wann sie das möchten. Ich würde das dann mit einer Fachkraft bei mir Zuhause – an meinem Zufluchtsort – machen. Hier fühle ich mich wohl, es ist wunderschön im Wohnzimmer mit der großen Terrassentür und dem Blick nach draußen. Ich habe hier eine große Fernsehliege, die sich gut eignen würde. Vielleicht hätte ich gern die beiden Personen dabei, die ich als Bevollmächtigte eingetragen habe – meine Schwägerin und meinen Neffen – aber ich weiß nicht, ob ich denen das zumuten kann. Das habe ich sie auch noch nicht gefragt, das würde ich erst tun, wenn ich den Antrag gestellt habe. Ansonsten stelle ich es mir wie einen ganz normalen Tag vor: Ich würde vermutlich vorher noch einen Kaffee trinken, weil ich schon immer gerne und viel Kaffee trinke.

Das wäre also meine liebste Option, die aktuell aber noch nicht möglich ist – da hängt es also davon ab, wie die Verhandlungen zu dem Medikament verlaufen und wie viel Zeit ich mir noch lasse.

Was wäre sonst die Alternative für Sie?

Ansonsten nehme ich die Option an, die mir die *Gesellschaft für Humanes Sterben* bietet, da ist man ja in einer Einrichtung, da sind ja die Fachleute und Ärzte dabei und es gibt fest vorgeschriebene Abläufe. Man muss noch zwei Psychiater sprechen, begutachtet werden und Rechenschaft ablegen und all solche Dinge – damit klar ist, dass man diese Entscheidung wirklich bei klarem Verstand und aus voller Überzeugung trifft. Ich verstehe natürlich die Notwendigkeit, aber ehrlich gesagt ist es für mich total lästig, weil ich ja genau weiß, was ich möchte.

Das Sterben an sich hat tatsächlich gar keinen Schrecken für mich.

Verspüren Sie auch eine Art Unbehagen oder Angst, wenn Sie ans Sterben denken?
Das Sterben an sich hat tatsächlich gar keinen Schrecken für mich. Es ist für mich ganz selbstverständlich, es ist das Ende meines Lebens, und mein Leben war okay, mit all den schweren Phasen und mit all meinen Traumata – und ich bin dankbar, dass ich das so pragmatisch sehen kann.

Haben Sie bereits Vorkehrungen für Ihren Tod getroffen, wie zum Beispiel die Organisation Ihrer Bestattung?
Ja, das ist längst alles geklärt. Ich habe alles genau nach meinem Willen organisiert. Ich habe einen Baum in einem Friedwald gekauft und bereits eine Urne besorgt. Ich möchte, dass alles genauso stattfindet, wie ich das will – ohne Brimborium, aber schön soll es sein. Ich wollte das alles auch schon bezahlen, aber das ging im Voraus nicht, da das Geld verloren wäre, falls die Firma in der Zwischenzeit bankrottgeht. Also liegt das nötige Geld auf meinem Konto, niemand muss für mich etwas bezahlen oder organisieren. Ich kann also auch in dieser Hinsicht mit einem guten Gefühl gehen.

Organisationen wie die *Deutsche Gesellschaft für Humanes Sterben (DGHS)* unterstützen Menschen bei einem assistierten Suizid. Diese Form der Sterbehilfe ist in Deutschland straffrei, wenn gründlich und durch mehrere Expert:innen geprüft ist, dass die betroffene Person aus eigenem Willen heraus sterben möchte und das letale Medikament selbst einnimmt. Ein:e Ärzt:in oder ein:e Jurist:in sind als Zeug:in anwesend. Neben der *DGHS* gibt es in Deutschland auch den *„Verein Sterbehilfe"*.

Wichtig: Im Anhang haben wir Adressen und Anlaufstellen für suizidgefährdete Personen und ihre Angehörigen zusammengestellt – bitte nutze diese Hilfestellungen, falls dich Gedanken zu Suizid belasten und sprich mit jemandem. Es ist uns ein Anliegen, dies klar abzugrenzen von Menschen wie Dorothée Mellinghaus, die sich in einem lang überlegten Prozess bewusst für einen Bilanzsuizid entscheiden.

IMPULS
Es ist okay.

von Laura

Es ist okay, neu anzufangen.
Es ist okay, zurückzukehren.
Es ist okay, Nudeln mit Ketchup zu kochen.
Es ist okay, liegen zu bleiben.
Es ist okay, sich selbst nicht leiden zu können.
Es ist okay, alle anderen nicht leiden zu können.
Es ist okay, sich mehr als toll zu finden.
Es ist okay, gegen die Wand zu laufen.
Es ist okay, nicht zu wollen.
Es ist okay, nicht zu lächeln.
Es ist okay, zu strahlen.
Es ist okay, es nicht allein schaffen zu können.
Es ist okay, es nicht allein schaffen zu wollen.
Es ist okay, nicht zu vergeben.
Es ist okay, zu enttäuschen.
Es ist okay, das letzte Stück vom Kuchen zu nehmen.
Es ist okay, nicht den Mut aufzubringen.
Es ist okay, drauf zu scheißen.
Es ist okay, sich Sorgen zu machen.
Es ist okay, die Tüte Chips zu essen. Und noch eine.
Es ist okay, aufzugeben.
Es ist okay, festzuhalten.
Es ist okay, Mist zu bauen.
Es ist okay, bequem zu sein.
Es ist okay, keine Ahnung zu haben.
Es ist okay, mehr Ahnung zu haben als alle anderen.
Es ist okay, sich auszukotzen.

Es ist okay, sich zu feiern.
Es ist okay, sich zu schämen.
Es ist okay, laut zu sein.
Es ist okay, zu schweigen.
Es ist okay, einen Schlussstrich zu ziehen.
Es ist okay, nachzugeben.
Es ist okay, bei seiner Meinung zu bleiben.
Es ist okay, im Chaos zu versinken.
Es ist okay, den Flugmodus anzuschalten.
Es ist okay, Probleme zu haben.
Es ist okay, zweimal zu fragen.
Es ist okay, wütend zu sein.
Es ist okay, glücklich zu sein.
Es ist okay, Pläne über Bord zu schmeißen.
Es ist okay, keine Pläne zu haben.
Es ist okay, die Wahrheit für sich zu behalten.
Es ist okay, Geheimnisse zu haben.
Es ist okay, nicht zu wissen, was man möchte.
Es ist okay, Ansprüche zu haben.
Es ist okay, sich umzuentscheiden.
Es ist okay, rumzueiern.
Es ist okay, genauso sein zu wollen wie alle anderen.
Es ist okay, nicht so sein zu wollen wie alle anderen.
Es ist okay, sich zu verstecken.
Es ist okay, voranzugehen.

Es ist okay, Mensch zu sein.

CHRISTINA WECHSEL

„Ich definierte mich über Leistung und Lebenslauf, und plötzlich liege ich im Krankenhaus und mein Bein wird amputiert."

Sie verlor erst ihre Mutter, die ihre engste Mentorin war. Dann erfüllte sich Christina Wechsel (*1981) ihren Traum von einer Weltreise und geriet in einen schweren Autounfall – mitten im australischen Outback. Dabei kam ein guter Freund ums Leben, Christina überlebte selbst mit schwersten Verletzungen und ihr wurde ein Unterschenkel amputiert. Christina verrät uns, wie sie mit diesen Schicksalsschlägen positiv umgeht, wie die Nahtoderfahrung den Blick auf die Endlichkeit verändert hat und warum sie sich für unsere Trauerkultur mehr Leichtigkeit wünscht.

Christina, stell dich zu Beginn einmal vor: Wer bist du?

Das ist eine interessante Frage, weil man sie oft mit dem Alter beantwortet und damit, was man beruflich macht – weil man sich darüber definiert. Es gab in meinem Leben eine Zeit, in der ich auf diese Weise geantwortet hätte. Heute sage ich: Ich bin die Christina, ich liebe das Leben und ich verbringe jede freie Minute in der Natur. Hauptsächlich in den Bergen oder auf Reisen.

Aber ich erwähne auch wahnsinnig gern, dass ich einen sehr erfüllenden Beruf habe, der meine Berufung ist: Als Heilpraktikerin begleite ich Menschen auf ihrem Weg dabei, in die Heilung zu kommen. Und ich teile meine eigene Geschichte als Autorin und Keynote-Speakerin mit der Welt, um anderen Menschen Mut zu machen und ihnen eine andere Sichtweite auf das Schicksal zu geben.

Doch ich habe gelernt, dass ich mein Leben auch nach ihrem Tod wahnsinnig gut meistern kann.

Was ist geschehen, dass du diese Frage heute anders beantwortest als zu einem früheren Zeitpunkt in deinem Leben?

Ich habe zwei schwere Schicksalsschläge erlebt. Als erstes ist meine Mutter gestorben. Sie war meine beste Freundin und Seelenverwandte, meine große Mentorin im Leben. Ihr Tod war schrecklich für mich und ich habe mich gefragt, wie ich mein Leben ohne sie bewältigen soll. Früher habe ich sie bei den kleinsten Sachen um Rat gefragt. Doch ich habe gelernt, dass ich mein Leben auch nach ihrem Tod wahnsinnig gut meistern kann. Dass ein erfülltes und glückliches Leben auch ohne sie möglich ist.

Es folgte ein weiteres einschneidendes Erlebnis ...

... und durch das hatte ich eine weitere Erkenntnis: Nach dem schweren Autounfall auf meinem Road Trip durch Australien lag ich im Krankenhausbett und konnte mich vor Schmerzen nicht aus eigener Kraft drehen – es hat vier Krankenpfleger dafür gebraucht. Da fragte ich mich: Worüber definiere ich mich?

Man geht im Leben durch verschiedene Phasen und jede hat ihre Berechtigung. Als ich zur Schule ging, war ein guter Abschluss die größte Sache überhaupt, vielleicht neben der ersten großen Liebe. Später definieren wir uns über den Lebenslauf, über eine gute Position, über das Bankkonto. Oder über die Leistung, die wir mit dem Körper und durch unseren Sport vollbringen. Aber macht uns all das wirklich glücklich im Leben? Ich definiere mich über all diese Dinge – und dann liege ich plötzlich im Krankenhaus und mir wird mein Bein amputiert.

Durch diesen Verlust habe ich mich selbst gefragt, wer ich bin. Ich bin zu der Erkenntnis gekommen, dass ich mich über mein Mindset und über meine Gedanken definiere. Weil die Gedanken Gefühle verursachen und Gefühle wiederum Entscheidungen bestimmen. Diese Entscheidungen bestimmen das Schicksal – und all das kann mir niemand amputieren.

... all das kann mir niemand amputieren.

Möchtest du mir mehr darüber erzählen, wie dieser innerliche Prozess für dich war, als du mit der Amputation konfrontiert wurdest?

Kurz vor meiner Reise nach Australien wurde ich von einer Frau auf der Straße angesprochen: Sie drückte mir die Karte einer Modelagentur in die Hand und fragte, ob ich vorbeikommen wolle. Ich fühlte mich total geehrt und sagte, dass ich mich nach meiner Rückkehr melden wollte – daraus wurde natürlich nichts.

Ich wurde nach dem Unfall mit wahnsinnig vielen Gedanken und Glaubensmustern konfrontiert, die mein Äußeres betrafen. Da wurde mir unter anderem bewusst, dass vor allem wir Frauen so sehr überflutet werden von der Erwartung, wie unser Erscheinungsbild zu sein hat. Und ständig konfrontiert mit den ganzen Bildern, die vermeintlich perfekt sind. Dabei gibt es überhaupt keine Perfektion. Es war spannend, mir diese Gedanken zu machen und mich zu fragen, was Schönheit überhaupt ist.

Als du eben von deiner Situation im Krankenbett erzähltest, kam mir das Bild des modernen Kopfmenschen in den Sinn: Wir definieren uns unbewusst häufig über unseren „klugen Kopf" und betrachten unseren Körper eher als Dienstleister, der zu funktionieren hat. Ich kann mir vorstellen, dass du durch diese Situation eine ganz andere Wertschätzung für deinen Körper als Ganzes erlangt hast.

Ja, das habe ich. Ich hatte immer einen eisernen Willen und eine positive Einstellung dem Leben gegenüber. Die wurde mir geschenkt und durch meine Eltern vermittelt – sie hat mich durch diese schwere Zeit gebracht. Genau wie mein spiritueller Glau-

be, dass ich immer getragen werde. Doch bei all dieser mentalen Stärke habe ich den Körper außen vorgelassen. Dabei ist er ein notwendiges Instrument, um mentale Stärke und das eigene Mindset zum Ausdruck zu bringen.
Aber nach dem Unfall habe ich meinen Körper erst einmal wahnsinnig verurteilt. Um es auf den Punkt zu bringen: Ich sah so hässlich aus. Ich war am ganzen Körper vernarbt. Ich war komplett abgemagert, ich bestand nur noch aus Haut und Knochen. Auf der Straße wurde ich angesprochen, ob ich eine Essstörung hätte. Ich wurde durch mein Äußeres stark verurteilt und dadurch immer wieder an den Unfall erinnert. Und daran, dass ich gerade einen sehr engen Freund verloren habe – als ich dabei war, meinen Lebenstraum von einer Weltreise zu verwirklichen.

Wie hat sich dadurch nachhaltig deine Beziehung zu deinem Körper verändert?
Mir ist klar geworden, dass mich mein Körper durch die Welt trägt. Und dass ich durch ihn diese ganzen spirituellen Erfahrungen erst machen kann. Als Heilpraktikerin sage ich immer, wie wichtig es ist, alles ganzheitlich zu betrachten. Körper, Geist, Seele, emotionale Ebene – das ist eins und kann nicht getrennt werden. Der Körper ist unglaublich intelligent. Er weiß genau, was er zu tun hat. Das fängt schon an, wenn ich mir in den Finger schneide und die Gerinnungskaskade anfängt. Der Körper stellt eine ganze Armee auf.

Mir ist klar geworden, dass mich mein Körper durch die Welt trägt

Ich finde es sehr schön, wie du darstellst, welches Wunderwerk unser Körper ist. Wir können uns im Alltag immer wieder bewusst machen, dass unser Körper keine Hülle ist, sondern das Zuhause und der Resonanzraum unseres Lebens.
Christina, ich würde nun gern auf deine Erfahrungen mit der Endlichkeit und auf dein Verhältnis zur Trauer eingehen. Wann war deine erste Begegnung mit dem Tod?
Das war mit elf Jahren, als mein Großvater gestorben ist. Ich hatte ein gutes Verhältnis zu ihm, habe oft die Schulferien bei ihm und meiner Oma verbracht. Was mich damals am meisten geschockt hat: Mein Vater, der immer mein Fels in der Brandung war, der für jedes Problem eine Lösung kannte, der ein erfolgreicher Geschäftsmann war – der hat geweint. Ich habe ihn vorher noch nie weinen gesehen. Es passierte zum ersten Mal, als er mich anrief und erzählte, dass der Opa gestorben ist.

Kannst du dich noch an diesen Moment erinnern?

Meine Mutter weinte auch und ich wollte alle aufmuntern. Ich habe zu ihr gesagt, wir machen uns einen schönen Tag und fahren zu *McDonalds*. Es war ein Samstag und wir haben tatsächlich einen schönen Tag verbracht. Erst am Abend habe ich langsam realisiert, dass mein Opa nicht mehr da ist. Da wurde ich auch wahnsinnig traurig.

Die Gefühle, die man hat, und all die Trauer, die man spürt: Die darf man zeigen und zum Ausdruck bringen.

Hast du auch Erinnerungen an die Zeit danach?

Die Beerdigung und alles drumherum war richtig schwer und traurig. Meine Oma – die tief katholisch ist und im Allgäu sehr traditionell lebte – hat ein Jahr lang nur schwarze Kleidung getragen. Das habe ich damals gar nicht verstanden. Aber sie war immer ehrlich zu mir, sie hat oft vor mir geweint und gesagt, dass sie den Opa sehr vermisst. Im Nachhinein rechne ich ihr das hoch an und wenn ich Kinder oder Enkel hätte, würde ich es genauso machen. Die Gefühle, die man hat, und all die Trauer, die man spürt: Die darf man zeigen und zum Ausdruck bringen.

Welchen Umgang mit dem Tod und der Trauer erlebst du in deinem Umfeld? Und welche Erfahrungen hast du gesammelt, wie Kinder einbezogen werden?

Ich habe im Freundeskreis erlebt, dass Kinder nicht mit zu Beerdigungen genommen werden, weil man meint, man erspare ihnen damit etwas. Ich habe keine eigenen Kinder, aber ich weiß, dass der Tod zum Leben dazugehört. Er ist ein Teil davon und ich denke, man kann auch kleinen Kindern mitteilen, dass da etwas passiert ist. Dass ein Abschnitt aufgehört hat, aber auch ein neuer beginnt. Das verstehen Kinder und ich selbst habe das Gefühl, dass ich bei der Trauer um meine Mutter später weniger Berührungsängste hatte. Das wäre sicher anders gewesen, wenn ich bis dahin bei dem Thema immer außen vor gelassen worden wäre.

Ich habe das Gefühl, dass vor allem in der westlichen Welt nicht so viel über das Thema Tod gesprochen wird. Und auch nicht über Trauer. Viele Menschen wissen gar nicht, was sie sagen sollen, wenn sie Trauernden begegnen. Oder es kommt ein flapsiger Spruch daher, der gut gemeint ist, aber auch zeigt, dass man mit dem Thema überfordert ist. Wenn man andere Kulturen betrachtet – zum Beispiel Native Americans, die spezielle Rituale zelebrieren, oder Inderinnen und Inder, die bei Beerdigungen nur

Weiß tragen – ist es im Vergleich dazu bei uns eine große Schwere ohne jede Freude. Ich glaube, auch wenn man trauert, kann man die Situation mit mehr Leichtigkeit gestalten.

Das zeigt sich auch bei den Sakramenten im katholischen Glauben. Die Taufe wird wahnsinnig gefeiert, die Kommunion ist das größte Fest für Kinder, dann die Firmung, erst recht die Hochzeit: Wie viel Mühe man sich mit diesem Fest gibt. Man bastelt Sachen, schreibt Gedichte, schneidet Videos zusammen, weil überall die Freude so groß ist. Und beim Tod? Da zieht man sich Schwarz an und schreibt in eine Anzeige, ob man überhaupt Kondolierungen entgegennimmt. Mit diesem letzten Sakrament wollen die meisten Menschen nichts zu tun haben. Auch wenn die Trauer natürlich groß ist, kann man dieses Ritual mit mehr Freude gestalten.

Man hat die Chance, dass die Wunde heilen kann und sich schließt.

Würdest du mir nochmal von deiner persönlichen Trauerphase erzählen, als deine Mama gestorben ist?

Es war die seelisch schmerzhafteste Zeit, die ich erlebt habe. Auf der anderen Seite haben wir uns für all die Themen, die noch offen waren, entschuldigt oder bedankt. Es war mir eine Ehre, die wichtigste Person in meinem Leben bei diesem Prozess zu begleiten – bei ihrem Heimgang, wie ich sage. Mein Vater, mein Bruder und ich waren dabei, als sie gestorben ist.

Was ich jetzt über Trauer sagen kann: Sie ist immer individuell. Jeder geht anders mit Trauer um. Es gibt kein Richtig und es gibt kein Falsch. Wichtig ist nur, dass man trauert. Mir ist im Nachhinein bewusst geworden, dass es so unglaublich wichtig ist, zu trauern – damit man diese schmerzhafte Trauer in eine heilende Trauer transformieren kann.

Mich hat letztens eine Freundin angerufen, nachdem ihr Vater an Krebs gestorben ist. Sie hat gefragt: „Christina, wie lange geht diese Trauer?“ Und ich habe gesagt: „Solange, wie dein Papa nicht mehr da ist.“ Die Trauer besteht bis an den Rest unseres Lebens, aber wir können sie transformieren. Sie ist wie ein Stachel, der im Herzen steckt: Ständig blutet es, diese Wunde kann nie geschlossen werden. Aber in dem Moment, in dem ich mich der Trauer und diesen schlimmen Gefühlen stelle und durch den Schmerz hindurchgehe, wird der Stachel herausgezogen. Man hat die Chance, dass die Wunde heilen kann und sich schließt. Eine Narbe wird für den Rest des Lebens bleiben, aber die Wunde blutet nicht mehr.

Trauer ist auch sehr facettenreich. Sie muss nicht immer damit zu tun haben, dass eine Person oder ein geliebtes Haustier stirbt, das einen lange begleitet hat. Ich habe auch getrauert, als ich mein Bein verloren habe. Ich musste um dieses Bein trauern. Genauso ist es bei Menschen, die ihren Job verlieren und deshalb trauern. In meiner Praxis erlebe ich auch Frauen mit Kinderwunsch, die versuchen, ihn loszulassen, wenn es nicht klappt – auch das ist Trauer. Trauer hat so viele Seiten und jeder erlebt sie auf die ganz eigene Art und Weise. Wichtig ist nur, dass man es sich erlaubt, die Trauer zuzulassen.

Du hast am Anfang unseres Gesprächs deine Mama als Mentorin und wichtigste Person in deinem Leben bezeichnet. Was hast du von ihr gelernt?
Die Herzlichkeit. Ich habe gelernt, auf mein Herz zu hören und den eigenen, authentischen Weg zu gehen. Ich weiß durch sie, dass man im Leben – vor allem während der größten Herausforderungen – immer getragen wird. Sie hat mir beigebracht, dass ich nach Hilfe fragen kann, wenn ich Hilfe brauche. Und meine Naturverbundenheit habe ich von ihr: Die Liebe zu den Bergen. Ich weiß, dass die Natur Teil von mir ist und somit bin ich auch ein Teil von ihr. Es ist alles ein Kreislauf im Leben, im Grunde gibt es nie einen Anfang und ein Ende, es ist alles immer Veränderung und Transformation. Für mich ist der Tod dadurch nicht mehr endgültig, sondern der Beginn von etwas Neuem. Ich kann dir sagen, die Frau war eine richtig coole Socke – sie hätte dir auch viel für dieses Buch erzählen können.

Ich kann dir sagen, die Frau war eine richtig coole Socke …

Ich hätte sie gern kennengelernt! Wie begleitet dich deine Mutter heute noch in deinem Leben?
Sie ist als energetisches Lichtwesen oder als Engel bei mir – wie man das nennen will. Ich kann sie immer um Hilfe bitten und das tue ich auch. Wie früher frage ich sie auch heute noch um Rat. Oder ich gehe in die Stille und richte ganz bewusst die Frage an sie: Was würdest du in dieser Situation tun? Da kommen Gedanken auf, die genauso klingen, als würde ich gerade meine Mutter hören.

Kannst du dich erinnern, was die letzten Worte von ihr an dich waren?
Ja, die letzten bewussten Worte an mich waren: „Ich bin so stolz auf dich und liebe dich." Das war wirklich ganz, ganz toll. Sie hat mir immer gesagt, dass sie stolz auf mich ist. Sie hat mir Selbstwertgefühl geschenkt und mich bestärkt. Ich hatte durch sie immer das Gefühl, dass ich auf

dem richtigen Weg bin. Sie wollte unbedingt, dass ich meine Weltreise mache. Ich hatte das All-Around-The-World-Ticket schon gebucht und habe es dann storniert, um sie zu pflegen und für sie da zu sein. Und dann ist sie gestorben.

Wir haben ihre persönlichen Sachen nach dem Tod 40 Tage lang so gelassen, wie sie waren, und erst dann mit dem Aufräumen begonnen. Der spirituelle Mentor meines Vaters hatte uns dazu geraten, weil sich die Seele dann noch von allen Dingen verabschieden könne, wenn sie möchte. Als wir die Sachen dann sortiert haben, fiel mir das Lieblingsbuch meiner Mutter in die Hände: „Der Alchimist" von Paulo Coelho – das hat mich an meinen eigenen Traum erinnert und ich habe es als Zeichen von Mami gesehen, dass ich diese Reise machen soll. Dass sie möchte, dass ich meinen Traum lebe.

Warum wartet man auf das Ende, um jemandem etwas zu vergeben oder ihm zu sagen, dass man ihn liebt oder ihm danken will?

Siehst du es als Geschenk, dass ihr diesen gemeinsamen Weg vor ihrem Tod hattet?

Es war ein ganz großes Geschenk. Und ich habe daraus gelernt, dass ich nicht warten möchte bis zu diesem Moment am Sterbebett, um Menschen wichtige Dinge zu sagen. Man sollte all das im Hier und Jetzt mitteilen. Warum wartet man auf das Ende, um jemandem etwas zu vergeben oder ihm zu sagen, dass man ihn liebt oder ihm danken will? Das Leben kann innerhalb von einer Sekunde vorbei sein oder sich um 180 Grad drehen, wie es nach meinem Unfall war. Und ich glaube, es ist das Schlimmste, sich am Ende irgendwelche Vorwürfe machen zu müssen.

Deshalb warte ich jetzt nicht mehr, wenn ich etwas empfinde, was ich jemandem mitteilen will – ich mache es einfach. Es ist doch das Schönste, wenn man Gefühle und Liebe authentisch mitteilen kann, wenn man sie gerade spürt. Diese Kraft der Liebe war es, die mich am meisten motiviert hat, um mein Leben zu kämpfen. Die Liebe zu meinem Vater und zu meinem Bruder. Das ist so eine unglaubliche Kraft, man kann gar nicht zu viel Liebe geben oder empfangen.

Christina, du hast mir verraten, du freust dich unglaublich darauf, wenn du 70 Jahre alt bist. Was möchtest du dann über dein Leben erzählen können?

Ich möchte unbedingt sagen können, dass ich meinem eigenen authentischen Weg gefolgt bin. Meinem eigenen Herzensweg. Und dass in den größten Herausforderungen auch immer die größten Chancen für mich lagen, mein wahres Selbst kennenzulernen und über mich hinauszuwachsen. Und ich wünsche mir, mit 70 sagen zu können, dass ich voll und ganz im Vertrauen bin. Egal, was passiert, ich möchte fühlen, dass alles meinem höchsten Wohl dient. Und dass ich einfach ein erfülltes Leben geführt habe. Das Schlimmste wäre für mich, etwas zu bereuen. Ich will mit mir im Reinen sein und stolz auf mich – und dann bereit für den nächsten Schritt.

Alle Informationen zu Christinas Arbeit als Heilpraktikerin und Speakerin findest du auf ihrer Website christinawechsel.com. Ihr Buch trägt den Titel: „Wer Flügel hat, braucht keine Beine“. Bei *Instagram* kannst du Christina unter @christina_change_ folgen.

IMPULS
Die bunte Vase auf deinem Tisch

von Laura

Der Alltag ist die Zeit, mit und in der wir den allergrößten Teil unseres Lebens verbringen. Umso trauriger, wenn wir ihn nur als trist und grau erleben, als einen Funktionsmodus, in dem wir gefangen sind oder als Pflicht, die wir zu erfüllen haben. Er scheint für viele von uns etwas zu sein, das uns der Chance auf ein schönes Leben beraubt – obwohl er es doch ist, der uns zwar kleine, aber definitiv die meisten Chancen schenkt, zu spüren: Das Leben ist schön.

Um uns unser alltägliches Leben schön zu machen, haben wir die Lebensaufgabe, an unserem Fundament zu arbeiten. Dieses Fundament besteht vor allem aus den Entscheidungen (und den daraus folgenden Handlungen), die wir für unser Leben treffen oder nicht treffen – immer mit dem Wissen, dass es dabei Dinge und Umstände gibt, die wir mal mehr und mal auch gar nicht beeinflussen können. Auch dieses Buch ist eine Einladung, dir dieses Fundament ehrlich anzuschauen und da zu verändern, wo du es willst und kannst – immer mit dem Wissen, dass du das nicht allein schaffen musst.

Mit diesem Text möchte ich dich jedoch einladen, neben dem Fundament deinen Fokus auf etwas Anderes zu richten, um dir dein Leben schön zu machen: die bunte Vase auf deinem Tisch. Normalerweise ist es so, dass man sie erst auf den Tisch stellen kann und wird, wenn das Fundament fertig und das Haus funktionsfähig ist. Doch in diesem Fall darf uns klar werden, dass wir eben nie mit dem Fundament fertig sind und es deswegen essenziell ist, uns jetzt schon die Vase auf den Tisch zu stellen, uns jetzt zu erfreuen und zu genießen, was da ist.

Dabei geht es gar nicht um eine Extraleistung von uns, sondern um die Intention, mit der wir Dinge tun, die wir sowieso tun. In den Sternenhimmel schauen beim Fensterschließen, einen Moment die Augen schließen und Sonne tanken beim Warten an der roten Ampel, den Menschen anzulächeln, an dem ich gerade vorbeigehe. Beginnen kann alles mit einer feinen Veränderung unserer Aufmerksamkeit.

Wenn ich dir diese Zeile schreibe, denke ich gern an meine Erfahrungen der letzten Jahre in Spanien zurück. Anders als in Deutschland, wo meiner Meinung nach das Nützliche fast immer über dem Angenehmen steht – das Angenehme eher ein „nice to have" zu sein scheint –, verstehen die Spanier:innen es sehr gut, das Nützliche mit dem Angenehmen zu verbinden. Ja, ich würde sogar weitergehen und sagen, das Angenehme ist hier die Basis für alles. Trotz Ängsten und Sorgen, die natürlich auch die spanische Bevölkerung hat, lassen sich die Menschen ihre Freude, den Genuss und die Ausgelassenheit im Leben nicht nehmen und schenken sich wechselseitig immer wieder ein Stück Alltagsglück. Sie stellen sich selbst und Anderen die bunte Vase auf den Tisch, egal, was ist.

JOHANNA KLUG

„Im Sterben ist nichts Aufgesetztes mehr von Bedeutung, es geht nur um das pure Leben."

Sie arbeitete schon als Schülerin in einem Pflegeheim und kam dort erstmals mit dem Tod in Berührung. Seitdem ist Johanna Klug (*1994) von diesem Thema fasziniert und engagiert sich vielseitig: Sie ist ausgebildete Sterbe- und Trauerbegleiterin, außerdem teilt sie als Buchautorin, als Speakerin, in Workshops und über Social Media ihre Gedanken und ihr Wissen rund um Tod und Sterben. Johanna gilt als Influencerin zum Thema und ermöglicht so einen modernen Blick auf Sterben, Abschied und letzte Momente.

Wenn ich deine Freund:innen fragen würde, was typisch Johanna ist – was würde ich hören?
Vermutlich würde dir jemand erzählen, dass ich sehr gerne Zimt mag und fast jedes Essen damit würze. Dass ich mich viel mit Sterben und Tod auseinandersetze und meine Augen immer leuchten, wenn ich darüber rede. Und dann besitze ich sehr viele Ohrringe von Flohmärkten.

Ich finde die Aufzählung sehr erfrischend: Genauso wie Zimt und Ohrringe zu deinem Leben gehören, so tun es auch der Tod und das Sterben. Bevor wir über deine Geschichte und die Gründe sprechen, warum die Beschäftigung mit Tod für dich so essenziell geworden ist, interessiert mich direkt: Hast du Angst vor deinem eigenen Tod?
Im Moment würde ich sagen, dass ich keine Angst vor meinem Tod habe, sondern eher Angst davor, wie meine Familie und meine Freund:innen darauf reagieren. Ich selbst habe mehr Angst vor dem Verlust meiner Eltern und meiner Schwestern als vor meinem eigenen Tod.
Aber ich weiß natürlich nicht, wie es ist, wenn ich wirklich sterbe. Der Übergang von Leben zu Tod, der hat für mich etwas Heiliges – was nicht im Sinne von katholischem Glauben gemeint ist, sondern von etwas Größerem. Das hat mir alle Unsicherheiten genommen, die ich vielleicht hatte, und deshalb lasse ich mich davon überraschen. Wir können ohnehin nicht wissen, was passiert – diejenigen, die zurückgekommen sind, die waren ja auch nicht am Ende des Weges, sonst wären sie nicht zurückgekommen.
Es ist natürlich nicht so einfach, wie es klingt, aber ich glaube, es geht darum, die Kontrolle abzugeben und zu sagen: Wenn es jetzt vorbei ist, dann ist es okay. Dazu gehört für mich, dass man sein Leben immer wieder reflektiert und so etwas wie eine Inventur macht: Wie lebe ich gerade mein Leben – und fühlt sich das gut an? Nicht, dass man irgendwann auf dem Sterbebett liegt und sich fragt, womit man eigentlich sein Leben vergeudet hat. Und genau deshalb finde ich es auch so wichtig, die Auseinandersetzung mit der eigenen Endlichkeit wirklich ins Leben zu integrieren – du kannst davon nur profitieren.

Wie lebe ich gerade mein Leben – und fühlt sich das gut an?

Die Endlichkeit in das eigene Leben zu integrieren, ist meiner Meinung nach ein lebenslanger Prozess, der meistens mit einer ersten persönlichen, einprägsamen Erfahrung beginnt. Kannst du dich noch daran erinnern, wann du deine erste einschneidende Begegnung mit dem Tod hattest?
Als ich 16 Jahre alt war, habe ich in einem Altenheim gearbeitet, dort habe ich den Bewohner:innen das Essen gebracht. Damals habe ich meinen ersten toten Menschen gefunden. Der Bewohner war noch gar nicht alt, etwa um die 50, aber er hatte eine Vorgeschichte mit Alkohol und Drogen und war deshalb im Pflegeheim untergebracht. Er hatte offenbar nachts einen Schlaganfall erlitten, als er auf der Toilette war. Als ich ihm morgens sein Frühstück bringen wollte, lag er tot auf dem Boden. Mitten in einer großen Blutlache, die über Nacht schon getrocknet war. Es war für mich als 16-Jährige ein krasser Anblick und das war der Moment, in dem ich erstmals mit dem Tod konfrontiert war.

Weißt du noch, was du in diesem Moment gespürt hast?
Ich glaube, es war ein bisschen Panik und auch eine leichte Überforderung – mit so etwas habe ich ja nicht gerechnet, als ich ins Zimmer reingegangen bin. Gleichzeitig habe ich auch eine gewisse Faszination gespürt. Da passierte vieles parallel in mir.

Welche Berührungspunkte hattest du vor diesem Ereignis mit Tod und Sterben in deinem Leben?
Ich glaube, wir haben ja alle Kontakt damit, ob es durch Fernsehen, Filme oder Bücher ist. Der Tod wird ja ständig als Stilmittel eingesetzt. Wenn wir 18 Jahre alt sind, haben wir alle schon so viele tausend Menschen sterben sehen – aber meistens noch nie in der Realität. Mein Opa starb, als ich sechs Jahre alt war. Darüber weiß ich nicht mehr viel; wir Kinder wurden auch nicht mit zur Beerdigung genommen.

Heute setzt du dich als Influencerin für eine größere Offenheit rund um die Themen Tod und Sterben ein, schreibst eigene Bücher und wirst in Talkshows eingeladen. Was waren die wichtigsten Meilensteine in deiner Entwicklung seit diesem Erlebnis als 16-Jährige im Altersheim?
Zuallererst: Es war ein Prozess und damals mit 16 oder auch noch mit 20 Jahren war mir nicht bewusst, wohin ich gehen werde, wo ich heute sein würde.

Meine Zeit im Pflegeheim damals war ganz wichtig, weil ich dadurch gemerkt habe, dass ich sterbende Menschen begleiten möchte. Ich habe mich dort so verbunden gefühlt, es war eine so tiefe und ehrliche Begegnung, auch an diesem besagten Tag, als der Mann starb. Ich habe erkannt, dass im Sterben nichts Aufgesetztes mehr von Bedeutung ist, es geht nur um das pure Leben. Davon wollte ich irgendwie mehr, weil es mir in der Gesellschaft oft so gefehlt hat. Uns wird ja immer eingeredet, dass es viel um Leistung, Macht und Karriere geht. Mir war es schon immer suspekt, dass ich meine Ellbogen ausfahren sollte, um etwas zu erreichen, so bin ich nicht.

Also habe ich neben meinem Medien-Studium weiter in dem Bereich gearbeitet und mit 20 Jahren auf einer Palliativstation begonnen. Für meinen Master in Digitaler Kommunikation ging ich nach Hamburg und habe mich dort zur Sterbebegleiterin ausbilden lassen. Hier lernte ich Sarah kennen, ein kleines Mädchen mit der Diagnose Kinderdemenz. Wir sind heute noch in gutem Kontakt und schicken uns Sprachmemos und Fotos, solche Verbindungen bedeuten mir sehr viel.

2018 ging ich für drei Monate nach Südafrika und habe dort im Hospiz und in den Townships gearbeitet. Das war wieder eine sehr prägende Zeit für mich. Als ich zurück nach Deutschland kam, fiel es mir sehr schwer, hier wieder anzukommen. Schon am Frankfurter Flughafen liefen alle mit grimmiger Miene herum und ich dachte, ich will wieder zurück nach Südafrika – weil dort alles so viel lebendiger ist. Ich finde, man sieht Menschen immer sehr schnell an ihren Augen an, wie lebendig sie sind. Oft gucke ich Menschen in die Augen und habe das Gefühl, dass da irgendwie nichts ist. Sie wirken innerlich schon ein bisschen tot. Ich sage immer, nur weil wir am Leben sind, heißt es nicht, dass wir auch lebendig sind.

Wie ging es mit der Rückkehr nach Deutschland für dich weiter?

Ich wurde auf einen Studiengang in Regensburg hingewiesen, der gerade im Aufbau war: Perimortale Wissenschaften. Es ging um alles, was um den Tod herum passiert. Ich habe letztlich zwei Jahre diesen Studiengang mit aufgebaut. Diese Zeit war eine große Herausforderung – vor allem mitten in Corona – aber sie war spannend und gut. Dann habe ich gemerkt, dass es mir dort zu eng wurde, es mir zu konservativ und zu katholisch war. Außerdem wurde mir klar, dass ich nicht der Typ bin, der in der Oberpfalz alt wird – es ist gut, wenn man seine Bedürfnisse spürt und ihnen Beachtung schenkt.

Also habe ich gekündigt und seitdem mache ich freiberuflich alles, was rund um Tod und Sterben passiert. Ob es Drehs fürs Fernsehen sind, Bücher, Lesungen oder Workshops. Gerade arbeite ich auch an einem Podcast-Projekt. Es ist wahnsinnig vielfältig und facettenreich, deshalb werde ich auch nicht müde davon.

Wie schön, dass du die Themen immer wieder neu entdeckst, dich ausprobierst und ganz unterschiedliche Projekte verwirklichst, die dir Spaß machen und am Herzen liegen.

Ich glaube, das ist eine Sache, die ich in der Sterbebegleitung gelernt habe: Ich schiebe nichts mehr auf, sondern folge meinen Impulsen. Wenn sich etwas richtig anfühlt, dann mache ich es. Wenn es sich falsch anfühlt, dann nicht. Mir ist meine Zeit zu kostbar, um Dinge nicht mehr zu machen, weil ich Angst vor ihnen habe – oder weil mir die Gesellschaft sagt, es sei zu unsicher oder nicht cool genug. Am Anfang habe ich oft gehört, es sei eine mutige Entscheidung, freiberuflich zu arbeiten, schließlich wisse ich ja nicht, ob ich finanziell über die Runden komme. Aber ich vertraue darauf, dass es sich gut für mich entwickelt, weil ich auf dem richtigen Weg bin. Auf dem richtigen Weg für mich persönlich. So kommt immer wieder Neues in mein Leben, wie zum Beispiel eine *3sat*-Doku, für die mich plötzlich ein Filmemacher angeschrieben hat, das war auch eine total tolle Entdeckungsreise.

Mir ist meine Zeit zu kostbar, um Dinge nicht mehr zu machen, weil ich Angst vor ihnen habe …

Da kommt wieder die Lebendigkeit zum Vorschein, von der du eben gesprochen hast. Wann fühlst du dich selbst denn besonders lebendig?

Wenn ich mit Menschen zusammen bin, die mir gut tun und mit denen ich mich verbunden fühle. Und ich fühle mich total lebendig, wenn ich in der

Dunkelheit spazieren gehe. Ich kann so viel mehr bei mir sein, wenn es keine Reizüberflutung von außen gibt.

Was ich vorhin noch spannend fand: Du hast gesagt, dass du Menschen im Sterbeprozess so wahrhaftig und pur erlebst wie selten zuvor.

Ja, das habe ich so erlebt, aber man darf es natürlich auch nicht idealisieren, denn es bedeutet nicht, dass am Ende immer Friede, Freude, Eierkuchen ist. Der Tod ist auch fucking schmerzhaft. Ich habe in der Begleitung schon viele Situationen erlebt, die echt hart waren. Es geht um krasse Verlustprozesse und um Ängste, es geht um Trauer und Schmerz. All das gehört zum Leben dazu, auch wenn es niemand gern durchlebt. Niemand sagt ja, dass er gern krank ist und den Schmerz unbedingt spüren will.

Aber es ist wie bei einem EKG-Gerät, die Kurve geht mal nach oben und mal nach unten – bei einer Nulllinie wären wir tot. Wir können also unser Leben nicht einfach neutral leben. Deshalb finde ich auch die Akzeptanz von alldem so wichtig. Nicht nur die Akzeptanz der Endlichkeit, sondern auch die der eigenen Gefühle. Wir sind keine eindimensionalen Wesen, auch wenn wir in einer Happiness-Gesellschaft leben, in der alle immer glücklich sein sollen.

Das Thema Tod hat Auswirkungen auf unser ganzes Leben, wir könnten uns alle viel bewusster machen, wo überall die Vergänglichkeit sitzt.

Ich habe herausgehört, dass dich die Mentalität in Afrika sehr berührt. Was war für dich die Essenz aus deiner Zeit dort und was könnten wir in Deutschland oder Europa davon lernen?

Bei uns wird der Tod an den Rand der Gesellschaft geschoben, in Südafrika war er mitten im Leben. Für mich war es wertvoll zu sehen, dass Menschen sehr vertraut und offen mit dem Thema Sterben und Tod umgehen und stark mit dem großen Ganzen verbunden sind – und ich habe erkannt, dass wir das in unserer westlichen Kultur verloren haben. Ich weiß natürlich, dass wir die Rituale und Bräuche nicht einfach mit nach Deutschland nehmen können oder hier einführen sollten. Ich glaube, wir müssen unsere eigenen Rituale wiederfinden oder neu erfinden.

Wir müssen uns klar machen: Das Thema Tod hat Auswirkungen auf unser ganzes Leben, wir könnten uns alle viel bewusster machen, wo überall die Vergänglichkeit sitzt. Und damit meine ich nicht, dass ständig Menschen sterben, es reicht schon der Blick in die Natur. Gerade ist es total kalt und am Baum ist kein einziges Blatt, dann kommt der Frühling und der Sommer. Aber wir sind so sehr mit uns beschäftigt, dass wir vergessen, wie wir von der Vergänglichkeit umgeben sind. Da geht es ja auch um Lebensmittel, um unsere Wegwerfgesellschaft oder um Massentierhaltung, das ist das Schlimmste überhaupt, wie wir hier Tiere behandeln, sie züchten, um sie dann zu töten – das ist doch pervers. Ich habe das Gefühl, es geht so oft immer nur um das eigene Ego. Man findet es total schlimm, dass anderen Menschen etwas passiert, will aber trotzdem unbedingt den neuen Flachbildschirm kaufen. Man will Energie sparen und öffnet dann trotz laufender Heizung das Fenster, weil frische Luft ganz nice ist.

Es geht so oft um Wohlstand und Profit. Aber ich habe noch nie jemanden erlebt, der sich auf dem Sterbebett darüber gefreut hat, wie viel Geld auf seinem Konto liegt. Wir versuchen, uns glücklich zu konsumieren, aber tief im Innern sind wir dann verzweifelt, weil irgendwas fehlt, was wir nicht durch irgendwelche Produkte gelöst kriegen. Da kann man im Außen noch so viel suchen, Lebensfreude und Glück finden wir dort nicht.

Ich bin oft müde, mich damit auseinanderzusetzen, wie wir mit unseren Ressourcen umgehen und auch davon, wie Menschen wegschauen. Wenn ich zum Beispiel bei Lesungen aus meinem Buch vorlese und von den katastrophalen Zuständen und Lebensbedingungen in anderen Ländern berichte, sind die Leute oft total betreten oder fragen mich sogar, wie ich ihnen solche Beschreibungen zumuten kann. Natürlich ist es teilweise heftig, was ich dort teile, aber ich habe einfach heftige Dinge dort erlebt, warum soll ich sie dann verstecken? Es ist die Realität, und es erinnert uns, dass wir oft nicht zu schätzen wissen, wie privilegiert wir hier leben und auch sterben.

… ich habe noch nie jemanden erlebt, der sich auf dem Sterbebett darüber gefreut hat, wie viel Geld auf seinem Konto liegt.

Kannst du mir ein Beispiel für eine solche Beschreibung geben?

Wir sind mit dem Ambulanzwagen in die Townships gefahren, ein Meer aus Plastik und Müll um uns herum. Auf diesem Müllteppich spielen die Kinder und kauen auf den Plastikteilen herum. An einer anderen Stelle wird der Abfall verbrannt, es stinkt so wahnsinnig und ist hochgiftig – und niemand tut etwas dagegen. Bei einem der Hausbesuche gingen wir zu einer Frau, die Anfang 20 war und eine fortgeschrittene Aids-Erkrankung hatte. Sie hat ihre Medikamente nicht ge-

nommen. Ihr Immunsystem versagte und sie hatte ein Loch oberhalb des Bauchnabels, aus dem einfach der Eiter floss. Diese Situation konnte ich nicht aushalten: Ich war kurz vor einer Ohnmacht, in meinen Ohren piepste es, mir wurde schwarz vor Augen. Es war eine so schlimme Situation für diese Frau, die ganz allein war, gleichzeitig war es ein großes Geschenk, dass die Ambulanz kam, sich um sie gekümmert und in ihrem Sterbeprozess begleitet hat.
Diese krassen Gegensätze zwischen einer solchen Realität und unserem Leben in Deutschland machen mich wütend und ich will sie sichtbar machen, auch wenn das unbequem ist, beispielsweise für die Zuhörer:innen bei einer Lesung.

Wenn du nicht weißt, was du sagen sollst, dann sag genau das.

Glaubst du, es ist in dem Moment Bequemlichkeit oder auch Überforderung?
Natürlich ist es oft Überforderung, aber man kann diese ansprechen. Ich sage das auch in der Trauerbegleitung immer: „Wenn du nicht weißt, was du sagen sollst, dann sag genau das. Sag einfach, dass es total schlimm ist und dir die Worte dazu fehlen – das kann schon total verbindend sein."
Ich bin müde davon, dass sich Menschen immer Argumente einfallen lassen, warum sie weggucken können. Es hat mich nie wirklich angestrengt, Sterbende zu begleiten oder in den Townships unterwegs zu sein, aber diese Einstellung, von der ich gerade gesprochen habe, die erschöpft mich sehr.

Woher nimmst du selbst immer die Ressourcen und die Kraft, um weiter deinen Weg zu gehen?
Es ist immer unterschiedlich, oft brauche ich nur einen Ort, an dem ich mich wohlfühle und mich zurückziehen kann. Der Kontakt zu meiner Familie und zu ganz engen Freund:innen gibt mir Kraft, oft sind es auch kleine Dinge wie ein guter Kaffee oder die Natur. Ich merke, wenn ich den Zeitpunkt verpasse, rechtzeitig Ruhe zu finden, dann besteht die Gefahr, dass ich in ein Loch falle und dann bin ich zu hibbelig, um wirklich abzuschalten und aufzutanken. Deshalb geht es darum, dass ich schon vorher reagiere und mir selbst Ruhemomente erschaffe. Als Freiberuflerin kann ich natürlich ständig arbeiten, das mache ich auch oft am Wochenende oder abends bis 22 Uhr, wenn ich eine Lesung habe. Ich liebe meine Arbeit, aber auch hier brauche ich den Ausgleich.

Merkst du mit Blick auf die Themen Tod und Sterben, dass es trotz der Situationen, die du eben geschildert hast, in Deutschland eine Entwicklung gibt, eine Öffnung in unserer Gesellschaft?
Ich habe schon das Gefühl, dass Sterben, Tod und Trauer in der Gesellschaft nicht mehr so stark tabuisiert sind, dass es langsam aufbricht. Wobei das aus meiner Perspektive einfach gesagt ist, in meiner Bubble beschäftigen sich ja fast alle damit. Aber ich erlebe auch, dass ich in manche Talkshows gar nicht eingeladen werde, weil die Redaktion sagt, das Thema sei zu schwer, das könne man den Zuschauer:innen an einem Freitagabend nicht zumuten. Ich glaube eher, dass die Personen in den Redaktionen selbst davon oft so getriggert sind und es bei ihnen Ängste auslöst, die dann unbewusst auf das Publikum projiziert werden. Denn wenn ich in einer Talkshow war, habe ich danach immer so viele positive Nachrichten bekommen. Natürlich schaltet auch mal jemand weg – aber das ist genauso, wenn es ums Kochen geht.

Gibt es spezielle Themen, die du in deinen Projekten und auch in Interviews gern noch stärker in den Vordergrund rücken möchtest – zu denen dich aber selten jemand befragt?
Zum Beispiel der Abschied von Haustieren, der eine krasse Bedeutung hat und sehr wichtig ist, darüber spricht kaum jemand. Da heißt es immer, das sei nur ein Tier gewesen. Was für ein Unsinn.
Außerdem das Thema Suizid und die Frage, wie Kinder mit dem Tod umgehen. Auch über Femizide – also dass Frauen und Mädchen in Beziehungen meistens aufgrund ihres Geschlechts getötet werden – wird viel zu wenig geredet. Da ist man dann schnell wieder beim Thema Patriarchat, Macht von Männern über Frauen. All das sind wichtige Themen. Deswegen ist Sterben politisch.

Was schenkt dir Hoffnung und Antrieb, mit deiner Arbeit weiter zu machen?
Ich glaube, Hoffnung wächst immer aus einem selbst heraus. Luisa Neubauer hat mal gesagt, Hoffnung sei harte Arbeit – das glaube ich nicht. Ich finde, Hoffnung ist keine Arbeit und Hoffnung in anderen Menschen können wir immer wieder säen, indem wir sie vorleben. Und nicht, indem man mit dem Finger auf andere zeigt. Natürlich finde ich viele Verhaltensweisen schlimm und oft könnte ich daran verzweifeln, aber das würde es auch nicht besser machen. Ich gebe dieser Verzweiflung Raum und tausche mich mit meinen Schwestern oder guten Freund:innen darüber aus. Und ich denke, die ganze Arbeit, die ich mache, die hat Auswirkungen,

wenn auch im Kleinen. Klar, ich kann nicht die ganze Welt einreißen, aber vielleicht bekomme ich einen kleinen Schneeballeffekt hin. Wenn ich nur eine Person mit einer Botschaft erreiche und diese sie an eine andere Person weitergibt, dann ist das ein fortlaufender Prozess. Es gibt mir auch Hoffnung zu sehen, dass viele Menschen ähnlich denken. Dass es viele Menschen gibt, die dem Ende des Lebens auch einen Raum geben wollen.

...ich kann nicht die ganze Welt einreißen, aber vielleicht bekomme ich einen kleinen Schneeballeffekt hin.

Du hast zu Beginn unseres Gespräches gesagt, dass du deinen Impulsen folgst und dass du es nie geplant hast, heute in Talkshows zu sprechen oder Dokus über den Tod zu drehen. Hast du trotzdem eine Vision oder Intention für deine Zukunft?

Ich habe mich komplett davon gelöst. Früher hatte ich To-do-Listen und Checklisten, aber ich habe gelernt, dass das Leben und das Sterben keiner Checkliste folgen. Ich finde es auch schwierig, eine Bucketlist zu führen, weil ich mir denke, wenn mich eine Sache reizt, mache ich sie jetzt – oder ich lasse sie bleiben. Gerade finde ich es cool, wie eine Nomadin mit meinem kleinen Köfferchen und einem Rucksack unterwegs zu sein, in dem alles drin ist, was ich wirklich brauche.

Die Zeit, in der man erwachsen wird und sich das eigene Selbst immer mehr zeigt und entwickelt, ist ja auch eine harte Zeit – und aus der bin ich selbst noch nicht raus. Das kann für viele junge Menschen sehr beängstigend sein, weil man nicht weiß, was kommt und weil man selbst nicht über alles die Kontrolle hat und es eine so hohe Erwartungshaltung der Gesellschaft gibt, der wir entsprechen sollen. Ich glaube, ich hatte diese Angst vorm Leben auch, aber durch die Sterbebegleitung habe ich sie ablegen können.

Du nimmst also das Leben an, wie es kommt und machst das Beste für dich und die Gemeinschaft draus?

… ich glaube, ein bisschen mehr Abenteuer in unseren Leben täte uns gut.

Ja. Und ich will mich überraschen lassen. Ich glaube, wir lassen uns alle viel zu wenig überraschen und sehen das Leben so selten als ein Abenteuer an, weil jeder Tag gleich ist. Natürlich ist es gut, eine Struktur zu haben, aber ich glaube, ein bisschen mehr Abenteuer in unseren Leben täte uns gut. Damit meine ich auch nicht, dass man nach Sri Lanka fliegen und mehrere Wochen mit dem Rucksack unterwegs sein soll, man kann auch im Alltag immer wieder Abenteuer entdecken. Ich glaube, eine gewisse Neugier darf bei uns allen wieder mehr ans Licht kommen. Sie würde uns helfen, weniger abgestumpft durchs Leben zu gehen.

Alle Informationen zu Johanna, ihren Lesungen, Coachings und Workshops findest du auf ihrer Website endlichendlos.de. Ihre Bücher „Mehr vom Leben" und „Liebe den ersten Tag vom Rest deines Lebens" bekommst du überall, wo es Bücher gibt. Und bei *Instagram* ist Johanna unter dem Namen @die_hanns zu finden.

IMPULS
Lass los

von Laura

Mir wurde während des gesamten Entstehungsprozesses für „BYE“ eindrücklich gespiegelt, was ich noch lernen darf: loszulassen.

Wenn mir etwas wichtig ist, dann gebe ich alles von mir in diese Sache hinein. Und auch, wenn es schön und erfüllend ist, etwas zu finden, hinter dem man zu 100 Prozent steht und das man liebt, läuft man – in diesem konkreten Fall: ich – große Gefahr, sich davon komplett vereinnahmen zu lassen, getrieben zu sein von den eigenen Ansprüchen, es richtig gut machen zu wollen und sich letztlich darin zu verlieren.

Und so habe ich mich in den letzten Monaten im Loslassen geübt. Ich habe mich darin geübt, Texte als fertig zu betrachten, obwohl sie für mich immer noch verbesserungswürdig schienen und ich sie noch das neunte Mal anschauen wollte. Ich habe mich darin geübt, gedanklich und räumlich Abstand zu gewinnen und bin rein ins Leben: in die Arme meines Freundes, zum Yoga, auf einen Ausflug oder Spaziergang, zu einer Verabredung oder mit einer Tasse Kaffee auf den Balkon. Und egal, wie kurz oder lang diese Unterbrechungen waren, merkte ich: Auch das ist mein Leben. „BYE“ ist gerade ein wichtiger Teil meines Lebens, aber mein Leben ist nicht dieses Buch.

Es gab dennoch einige Tage, Abende und Nächte im letzten halben Jahr, an denen ich nicht abschalten oder gut schlafen konnte, in denen sich alles weiterdrehte und meine Gefühle, Gedanken und mein Körper nur noch auf Festhalten programmiert waren.

Und so lag ich da und habe immer wieder dasselbe getan, um mich in diesem Loslassen zu üben: Ich habe geatmet.

Dabei setzte ich mir die Intention, mit jedem Ausatmen ein kleines bisschen mehr loszulassen. Ich atmete – immer weiter und weiter, meistens durch die Nase ein und aus, so wie ich es in all den unzähligen Yogastunden vorher getan hatte. Und nach und nach merkte ich, wie ich immer mehr loslassen konnte: meine Hände, meinen Kiefer, meine Stirn, meine Gedanken und meine Gefühle.

Aus diesen Erfahrungen entstand das folgende Mantra: eine Liebeserklärung an den Meister des Lebens – unseren Atem, an unser Buch „BYE" und an meinen persönlichen Lernprozess, den mich die Entstehung dieses Buches gelehrt hat. Vielleicht darf es auch dich begleiten, um dich zu erinnern: In case of doubt breathe and let it go! (Wenn dich gerade irgendetwas (ver-)zweifeln lässt, dann atme und lass los!)

Mantra
Mit dir beginnt das Leben, mit dir endet es
Ich habe Vertrauen in dich
Du erinnerst mich: Lass los
Du geschiehst, ohne dass ich etwas tun muss
Du nimmst mir jede Anstrengung
Durch dich lerne ich auszuhalten
Die Stille und den Stillstand zwischen jedem Ein- und Ausatmen
Durch dich erfahre ich Fülle und Leere
Ohne das Eine über das Andere zu stellen

Lass los

An dir merke ich kleinste Veränderungen unmittelbar
Du verdeutlichst mir, dass alles im Fluss ist und es nichts festzuhalten gibt
Du leitest mich und schenkst mir Fokus
Du zeigst mir, was wesentlich ist, mir fehlt oder zu viel ist

Du lehrst mich, was ich kontrollieren kann und was nicht
Ohne das Eine über das Andere zu stellen

Lass los

IMPULS: LASS LOS

Du schenkst mir Gelassenheit und Ruhe
Du spiegelst meine Kraft und Dynamik
Du erlaubst mir, mich komplett fallen zu lassen
Du trägst mich, du hältst mich
Du zeigst mir meine Sicherheiten und meine Unsicherheiten
Ohne das Eine über das Andere zu stellen

Lass los

Mit nur einem tiefen Atemzug intensivierst du in mir jedes Gefühl
Du lässt mich das Leben spüren
Du kennst keine Wertung, keine Perfektion
Dir bin ich genug

Du gibst mir mein Leben und du nimmst mir mein Leben
Ohne das Eine über das Andere zu stellen
Ich erinnere mich: Lass los

PHILIPP HANF

„Eine todbringende Erkrankung mit 47? Für mich als Glückskind unvorstellbar."

Am 19. April 2017 änderte sich sein Leben von einem Moment auf den anderen: Er bekam die Diagnose ALS. Bis dahin arbeitete Philipp Hanf (*1969) als Zahnarzt in seiner eigenen Praxis, liebte exotische Reisen mit seiner Frau, machte viel Sport und stand – wie er selbst sagte – auf der Sonnenseite des Lebens. Als durchschnittliche Lebenserwartung wurden ihm zum Zeitpunkt der Diagnose dann noch zweieinhalb Jahre in Aussicht gestellt. Seitdem verliert sein Körper kontinuierlich an Kraft und Fähigkeiten, gleichzeitig hat Philipp durch diese Veränderungen und die Aussicht auf den Tod viel Positives für sich entdeckt und erfahren – und genau darüber spricht er sechs Jahre später sehr offen und persönlich.

Guten Morgen, Philipp. Du hast mir bereits im Vorgespräch erzählt, dass du ein Morgenmensch bist. Worauf freust du dich denn morgens besonders? Und hast du ein bestimmtes Ritual, um in den Tag zu starten?

Das gibt es, aber das hat sich in den letzten Jahren verändert – aufgrund meiner körperlichen Veränderungen und damit auf Basis der Möglichkeiten, die ich jetzt noch habe. Erstaunlicherweise wurde dadurch aber nicht alles düsterer und sinnloser. Ich habe gemerkt, wenn ich meine Erwartungen adaptiere, freue ich mich eben über andere Dinge als noch vor fünf Jahren. Aktuell zaubert es mir wortwörtlich ein Lächeln ins Gesicht, wenn ich am Morgen meinen Hund sehe. Meine Frau und ich wollten immer einen Hund haben, waren in unserem Berufsleben aber so busy, dass wir diesen Herzenswunsch lange aufgeschoben haben.

Dadurch, dass ich nach meiner Diagnose sehr schnell nicht mehr arbeiten konnte, haben wir 2018 einen Hund zu uns geholt. Er heißt Brunello – benannt nach der italienischen Rotwein-Sorte, die ich gerne trinke – und ist wirklich ein Engel in Hundsform. Er bereichert mein Leben enorm und wenn er morgens auf mich zukommt, so freudestrahlend, als wäre es der schönste Morgen im ganzen Leben, dann kann ich nur zurückstrahlen.

Ich habe gemerkt, wenn ich meine Erwartungen adaptiere, freue ich mich eben über andere Dinge als noch vor fünf Jahren.

Jetzt hast du schon in der ersten Antwort deinen, wie ich finde, sehr wertvollen Blick auf Veränderungen geteilt, hier möchte ich später gern noch mehr von dir erfahren. Wenn du mal sieben Jahre zurückgehst, worauf hast du dich da morgens besonders gefreut?

Da ich, wie du bereits sagtest, ein Morgenmensch bin, hatte ich früh am Tag immer meine aktivste und kreativste Zeit. Als ich noch gearbeitet habe – als Selbstständiger muss man auch am Wochenende mal arbeiten – bin ich samstags oder sonntags oft um fünf oder sechs Uhr aufgestanden. Gerade im Sommer, wenn es schon hell war, habe ich morgens einfach zwei, drei Stunden gearbeitet. Früher habe ich auch gern Golf gespielt und war morgens als Allererster auf dem Platz, bin etwa zwischen sechs und halb neun dort gewesen, habe die Ruhe genossen und parallel dazu versucht, diesen kleinen Ball zu versenken.

Ich bin auch schon immer sehr gern in die Natur gegangen. Als ich dann nicht mehr arbeiten konnte und wir Brunello hatten, war das natürlich sehr praktisch, ich konnte früh morgens mit ihm raus. Wir wohnen relativ ländlich und trafen um die Zeit dann Rehe oder Hasen, das ist eine außergewöhnliche Situation, um sich zu entspannen und um bei sich anzukommen.

Jetzt ist es eben die Begegnung mit meinem Hund, ein schönes Frühstück oder ein Gespräch wie das mit dir, auf das ich mich freue. Oder ich sitze auf der Terrasse und gucke in den Garten, das genieße ich auch. Ich habe das Glück, immer ein sehr privilegiertes Leben führen zu können, mit einer gesicherten finanziellen Situation und einem schönen Haus. Das fand ich früher schon toll, habe es aber oft nicht so bewusst wahrgenommen. Hier war zwar damals alles schon genauso schön wie jetzt, aber ich hatte mehr die ganzen Sorgen und Probleme im Kopf, die im Laufe des Tages auf mich zukommen, als dass ich das genießen konnte. Jetzt lebe ich viel bewusster im Moment. Das ist ja eine Einstellung, von der man oft liest und hört. Ich kann es aufgrund meiner Rahmenbedingungen jetzt viel intensiver umsetzen als die meisten Menschen. Natürlich weiß man auch schon mit 20 Jahren, dass vieles vergänglich ist, aber trotzdem verhalten wir uns oft so, als wäre es nicht der Fall. Ich werde da nun sehr eindeutig drauf gestoßen.

Natürlich weiß man auch schon mit 20 Jahren, dass vieles vergänglich ist, aber trotzdem verhalten wir uns oft so, als wäre es nicht der Fall.

Wann war denn dieses „Früher“, von dem du sprichst? Unterteilst du dein Leben in die Zeit vor und nach der Diagnose?

Da muss ich tatsächlich drüber nachdenken, vermutlich unterteile ich es gar nicht so klar in diese zwei Abschnitte. Natürlich gab es Lebensphasen mit unterschiedlichen Schwerpunkten und ich habe mir mal die Frage gestellt, wann ich besonders

glücklich oder unglücklich war, aber das konnte ich gar nicht an einer bestimmten Phase festmachen – eigentlich fand ich sie alle ganz gut.
Ich bin Zahnarzt und habe relativ früh zusammen mit meiner Frau eine eigene Praxis eröffnet, da war ich 27 Jahre alt. Das hat uns sehr viel Spaß gemacht, uns aber natürlich auch gefordert. Man hört ja oft aus medizinischen Kreisen, wie frustrierend die Verwaltung und Bürokratie werden können. Das habe ich auch so erlebt: Man hat viel weniger Zeit für Dinge, die man selbst für wichtig erachtet – wie sich wirklich mit Patienten zu unterhalten und ihnen ihre Ängste zu nehmen – das alles wird in unserem Gesundheitssystem nicht honoriert. In dieser ganzen Mühle fühlte ich mich schon ein wenig gefangen. Wir haben viel Zeit mit Arbeiten verbracht, wollten uns sehr einbringen und haben mit vielen Idealen die Praxis so konzipiert, wie wir sie uns vorstellten. Das haben wir recht erfolgreich geschafft.
Die Entscheidung, ob wir eigene Kinder bekommen möchten, war für uns auch immer eine große Frage. Erst wollten wir die Selbstständigkeit erfolgreich etablieren, dann hat meine Frau entschieden, dass ihr die Arbeit zu viel Spaß macht, um teilweise auszusteigen. Wir haben uns also gegen eigene Kinder entschieden und sind viel gereist. Es waren sehr exotische Reisen, zu Fuß durch den Jemen oder durch Süd-Äthiopien zum Beispiel. Ich glaube, wir haben insgesamt 20 afrikanische Länder und alle Kontinente bereist – das war unser Luxus, den wir uns gegönnt haben. Ich habe sehr viel Sport gemacht und war ziemlich aktiv, mein Leben war sehr vielschichtig und ausgeglichen.
Dennoch kam die latente Unzufriedenheit in mir auf, etwa als ich 40 war. Es war eine Leere, sodass ich dachte, das kann doch nicht alles gewesen sein. Wir haben uns dann in der Entwicklungshilfe engagiert, haben Auslandsprojekte mitgestaltet und waren als Zahnärzte bei Hilfseinsätzen in Nepal oder Afrika. Das hat wirklich Spaß gemacht und uns mehr Sinnhaftigkeit gegeben. Wir standen finanziell gut da, ich war anerkannt, ich glaube, die meisten Menschen um mich herum fanden, dass ich oder wir es sehr gut hatten. Und trotzdem wuchs die Unzufriedenheit.

Es war eine Leere, sodass ich dachte, das kann doch nicht alles gewesen sein.

Hast du weiter versucht, etwas für dich zu ändern oder auszuprobieren, wie eure Entwicklungshilfe?
Dafür hatte ich zu wenig Mut, es war für mich schwer, die eigene Komfortzone zu verlassen. Ich habe begonnen, Kurse zur Persönlichkeits-

entwicklung zu machen. Ich habe Shaolin-Seminare besucht und mich mit Zen-Buddhismus und anderen Weltanschauungen beschäftigt, obwohl ich christlich erzogen wurde. Doch eine richtige Austrittstür aus meinem Alltag fand ich nie, vielleicht war ich dafür doch zu bequem oder ich glaubte, ich könnte jemanden enttäuschen.

Doch eine richtige Austrittstür aus meinem Alltag fand ich nie …

War diese Austrittstür für dich schon konkret greifbar, in dem Sinn, dass du eine konkrete Idee hattest, dich beruflich neu orientieren oder dir einen bestimmten Lebenstraum erfüllen möchtest? Oder war es eher ein schwammiges Gefühl?
Es war noch schwammig, aber die Idee wuchs in mir. Meine Frau und ich sind sehr naturverbunden und tierlieb, wir hätten uns vielleicht einen Bauernhof mit Tieren gekauft oder so etwas in der Art. Wir waren mal in Neuseeland und fanden es dort toll, da hatten wir den Gedanken, dass wir vielleicht dort hinziehen und nebenbei weiter als Zahnärzte arbeiten könnten. Auch Namibia war hoch im Kurs. Der Beruf hat uns ja Spaß gemacht, es waren nur die Rahmenbedingungen, die uns zermürbten. Aber dann kam es anders und der Ausstieg, den ich mir selbst nicht genehmigt habe, wurde mir durch die Diagnose auf dem Tablett serviert.

Was sind deine Erinnerungen an den Tag, als du erfahren hast, dass du ALS hast?
Das war am 19. April 2017 in Tübingen. Ich hatte vorher schon mehrere Untersuchungen bei verschiedenen Ärzten, weil ich Krämpfe im rechten Zeigefinger und Daumen hatte – so fing alles an. Das war mysteriös, weil ich körperlich topfit war und mich gut fühlte. Ich habe diese Krämpfe zuerst ignoriert, doch sie wurden immer stärker und schränkten mich auch beim Arbeiten ein – also wollte ich die Sache abklären. Dann begann die Diagnostiktortur, bei all diesen neurologischen Untersuchungen wird man ja ziemlich drangsaliert. Irgendwann zuvor wurde die Diagnose schonmal in den Raum gestellt, doch für mich war das total weit weg. Ich war immer ein Glückskind und auf der Sonnenseite des Lebens. Es war unvorstellbar, dass ich mit 47 Jahren eine todbringende Erkrankung bekomme.

Welche Berührungspunkte hattest du bis dahin mit ALS? Und was wusstest du von der Erkrankung?
Eigentlich wusste ich gar nichts darüber. Ich kannte nur Stephen Hawking, der ja als Astrophysiker bekannt ist und der an ALS litt. Als zum ersten

Mal im Raum stand, es könne sich um eine degenerative Motoneuron-Erkrankung handeln – damit konnte ich nichts anfangen, obwohl ich ja Mediziner bin und die Worte natürlich übersetzen konnte. Im Internet habe ich gelesen, dass es sich dabei schlimmstenfalls um ALS handelt. Die Abkürzung steht übrigens für amyotrophe Lateralsklerose. Also fuhr ich nach Tübingen in eine Spezialklinik, um abzuklären, ob es das tatsächlich ist. Ich bin allein dorthin gefahren, weil ich dachte, ich bin der starke Philipp, ich brauche keine Hilfe – und ich habe das ja sowieso nicht. Doch vier Tage später, am besagten Tag, sprach der Arzt die Diagnose aus.

Danach saß ich am Bahnhof und wartete auf den Zug, mit dem ich sechs Stunden lang nach Hause fahren musste. Die Sonne schien und es war heftig, was in mir vorging. Es kamen ganz viele Ängste auf, dazu Ungewissheit und Wut. Ich kann mich noch sehr gut daran erinnern, genau wie an den letzten Patienten, den ich behandelt habe. Das war mein Bruder Tobias, gut eine Woche vorher. Zu ihm sagte ich noch im Spaß, dass er ja wohl nicht der letzte Mensch sein werde, den ich als Zahnarzt behandle – doch genau so war es dann.

Heute kann ich für mich sagen, dass mit der Diagnose eine sehr spannende Lebensphase begonnen hat.

Als du am Bahnhof saßt und wusstest, dass du an einer Erkrankung ohne Heilungschance leidest, was ging dir da durch den Kopf?
Da geht einem alles durch den Kopf. Der Arzt hat bei der Bestätigung der Diagnose direkt einen Fragebogen herausgeholt und mich gefragt, ob ich künstlich ernährt oder beatmet werden möchte – das fand ich ziemlich unsensibel. Ich fühlte mich ja völlig gesund, saß da munter vor ihm und sollte mich mit solchen Fragen auseinandersetzen. Ich wusste nicht, was ich antworten sollte. Allerdings wurde ich sehr direkt darauf hingewiesen, wie der normale Verlauf der Erkrankung ist. Man sagte mir, die durchschnittliche Lebenserwartung seien etwa zweieinhalb Jahre, bei mir ist die Diagnose jetzt sechs Jahre her. Heute kann ich für mich sagen, dass mit der Diagnose eine sehr spannende Lebensphase begonnen hat. Dass ich plötzlich an ALS litt, klingt sehr dramatisch und das ist es sicher auch für viele, aber für mich persönlich ist die Zeit seit Beginn der Erkrankung auch sehr sinnhaft und schön. Ich hätte sie wahrscheinlich nicht so intensiv erlebt, wenn es mir anders

ergangen wäre. Dann würde ich jetzt in der Praxis stehen und bohren, statt hier zu sitzen und mit dir zu sprechen – so ist es doch viel schöner.

Was für eine beeindruckende Lebenseinstellung, Philipp. Und gleichzeitig denke ich an den Satz, der dich erst einmal zutiefst erschüttert haben muss: „Sie haben noch etwa zweieinhalb Jahre zu leben." Wie ging es weiter, als du mit dem Zug wieder zurück in dein altes Leben gefahren bist und gleichzeitig nichts mehr war wie vorher?

Meine Frau war gerade zum Trekking in Argentinien. Es stand ja zu diesem Zeitpunkt schon im Raum, dass ich eine ALS-Diagnose erhalten könnte, aber ich wollte trotzdem, dass sie fährt. Also musste ich es ihr am Telefon sagen, als sie noch unterwegs war, das war für sie sicher schwierig. Ich habe zum Glück ein großes soziales Umfeld, ich habe viele Freunde, meine Eltern vor Ort und drei Geschwister, die alle schnell dagewesen sind und Hilfe angeboten haben. Es war ein paradoxer Zustand: Ich fühlte mich noch total gut, aber alle guckten mich an, als wäre ich fast tot.

Mir war jedenfalls sofort klar, dass ich offen damit umgehe. Ich wollte kein Geheimnis daraus machen, sodass tausend Gerüchte aufkommen, was ich wohl habe und warum ich nicht mehr arbeite. So konnten wir auch den Patienten schnell sagen, welche Erkrankung ich habe, dass die Perspektive – rein schulmedizinisch gesehen – ziemlich schlecht ist und dass ich keine Patienten mehr behandeln werde. Körperlich betrachtet hätte ich das zunächst noch tun können, aber ich fand es psychisch sehr schwer, anderen Menschen helfen zu wollen, wenn man sich selbst gerade so mit seinem eigenen Leben auseinandersetzt. Es war wichtig für mich, einen klaren Cut zu machen.

In meinem Freundeskreis habe ich allen eine Nachricht über *WhatsApp* geschickt, weil es mir zu schwer gefallen wäre, mit jedem Einzelnen zu reden und immer das Gleiche erzählen zu müssen. Außerdem wollte ich ihnen die Chance geben, erst einmal für sich ein bisschen damit klarzukommen, sich vielleicht auch zu informieren, was ALS überhaupt ist, bevor sie mit mir sprechen.

Ich fühlte mich noch total gut, aber alle guckten mich an, als wäre ich fast tot.

Ich finde es bemerkenswert, wie schnell und klar du für dich diese Veränderung annehmen wolltest und auch in klare Entscheidungen und Handlungen übersetzt hast.

Ich finde „annehmen" ist ein ganz wichtiges Wort. Viele verdrängen ihre Krankheiten oder ihre Probleme im Leben – durch die Arbeit, durch Extremsport, Rauschmittel oder andere Dinge. Dabei bedeutet annehmen jedoch nicht, dass ich mich über diese Erkrankung definiere. Sie ist ein Teil von mir, aber es gibt noch viele andere Teile.

Ich habe die Diagnose sehr schnell als Chance empfunden, endlich auf mein Herz zu hören, Dinge zu tun, die ich vorher weggeschoben habe und mich um mich selbst zu kümmern. Das hieß auch, nach alternativen Heilmethoden zu forschen, weil klar war, dass es auf schulmedizinischem Weg keine Heilung gibt. Damals war ein einziges Medikament zugelassen, das meine Lebenserwartung statistisch gesehen um zwei Monate verlängern konnte. Das habe ich ein Jahr genommen und fühlte mich damit total matt – also habe ich beschlossen, es nicht zu nehmen und mir stattdessen eine schöne Zeit zu machen. Als Zahnarzt in einem kleinen Ort mit 4.000 Einwohnern habe ich einen gewissen Bekanntheitsgrad. Nachdem wir die Erkrankung kommuniziert hatten, kamen von allen Seiten ganz liebe Briefe mit Hinweisen und Ideen, was ich unternehmen könnte. Das habe ich alles aufgesogen und angefangen, bestimmte Dinge umzusetzen. Ich bin viel gereist und habe alle möglichen alternativmedizinischen Methoden probiert.

Am Anfang hatte ich im Hinterkopf, dass es einige ALS-Verläufe gibt, bei denen es von „ganz gesund" zu „ganz tot" sehr schnell geht, innerhalb von einem halben Jahr stirbt man. Deshalb habe ich bei allem, was ich tat, überlegt, ob es wohl das letzte Mal ist. Ich habe mich gefragt: Wenn ich das jetzt zum letzten Mal in meinem Leben tue, würde ich es dann anders machen? Dadurch, dass ich mir viel Zeit für mich genommen und viele Spaziergänge gemacht habe, habe ich viele Erkenntnisse für mich gewonnen – so ist in meinem Kopf schon mein Buch entstanden, das ich schließlich über mich und meinen Weg geschrieben habe.

Das alles tat mir so gut, dass ich immer mehr zu mir kam, dass ich komischerweise immer mehr Dankbarkeit empfand und nicht mehr Unzufriedenheit, Frust oder das Gefühl von Ungerechtigkeit. Ich glaube, ich habe auch deshalb besonders schöne Jahre gehabt, weil ich zum ersten Mal in meinem Leben wirklich Zeit hatte.

Ich habe mich gefragt: Wenn ich das jetzt zum letzten Mal in meinem Leben tue, würde ich es dann anders machen?

Ich habe eben noch an das Wort „Zeitdruck" gedacht, als du sagtest, es hätte sein können, dass du innerhalb eines halben Jahres stirbst. Wie toll, dieses Bild jetzt umzudrehen – du

sagst, dass du zum ersten Mal wirklich Zeit für dich hast, auch wenn du nicht weißt, wie lange dir noch bleibt. Wie hat deine Frau diese Zeit erlebt? Das war ja für sie auch eine einschneidende Veränderung und gleichermaßen ging für sie der Alltag in eurer Praxis weiter.

Ich glaube, für sie war es gut, dass ihr Leben erst einmal so weitergehen konnte – sie hat meine Erkrankung anfangs sehr verdrängt, oft tut sie es auch heute noch. Ihr fällt es nicht so leicht, über ihre Gefühle zu reden und sie zuzulassen. Und ich war plötzlich mehr oder weniger Hausmann, ich habe eingekauft, gekocht, mich um den Garten gekümmert – das war eine Erleichterung für sie. Die ganzen organisatorischen und administrativen Dinge im Hintergrund der Praxis konnte ich ja noch immer machen. Das habe ich auch weiterhin gern übernommen, nur zum ersten Mal ohne Zeitdruck, nicht am Samstag oder Sonntag früh um sechs. So war der Alltag für uns anfangs nicht so dramatisch.

Zu Beginn sah man mir die Erkrankung gar nicht an, weil ich bei einem sehr hohen Fitnesslevel anfing.

Wie würdest du denn deine bisherige ALS-Reise für dich beschreiben? Was merkst du an körperlichen oder auch psychischen Veränderungen?

Bei der Erkrankung ist es so, dass die Muskulatur sukzessiv ihre Funktion einstellt. Meistens fängt es in den Extremitäten an, so wie bei mir in den Händen. Bei anderen Patienten geht es in den Füßen los, sodass sie plötzlich häufiger stolpern. Irgendwann manifestiert es sich dann auch in der Zunge und im Schluck- und Atmungsapparat. Letztendlich bis man völlig bewegungsunfähig ist und erstickt oder verhungert.

Zu Beginn sah man mir die Erkrankung gar nicht an, weil ich bei einem sehr hohen Fitnesslevel anfing. Ich habe lange noch sehr viele Sachen machen können, ich konnte Reisen, Wandern und Golf spielen. Die Verläufe bei ALS sind oft sehr linear und ich merkte selbst schnell, dass meine Kraft weniger wurde, aber die ersten zwei, drei Jahre haben Außenstehende es nicht unbedingt bemerkt.

Was für mich ein persönlicher Knackpunkt war, war ein Besuch der ALS-Tage in Berlin in der *Charité* kurz nach meiner Diagnose. Diese Veranstaltung gibt es einmal im Jahr und mir wurde empfohlen, dorthin zu fahren. Also bin ich zusammen mit meinem Freund Andreas, der auch mein Hausarzt ist, nach Berlin gefahren und habe das ganze Elend gesehen. Es waren Erkrankte da, die im Rollstuhl saßen und denen unkontrolliert Speichel aus dem Mund floss. Aussteller zeigten ihre Hilfsmittel wie Ernährungssonden oder Beatmungsgeräte. Da wurde mir sehr deutlich vor Augen geführt, was auf mich zukommen könnte. Danach hatte ich Alpträume und habe für mich den Entschluss gefasst, ich beschäftige mich jetzt noch nicht mit den möglichen Folgen dieser Krankheit, sondern mit meiner Gesundheit. Ich wollte den Fokus auf die Dinge legen, die ich noch konnte. Das war für mich ein Gamechanger, weil ich aus der Spirale herauskam, mir immer wieder vorzustellen, wie schlimm es für mich laufen wird.

Und wie ist es aktuell für dich?
Ich sage es, wie es ist: Seit einiger Zeit bin ich schon sehr eingeschränkt. Von den Händen ging es kontinuierlich über die Arme und jetzt mit den Beinen weiter. Mit einem Rollator kann ich in der Wohnung noch ein bisschen gehen, wenn mich jemand stützt, schaffe ich auch draußen ein paar Schritte ohne Rollstuhl. Seit ich einen Rollstuhl habe, kommen viele Leute zu mir und fragen, ob ich einen Schub hatte, weil es mir plötzlich so viel schlechter gehe. Doch eigentlich war es vorher auch nicht viel besser, da konnte ich bloß noch einigermaßen selbstständig laufen, weshalb es nicht so sichtbar war.

Ich habe zur Zeit ganz, ganz viele Krämpfe, täglich sicher 1.000 Mal. Bei jeder Bewegung oder beim Schlucken krampft es im Hals oder im Bauch. Die Atmung geht noch einigermaßen, da habe ich noch keine Unterstützung, aber es kommt schon häufiger vor, dass ich wenig Luft kriege und mich beim Schlucken so heftig verschlucke, dass ich denke, ich ersticke. Das habe ich gerade letzte Woche erlebt, als ich mich an einem ganz kleinen Krümel verschluckt habe. Ich habe immer Luft gezogen und es kam nichts – da geriet ich natürlich in Panik. Zum Glück war in diesem Moment unsere Haushaltshilfe Cassandra da und hat mich unterstützt.
Und ich kann nicht mehr richtig allein essen – vielleicht würde ich noch einen Löffel zum Mund bekommen, aber es strengt mich sehr an. Ich könnte auf keinen Fall mehr mit Messer und Gabel essen.

Ich habe zur Zeit ganz, ganz viele Krämpfe, täglich sicher 1.000 Mal.

Ich bin gerade sehr ergriffen von deinen Beschreibungen, weil sie verdeutlichen, wie einschränkend und auch bedrohlich diese Krankheit für dich jetzt schon ist und du mir aber in diesem Moment so lebendig und strahlend gegenüber sitzt. Und ich bin gerade sehr dankbar, dass du mir

deine Zeit schenkst. Philipp, wie habt ihr euer Zuhause und euren Alltag an deine aktuelle Situation angepasst?
Wir haben in den letzten Jahren sehr viel umgebaut, der entscheidende Hilfsfaktor für mich war der Treppenlift. Dadurch komme ich noch ganz gut allein im Haus zurecht. Letzten Sommer hatte ich eine Corona-Infektion, die für mich nicht so schlimm verlief, nach der ich aber relativ schwach war. Wir haben ein zweistöckiges Haus und ich habe es nicht geschafft, die Treppe runterzugehen, sodass ich vier Wochen mehr oder weniger im Obergeschoss eingesperrt war, weil dort das Schlafzimmer ist. Dann kam endlich der Treppenlift – solche Geräte haben ja so lange Lieferzeiten.

Zudem ist es eben auch anders, als wenn man nach einem Verkehrsunfall im Rollstuhl sitzt. Das stellt natürlich auch eine Herausforderung dar, aber da kann man irgendwie langfristiger planen. Bei meiner Erkrankung ist es schwer vorherzusagen, wie lange ich was noch kann.

Meine Frau bereitet mir morgens etwas zu essen vor und sie kann mittags aus der Praxis nach Hause kommen. Wir haben seit einiger Zeit auch unsere Haushaltshilfe, was mir zuerst unangenehm war, schließlich geht es ja auch um viele private und intime Sachen. Ich kann zum Glück noch ganz gut allein auf Toilette gehen – das ist ja immer der Klassiker, um den sich viele Sorgen machen. Wir haben eine vollautomatische Toilette mit einer Sprühreinigung gekauft, sodass es auch ohne Klopapier funktioniert und man keine fremde Person bitten muss, beim Abwischen zu helfen. Und trotzdem: Cassandra ist eine junge, hübsche Frau. Da wäre es gelogen, wenn ich sage, ich würde keine Scham empfinden, wenn sie mir bei vielen Dingen helfen muss. Aber wir nähern uns an, sie wäscht mir jetzt auch mal die Haare oder schneidet mir die Fingernägel und hilft mir beim Rasieren. Und als ich neulich fast erstickt bin, war sie bei mir und hat mich beruhigt. Aber wir werden uns zukünftig um eine Pflegekraft Gedanken machen müssen, weil die Erkrankung eben leider fortschreitend ist. Doch ich bleibe dabei, wenn es nicht zwingend nötig ist, Dinge im Voraus zu planen, weil es bestimmte Anmeldefristen oder Lieferzeiten gibt, möchte ich mich jetzt nicht gedanklich damit belasten, was noch passieren könnte.

> Bei meiner Erkrankung ist es schwer vorherzusagen, wie lange ich was noch kann.

Hast du trotzdem schon Vereinbarungen und Vorkehrungen getroffen? Ich denke gerade auch an den Fall, wenn es dir schlechter gehen sollte und

du dich nicht mehr gut artikulieren kannst?

Wir haben letztes Jahr Patientenverfügungen erstellt, Vollmachten erteilt und solche Dinge erledigt. Das ist natürlich etwas unschön, all das beim Notar unterschreiben zu müssen, aber so rational bin ich dann doch, dass wir das gemacht haben. Grundsätzlich ist die besondere Herausforderung bei dieser Erkrankung, dass du bei vollem Bewusstsein deine komplette Körperfunktion langsam verlierst. Bei meinem Verlauf der Erkrankung ist die Wahrscheinlichkeit, dass ich ganz plötzlich sterbe, deutlich geringer. Somit empfinde ich keinen starken Druck, alle Dinge jetzt schon präzise planen zu wollen. Auch wenn ich vielleicht irgendwann nicht mehr sprechen kann, gibt es inzwischen technische Möglichkeiten, um weiterhin kommunizieren zu können, zum Beispiel kann man per Augensteuerung Sprachcomputer programmieren. Das ist zwar mühsam, aber man kann noch eindeutige Willensbekundigungen machen.

In meiner Patientenverfügung habe ich eigentlich beschlossen, keine lebensverlängernden Maßnahmen zu wünschen, aber solange ich meinen freien Willen noch äußern kann, behalte ich mir vor, das zu ändern. Vielleicht empfinde ich das Leben auch noch als lebenswert, wenn ich beatmet oder künstlich ernährt werde – da gibt es viele ALS-Patienten, mit denen ich mittlerweile Kontakt habe, die es so sehen.

Ich bin tatsächlich dankbar, dass ich – wenn ich schon die Erkrankung habe – immerhin die Zeit hatte, mich mit diesen Themen auseinanderzusetzen.

Grundsätzlich ist die besondere Herausforderung bei dieser Erkrankung, dass du bei vollem Bewusstsein deine komplette Körperfunktion langsam verlierst.

Sprichst du mit deiner Frau manchmal über deinen Tod und euren Abschied?

Sie schiebt den Gedanken an meinen Tod eher beiseite, das ist ihre Art, damit umzugehen, und ich glaube, sie kommt ganz gut damit zurecht. Ich weiß nicht, wie ich mich verhalten würde, wenn es andersherum wäre – ich glaube, ich bin froh, dass sie nicht diejenige mit der Erkrankung ist. Ich versuche einfach, uns die Zeit so schön wie möglich zu machen. Und in einem unserer Gespräche habe ich ihr gesagt, dass es jetzt eine schwierige Herausforderung ist, aber dass wir vielleicht dadurch, dass uns die Endlichkeit so bewusst wird, eine viel intensivere, liebevollere und herzlichere Zeit miteinander haben, als wenn jeder einfach nebeneinander herlebt. Wir haben jetzt die Chance, uns gegenseitig unsere Gefühle und unsere Liebe zu zeigen, und das empfinde ich auch als eine Art Geschenk. Das ist übrigens mein Appell an alle Menschen.

Und ich empfinde es nicht als schlimm, jetzt irgendwann zu sterben, weil ich glaube, das Ziel ist es nicht, möglichst alt zu werden – sondern möglichst glücklich. Manche Menschen schaffen das schon mit 20 Jahren, andere werden 100 Jahre alt und sind noch immer total verbittert und im Streit mit sich und der Welt. Von daher kann mir nichts Schlechtes mehr passieren, ich bin ja schon total zufrieden.

Ich glaube auch, dass das Leben nicht vorbei ist, nachdem ich nicht mehr hier in diesem Körper bin. Ich finde nicht wichtig, wie man das definiert, aber ich bin mir sehr sicher, dass der Mensch aus mehr besteht als nur aus dieser körperlichen, materiellen Hülle. Von daher ist die Vorstellung, dass es mir dann vielleicht auf eine Art und Weise wieder besser geht, gar nicht dramatisch, sondern schenkt mir eher Zuversicht. Wie es kommen wird, können wir ja nicht beweisen, aber ich beschäftige mich jetzt lieber mit der Vorstellung, dass es ein Leben danach gibt, dass ich dann keine Schmerzen mehr habe, dass ich vielleicht den Einen oder Anderen wiedersehe.

Ich habe früher öfter geträumt, dass ich auf meiner eigenen Beerdigung zu Gast bin.

Das hört sich alles an, als könntest du mit einem vollen und leichten Herzen gehen, wenn es so weit ist. Wenn du das erzählen möchtest, würde ich gerne wissen, ob du schon einen Gedanken oder Wunsch hast, wo du sterben oder wie du bestattet werden möchtest.

Natürlich beschäftigt mich der Gedanke und komischerweise hatte ich solche Überlegungen auch schon, bevor ich die Diagnose bekam. Ich habe früher öfter geträumt, dass ich auf meiner eigenen Beerdigung zu Gast bin. Ich weiß nicht, ob andere Menschen so etwas auch haben. Wenn es um meine Beerdigung geht, mache ich mir besonders Gedanken um die Musik, die gespielt werden könnte, da habe ich tatsächlich schon eine Art Playlist. Immer, wenn mich ein Lied besonders berührt, denke ich: Das werde ich auf meiner Beerdigung spielen lassen. Die Liste verändert sich immer, anfangs waren es eher melancholische Lieder, mittlerweile sind auch fröhliche dabei.

Ich war vor etwa einem Jahr bei einer Beerdigung, die mir sehr gut gefallen hat, daraufhin habe ich Kontakt mit dem Pastor aufgenommen und ein längeres Gespräch mit ihm geführt. Er ist aus unserem Nachbarort und ich habe ihn zumindest schon gefragt, ob er mich beerdigen würde, weil ich mir das gut vorstellen könnte. Da sind noch keine konkreten Abmachungen getroffen, aber sicherlich gehe ich achtsamer mit solchen Möglichkeiten um, als wenn ich das Thema noch nicht auf der Agenda hätte.

Philipp, wir haben uns ja durch Frank und Nicole Pape kennengelernt, die mit „Ein Lächeln für dich" einen Ort erschaffen haben, an dem Menschen in einem schönen Umfeld umgeben von Tieren Abschied nehmen können und ihre letzte Reise antreten. Du sagtest mir bereits, dass du ein paar Mal dort zu Besuch warst, aber eben nicht mit der Intention, dort zu sterben. Wie ist die Verbindung zwischen euch entstanden?

Ich hatte den Film „Gott, du kannst ein Arsch sein" gesehen und im Abspann gelesen, dass er auf dem Buch von Frank Pape beruht. Das habe ich mir dann gekauft und dort war ein Hinweis auf die Website der Familienrösterei enthalten, die auch Schokolade, Pralinen und Kaffee herstellt und verkauft. Auf der Website habe ich von dem Verein *„Ein Lächeln für dich"* erfahren und bin ganz spontan Mitglied geworden. Ich habe Schokolade und Kaffee bestellt und bei der Bestellung in einem Freifeld ein paar persönliche Sätze hinterlassen: Ich habe erzählt, wer ich bin, dass ich Franks Buch beeindruckend fand und gerade selbst ein Buch schreibe – ob wir vielleicht in Kontakt treten können. So kam es, dass ich irgendwann mit meiner Frau auf den Hof fuhr, die Arbeit dort kennenlernte und sah, was Frank und Nicole dort leisten. Erst ging es viel um mein Buch und Frank bot mir an, bei der Veröffentlichung zu helfen und mir später Kontakte zu Fernsehredaktionen zu vermitteln, die darüber berichten können.

So haben wir uns immer mehr angefreundet, die beiden sind unglaublich herzliche und authentische Menschen. Sie haben einen Ort erschaffen, der wirklich besonders und unterstützenswert ist. Bei ihnen gibt es ganz unbürokratische und unkomplizierte Hilfe, man muss bei ihnen nicht mehrere Anträge stellen, auf die Antwort der Krankenkasse warten und mehrere Monate abwarten, bis man dort aufgenommen wird – wie es manchmal im Hospiz der Fall ist. Bei ihnen steht jemand vor der Tür und sie helfen sofort, wenn sie es können, das finde ich beeindruckend. Deshalb sammle ich immer wieder Spenden für ihren Verein – es ist einfach toll, was die beiden für unsere Gesellschaft tun.

Es freut mich, dass nun wieder ein paar mehr Menschen von diesem

ganz besonderen Ort erfahren, den Frank und Nicole geschaffen haben. Du hast zu Beginn unseres Gespräches schon gesagt, dass du auf deinen Spaziergängen viele Erkenntnisse sammeln konntest, die du dann auch in deinem Buch aufgeschrieben hast. Du hast schon so vieles mit uns geteilt. Gibt es eine Botschaft, die dir besonders am Herzen liegt?

Wie wichtig es für mich war, dass ich angefangen habe, auf mein Herz zu hören. Ich bin jetzt mit mir selbst und mit anderen Leuten in Frieden und in Liebe. Auch wenn es abgedroschen klingt, habe ich für mich und in meinem eigenen Leben gelernt, dass es funktioniert.

Ich bin jetzt mit mir selbst und mit anderen Leuten in Frieden und in Liebe.

Wie hast du das gelernt, was hat dir auf deinem Weg geholfen?

Ich habe mich zum einen viel mit meiner eigenen Vergangenheit auseinandergesetzt und zum Beispiel Innere-Kind-Arbeit gemacht. Ich hatte einen wirklich heftigen Konflikt mit meinen Eltern, insbesondere mit meiner Mutter – und da habe ich meinen Frieden gefunden. Mir ist klargeworden, dass sie alles aus Liebe getan haben und so gut, wie sie es eben konnten. Da habe ich gar keinen Hass oder keine Vorwürfe mehr in mir, auch wenn ich viele Dinge vielleicht ganz anders sehe als sie.

Dadurch, dass ich so viel für meine Heilung ausprobiert habe – ich war auf schamanischen Sitzungen und bei Heilern in Brasilien und Kongressen in ganz Europa, bin in Schwitzhütten sehr an meine körperlichen Grenzen gegangen – habe ich ganz unterschiedliche Menschen kennengelernt, mich ohne Vorbehalt auf Dinge eingelassen und mich mit vielen Themen auseinandergesetzt. Auch die Transformationstherapie nach Robert Betz hat mich dabei tief beeindruckt und inspiriert. Zwar habe ich nirgendwo ein Allheilmittel oder das Elixier für ein langes und glückliches Leben entdeckt, aber ich habe aus allem die für mich wichtigen Essenzen herausdestilliert. Ich hielt nichts für völlig überflüssig oder falsch, vielmehr habe ich gelernt, dass sich viele Lebensphilosophien und Herangehensweisen eher ergänzen, als dass sie sich ausschließen. Oft ist man gar nicht so weit auseinander wie man glaubt – das gilt auch für die Schulmedizin und alternative Ansätze.

Es ist schwer zu sagen, was genau mich dahin gebracht hat, wo ich jetzt bin, aber was ich sagen kann, ist, dass ich ein total glücklicher Mensch bin. Und das hätte ich mir bei dem Verlauf der Erkrankung und bei all den Einschränkungen, die ich jetzt schon habe, früher nie vorstellen können:

glücklich zu sein, obwohl ich nicht mehr allein rausgehen kann, obwohl ich nicht mehr Skifahren oder so gut reisen kann. Wir waren vor einem Jahr noch in Namibia, das war sehr abenteuerlich, hat aber mit viel Hilfe noch irgendwie geklappt. Vielleicht wollen wir noch einmal nach Indien – aber vielleicht ist das auch vermessen, wir werden sehen.

Ich plane sehr gern und ich plane so, als ob ich 100 Jahre alt werden würde.

Wie lange schmiedest du solch schöne Pläne in die Zukunft?

Ich plane sehr gern und ich plane so, als ob ich 100 Jahre alt werden würde. Ein Jahr nach der Diagnose – als ich den Prognosen zufolge schon halbtot gewesen wäre – habe ich mich noch zum Vorsitzenden des *Hankensbütteler Sportvereins* mit 550 Mitgliedern wählen lassen. Jetzt bauen wir eine riesige neue Sportanlage, da kann ich vieles organisieren, mein Kopf ist ja noch ganz fit. Ich engagiere mich auch in der *Krzysztof Nowak-Stiftung* vom *VfL Wolfsburg*, die der Verein initiiert hat, nachdem Krzysztof an ALS erkrankte und daran 2005 verstarb. Jetzt hilft die Stiftung ALS-Betroffenen und es bereitet mir große Freude, ein Teil davon zu sein. Ich habe das Privileg, finanziell recht gut dazustehen, aber ich weiß, wie teuer all die Hilfsmittel sind und wie kompliziert es ist, alles mit den Krankenkassen zu regeln.

Ganz konkret unterstützten wir eine 35-Jährige, die alleinerziehende Mutter von einem 13-jährigen Sohn ist. Sie hat vor zwei Jahren die Diagnose ALS bekommen, kann sich jetzt gar nicht mehr bewegen, sie muss künstlich ernährt und beatmet werden. Das Jugendamt sagt, die Frau muss ins Pflegeheim und das Kind ins Heim, doch die beiden wollen so lange zusammenleben, wie es nur geht. Sie brauchen also viel Geld für eine Haushaltshilfe, die kocht, die Wäsche wäscht, den Jungen mal zum Sport fährt und so weiter. Von der gesetzlichen Versicherung gibt es dafür viel zu wenig Geld, also haben wir das über die Stiftung organisiert. Zusätzlich habe ich dann zum Beispiel noch einen Vortrag bei einem Rotary-Club gehalten, um Spenden einzusammeln – und so kam das Geld zustande.

Dadurch, dass ich noch gut sprechen kann, werde ich manchmal zur Stimme der ALS-Erkrankten – die meisten können solche Aufgaben nicht mehr übernehmen. Weshalb mir leider auch schon vorgeworfen wurde, dass ich ja nur so tue, als hätte ich ALS, weil ich ja schließlich nicht beatmet werde. Auch unter Menschen mit der gleichen todbringenden Erkrankung gibt es noch Neid und Missgunst.

... seit ich mich bewusst entschieden habe, glücklich zu sein und die Zeit zu genießen, die noch bleibt, geht es mir viel besser.

Natürlich sollte es sowieso keine Krankheit brauchen, um milde und versöhnlich zu werden, aber ich glaube, viele Menschen bleiben leider auch mit solch lebensverändernden Diagnosen weiter in sich gefangen. Sie tragen ihr schweres Gepäck weiter, ohne für sich Dinge aufzuarbeiten oder sich im Verzeihen zu üben.

Damit komme ich zu einer weiteren wichtigen Erkenntnis, die ich für mich gewonnen habe. Und das möchte ich nicht verallgemeinern oder als altklugen Ratschlag mitgeben, weil jeder für sich herausfinden muss, was zu ihm passt. Doch für mich ist es entscheidend, dass ich morgens wählen kann, mit welcher Einstellung ich in den Tag gehe. Wenn du morgens aufstehst und sagst: „Scheiße, ich bin ALS-krank, ich werde heute also sowieso kaum zum Esstisch kommen und dann muss ich wieder husten, das hat doch alles keinen Sinn" – dann ist der Tag höchstwahrscheinlich auch blöd. Wenn ich aufstehe und höre, wie die Vögel schon zwitschern und mich dann freue, dass mich mein Hund fröhlich begrüßt, dann geht es mir gut. Ich glaube, dass wir selbst die Verantwortung dafür tragen, was in unserem Kopf passiert oder uns zumindest bewusst werden, was passiert, und dann entscheiden können, welche Gedanken uns jetzt gut tun oder bestärken. Dafür entscheidend ist nur der aktuelle Gedanke und nicht, was war oder kommt. Das fällt manchmal leichter und manchmal schwerer und natürlich habe ich auch Tage, an denen ich traurig, frustriert und schlecht drauf bin. Dann versuche ich, nachsichtig mit mir zu sein.

Und seit ich mich bewusst entschieden habe, glücklich zu sein und die Zeit zu genießen, die noch bleibt, geht es mir viel besser. Ich habe so viele tolle Kontakte – so wie mit dir heute. Das kommt alles auf mich zu, ohne dass ich es mir aktiv ausdenken muss. Ich empfinde auch nicht mehr so einen Druck, Erwartungen zu erfüllen. Vermutlich ging es dabei vor allem um meine eigenen Erwartungen. Ich bin viel milder mit mir geworden und gestehe mir auch zu, dass ich mal Fehler mache oder anders bin, als ich es mir wünsche. Ich habe durch all diese großen und kleinen Schritte zu viel mehr Leichtigkeit in meinem Leben gefunden.

... ich glaube, dass Humor gerade bei Themen wie Tod und Sterben, wo man ihn nicht erwartet, sehr hilfreich sein kann.

Da denke ich gerade an dein Buch, das trotz der Schwere des Themas schon mit dem Titel Leichtigkeit vermittelt: „Wer stirbt denn nicht?" Wie bist du darauf gekommen?

Diese Frage kam in einem Kapitel des Buchs vor, in dem ich über Humor schreibe – weil ich glaube, dass Humor gerade bei Themen wie Tod und Sterben, wo man ihn nicht erwartet, sehr hilfreich sein kann. Als ich dann überlegte, wie der Titel des Buchs sein soll, war mir schnell klar, dass es diese Frage ist.

Der Arbeitstitel lautete zunächst: „Das ist unser kranker Sohn." Das beruhte auf einer Erfahrung, die ich am Anfang der Erkrankung gemacht habe. Es war Sommer, ich war braungebrannt, hatte viel Sport gemacht und fühlte mich super. Dann kam ich ins Wohnzimmer meiner Eltern, die dort mit einem befreundeten Paar saßen, das ich nicht kannte. Und meine Mutter stellte mich vor mit den Worten: „Das ist Philipp, unser kranker Sohn." Früher war ich immer „Philipp, der Zahnarzt" oder „Philipp, die Sportskanone". Jetzt war ich plötzlich nur noch der kranke Sohn. Wie bei allen Dingen im Leben ist es also eine Frage der Perspektive und Wahrnehmung. Das fand ich in dem Moment sehr prägend.

Das muss krass für dich gewesen sein. Wie bist du mit dieser Situation umgegangen?

Ich habe ein bisschen Smalltalk gehalten, habe also die Erwartungen erfüllt, und dann ging ich raus. Besonders bei meiner Mutter war es so, dass sie die ersten zwei bis drei Jahre gar nicht wirklich mit mir reden konnte, ohne zu weinen. Für sie war die Diagnose ein großer Schmerz, der sie fast ein bisschen lähmte. Natürlich ist es auch für meine Familie, meine Freunde und mein Umfeld schwer, mit der Situation umzugehen. Dennoch hätte ich es mir manchmal gewünscht, dass die Menschen mich einfach direkt gefragt hätten, wie es mir eigentlich wirklich geht. Mitgefühl ist dabei sehr hilfreich, Mitleid dagegen macht alle Beteiligten schwach und abhängig. Kollektiver Weltschmerz ist meistens nur bedrückend und macht ohnmächtig.

Ich glaube, in meiner Familie und meinem engen Umfeld hat es einige Menschen verwirrt und verunsichert, wie locker und zeitweise fröhlich ich mit dieser ganzen Geschichte umgehe. Ich habe nicht so richtig in die „Schublade" eines todkranken Opfers gepasst. Jede Geschichte ist nun einmal einzigartig und meine Art damit

Ich habe nicht so richtig in die „Schublade" eines todkranken Opfers gepasst.

umzugehen ist so, wie ich es bislang getan habe.

Dass ich so offen mit meiner Erkrankung umgehe und damit auch noch zu neuen Gefilden abhebe, indem ich ein Buch schreibe und Interviews gebe, das passt für einige Menschen nicht so recht in ihr Weltbild, glaube ich. Aber genau da kommt wieder meine Einstellung zum Tragen, dass ich keinem etwas nachtrage, mich trotzdem nicht beirren lasse und auf mein Herz höre.

Erst vor zwei Wochen sprach ich vor fast 30.000 Zuschauern im Stadion des *VfL Wolfsburg*. Das sind alles Dinge, die ich total spannend finde und die ich einfach machen möchte. Natürlich bin ich danach total platt und liege zwei Tage nur im Bett – aber immerhin liege ich dort mit einem breiten Grinsen.

Vielleicht hast du nach diesem Gespräch Lust bekommen, Philipps Buch „Wer stirbt denn nicht? Wie die Aussicht auf den Tod mein Leben veränderte" zu lesen: Buch, E-Book und Hörbuch sind überall im Handel erhältlich. Weitere Informationen zu Philipp findest du auf seiner Website philipp-hanf.de. Außerdem gibt es einen Beitrag über Philipp von „SWR1 Leute", den du bei *Youtube* oder in der *ARD*-Mediathek findest. Wenn du mehr über den Verein *Ein Lächeln für dich* erfahren oder ihn aktiv unterstützen möchtest, schau gern auf die Website ein-laecheln-fuer-dich.de

---

GEDANKENRAUM – TEIL 3

Manchmal vollbringen Kleinigkeiten große Wirkung. Ein Wort, ein Gedanke, eine Geste, eine Berührung, ein Sinneseindruck – wahrscheinlich ist dir das auch in den Gesprächen immer wieder begegnet. Genau dazu möchten wir dich im letzten Gedankenraum dieses Buches einladen.

Neugestaltung

ERSTER SCHRITT: Beginne diese Übung gern wieder mit einem Wohlfühlmoment und mach, was du brauchst, um in diesem Moment anzukommen. Nimm dir dann ein leeres Blatt und male darauf eine Tür.

Stell dir vor, dass es das Wort Rumpelkammer nicht mehr gibt – es war nie in deinem Wortschatz vorhanden. Was steht von heute an also an dieser Tür? An der Tür, die du öffnest, um den Themen Abschied, Tod und Sterben einen Raum in deinem Leben zu schenken?

Schreibe den Namen direkt auf die Tür oder male ein Türschild. Dieser Name kann humorvoll, liebevoll, ein Codewort oder alles sein, was du willst. Dieser Name kann alles sein, was du für dich beschließt. Genauso kann das Zimmer hinter dieser Tür alles für dich sein, was du ihm zuschreibst, was du in ihm siehst.

ZWEITER SCHRITT: Schließe deine Augen für ein paar Minuten, um dir dann ein Bild vor deinem inneren Auge zu machen:

Welchen Eindrücken möchtest du einen Platz in diesem Raum schenken? Wer oder was hat deinen Fokus verdient? Welche Bilder, Empfindungen, Gedanken und Gefühle oder auch Geräusche, Farben, Gerüche möchtest du in den Fokus rücken? Was soll das Herzstück dieses Raums sein?

DRITTER SCHRITT: Öffne deine Augen und spüre etwas nach. Vielleicht findest du ein ganz passendes Wort für das, was gerade besonders präsent ist.

____

Nun hast du dir einen Raum geschaffen, den du mit jedem neuen Tag, mit jedem Abschied, in jeder Phase deines Lebens und mit jeder Erinnerung umgestalten kannst, so wie du ihn für dich brauchst. Egal, ob du ihn öffnest, mit anderen teilst oder ob du eine Zeit lang den Schlüssel versteckst – es ist dein Raum.

Nachwort

Du bist noch immer hier, wie schön – und für uns persönlich auch ein wenig ergreifend, denn du liest nun die letzten Seiten unseres Buches „BYE". Wir würden so gern erfahren, was du erlebt und erfahren hast, während du dieses Buch in den Händen hieltest – wie es dich bis hierhin in deinem Alltag begleitet hat und hoffentlich noch weiter begleiten wird.

Wir freuen uns total, wenn du dich bei uns meldest, um uns genau davon zu erzählen, oder wenn wir uns irgendwann persönlich begegnen.

Es war wunderbar

Liebe Frau Dr. Brathuhn, lieber Thomas, liebe Mara, liebes Finchen, liebe Sabina, lieber Hendrik, liebe Leo, lieber Abdul, liebe Melanie, liebe Christina, liebe Silke, lieber Holger, liebe Frau Mellinghaus, liebe Christina, liebe Johanna und lieber Philipp: Es ist ein großes Geschenk, euch begegnet zu sein. Von Herzen sagen wir Danke. Danke, dass ihr eure Gesichter gezeigt und eure Herzen geöffnet habt, und jede:n einzelne:n von uns in eure Leben gelassen habt.
Ihr habt uns euer Vertrauen und eure Geschichten geschenkt – einfach so.
Ihr habt euch mit Begeisterung und Hingabe in dieses Buch eingebracht und letztlich seid ihr der Grund, warum dieses Buch zu dem geworden ist, was es jetzt ist und für uns bedeutet. Wie wunderbar, dass es euch gibt!
Und wie wunderbar es war, euch persönlich zu treffen – egal, ob im entschleunigenden Allgäu oder im lebhaften Berlin, egal, ob für einen Kaffee, für einen kurzen Besuch oder sogar für eine Übernachtung in eurem Zuhause mit gemeinsamen Abendessen und ausgedehnten Spaziergängen. Als ich, Laura, meine Fotoreise angetreten bin, um euch nach den Gesprächen auch noch zu portraitieren, war ich voller Vorfreude und Aufregung, euch endlich persönlich zu sehen. Und jedes dieser Treffen hat sich nach einem vertrauten Wiedersehen angefühlt, es kam mir oft vor, als würden wir uns schon ewig kennen. Es war schön, von euch so herzlich empfangen zu werden und auch eure Partner:innen, Kinder und Haustiere kennenlernen zu dürfen. So viele berührende Momente, so viel Lachen und auch mal Tränen, so viele gute

Gespräche, nicht nur zum Buch, sondern zu den unterschiedlichsten Themen, die uns gerade in unseren oft sehr verschiedenen Leben beschäftigen. Das hat mir noch einmal verdeutlicht, wie wenig wir voneinander wissen müssen, um uns als Mensch zu sehen, um uns nah zu sein und uns verbunden zu fühlen. Und es war immer ein ganz besonderer Moment, euch das fertige Buch-Cover und den Klappentext persönlich zeigen zu können und unmittelbar die Begeisterung, Vorfreude und sogar Tränen der Rührung in euren Augen zu erkennen. Auch über diese Reise könnte ein neues Buch entstehen und doch ist es ein Schatz, den ich mir gern ganz für mich in meinem Herzen bewahre.

Was bleibt

Mit der Vollendung dieses Buches geht für uns beide nun eine sehr eindrückliche und berührende Zeit zu Ende. Seitdem wir an diesem gemütlichen Oktoberabend vor vier Jahren die Idee zu „BYE“ hatten, hat sich so viel für uns geändert. Wir haben wahnsinnig viel für uns persönlich gelernt und wir haben gemerkt, wie viel Nähe und Verbundenheit möglich ist, wenn wir ganz offen und auch verletzlich von Tod und Sterben reden – auch wenn es manchmal schmerzt.

So oft, wenn wir in unserem Umfeld erzählten, woran wir arbeiteten, kamen – nach einem ersten Moment der Überraschung oder auch der Unsicherheit – interessierte Nachfragen und bestärkende Worte. Viele unserer Freund:innen, Familienmitglieder, aber auch Menschen, die wir in einem anderen Kontext neu kennenlernten, haben oft ganz unvermittelt begonnen, ihre eigenen Lebensgeschichten zu teilen und von ihren persönlichen Abschieden zu erzählen. Und zwar nicht in einem bedrückenden Setting unter dunklen Wolken, sondern ganz einfach in einem schönen Café, beim Abendessen oder auf dem Spielplatz. Auf einmal sprachen wir nicht mehr über das Wetter oder die Neuigkeiten aus dem Freundeskreis, sondern von den essenziellen Fragen des Lebens, die uns als Menschen bewegen.

Genau diesen Austausch wollten wir von Anfang an mit „BYE“ ermöglichen und somit war es für uns wirklich bestärkend, noch vor dem Erscheinen unseres Buches zu spüren, was wir damit bewegen können – wenn wir uns trauen, uns gegenseitig unsere Geschichte zu erzählen von Tod, Abschied und dem, was bleibt. Deshalb sind wir überzeugt, dass die Gespräche am Ende dieses letzten Kapitels nicht zu Ende sind – sie fangen gerade erst an.

Bis bald und bye,

Julia & Laura

Danke

Wir haben auf dem Weg von der ersten Idee bis zum gedruckten Buch so viel Unterstützung erfahren und dafür möchten wir DANKE sagen.

Danke an:
... unsere Verlegerin Anne, die sofort an unsere Idee geglaubt und uns ihr Vertrauen geschenkt hat, und die sich mit ganzem Herzen für dieses Buch und auch für uns als Autorinnen einsetzt. An Jennifer, die von unserem Vorhaben begeistert war und direkt den Kontakt zu Anne hergestellt hat. An Julie Ann für das so unfassbar tolle Cover, das das Feeling von „BYE“ direkt transportiert, und für ihr Verständnis für all unsere Wünsche. An Alexa, die mit ihrem Engagement und ihren berührenden Worten im Vorwort genau die Türöffnerin und Botschafterin ist, die wir uns für „BYE“ immer gewünscht haben. An Sandra, für die natürlichen und schönen Portrait-Aufnahmen von uns und den tollen Vormittag in Köln. An alle Personen und Organisationen, die uns bei der Vermittlung von Gesprächspartner:innen geholfen haben. An die Betreiber:innen des *Ferienparks „Neugrad Eifel“*, die uns eine gemeinsame Auszeit ermöglichten und uns eingeladen haben, zwei wunderschöne Tage zum Austausch und zum Schreiben dort zu verbringen – es war genau der Rückzugsort, den wir gebraucht haben.

Wir bedanken uns bei Christian und Lukas, Caspar und Liv, dass sie uns unterstützt und die nötigen Freiräume geschenkt haben, und besonders bei Julias Eltern und Schwiegereltern für ihren unermüdlichen Einsatz bei der Kinderbetreuung. Und auch bei unseren Familien und Freund:innen dafür, dass sie uns immer wieder zugehört und bestärkt haben, wenn wir von dem Projekt sprachen.

Und vor allem bedanken wir uns bei dir, dass du als Leser:in unser Buch jetzt in deinen Händen hältst, unsere Message und die Geschichten weiter in die Welt bringst und mit deinen Gesprächen zu Tod, Abschied und dem, was bleibt, ein Teil von „BYE“ bist.

Euer Abschied.

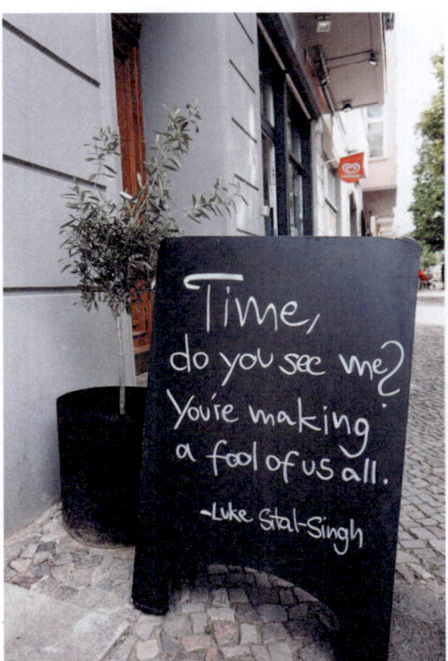
Time,
do you see me?
You're making
a fool of us all.
-Luke Stal-Singh

Hilfestellungen und Inspiration

Erstkontakte für Notfälle

- **Rettungsdienst:** Hilft auch bei psychischen Notfällen wie suizidalem Verhalten oder suizidalen Gedanken. Telefonnummer in Deutschland: 112, in Österreich und der Schweiz: 144

- **Telefonseelsorge:** Anlaufstelle, um anonym und rund um die Uhr Sorgen und Herausforderungen zu teilen. Zusätzlich Online-Seelsorge über Mail und Chat. Telefonnummer: 0800.1110111 oder 0800 1110222.
Website: telefonseelsorge.de

- **Mutes:** Seelsorgetelefon speziell für Muslim:innen. Telefonnummer: 030 443509821. Website: mutes.de

- **Nummer gegen Kummer:** Telefonangebot für Kinder, Jugendliche und Eltern, auch Online-Beratung möglich. Telefonnummer für Kinder/Jugendliche: 116111, Telefonnummer für Eltern: 0800 1110550. Website: nummergegenkummer.de

Beratung und Unterstützung zur Krisenbewältigung

- **[U25] Deutschland**: Online-Beratung von ausgebildeten Peers für Menschen unter 25 Jahren in Krisen, bei Depressionen oder in Suizidgefahr. Website: u25-deutschland.de

- **Hoffnungsschimmer-Forum:** Moderiertes Selbsthilfeforum zu Themen wie Suizid, Sucht, Depressionen oder Essstörungen – für Betroffene und Angehörige von Betroffenen. Website: hoffnungsschimmer-forum.de

- **EnkeApp:** Kostenlose App für depressive Menschen und ihre Angehörigen, hilft im Alltag und in Notsituationen. Website: robert-enke-stiftung.de/enkeapp

- **Helpcity**: App für persönlichen, aber anonymen Austausch zu Themen wie Krankheit, psychische Belastung oder Einsamkeitsgefühlen. Zu finden im *App Store* oder *Google Play Store.*

Vorsorge und Entscheidungen treffen

- **Vorsorgevollmacht:** Kostenlose Downloadmöglichkeit des *Bundesministeriums der Justiz*, um eine eigene Vorsorgevollmacht zu erstellen. Website: bmj.de (im Suchfeld „Vorsorgevollmacht“ eingeben)

- **Testament:** Informationen und Möglichkeit zur Testament-Erstellung (auch mit der Option, durch den Nachlass gemeinnützige Organisationen zu unterstützen). Website: deinadieu.de/testament

- **Digitaler Nachlass:** Guter Überblick zum Thema digitaler Nachlass, Verwaltung von Online-Accounts nach dem Tod etc. Website: verbraucherzentrale.de (Im Suchfeld „Digitaler Nachlass“ eingeben)

- **PortaDora:** Netzwerk alternativer Bestatter:innen mit Überblick von Anbieter:innen in ganz Deutschland. Website: portadora.de

- **Reerdigung**: Neue Bestattungsmethode, bei der der Körper in 40 Tagen mithilfe von Mikroorganismen in fruchtbare Erde umgewandelt wird. Website: meine-erde.de.

Neue Endlichkeitskultur

- **Bohana:** Deutschlandweites Netzwerk verschiedener Anbieter:innen, die u.a. die Themen „Trauer am Arbeitsplatz“, „Vorbereitet sein und sterben“ oder „Abschied und Erinnerung gestalten“ aufgreifen und so eine lebende Abschiedskultur fördern wollen. Website: bohana.de

- **Colors of Death:** Denkfabrik für Menschen und Unternehmen zu den Themen Tod, Trauer, Endlichkeitskultur und Bestattungsvorsorge. Website: colors-of-death.de

- **The School of Death:** Projekt, das die westliche Trauerkultur revolutionieren möchte und dazu u.a. Events, Kunst und Poesie anbietet. Website: theschoolofdeath.com.

- **Letzte Hilfe Kurs:** Vermittelt Bürger:innen Wissen rund um die Themen Sterben und Tod. Website: letztehilfe.info

- **Hospiz lernen:** Kita- und Schulprojekte zum Umgang mit Leben, Krankheit, Sterben und Tod, es gibt auch Fort- und Weiterbildungsangebote für Pädagog:innen. Website: dhpv.de/themen_hospiz-lernen.html

- **Junge Helden:** Gemeinnützige Organisation, die über Organspende aufklärt und sich vielseitig engagiert, unter anderem durch „Opt. ink", das Organspende-Tattoo. Website: junge-helden.org

- **Freunde fürs Leben:** Verein, der Informationen und Unterstützung zu Suizid und Depressionen anbietet und eine größere Offenheit zu den Themen und zugehörigen Signalen erschaffen will. Website: frnd.de

- **viaanima:** Online Magazin mit Inspirationen für eine neue Abschieds- und Trauerkultur. Website: magazin.viaanima.com

- **Schlussworte:** Podcast, in dem Menschen über Sterben, Abschied und Tod sprechen, produziert von den Machern der Messe „Leben und Tod". Website: leben-und-tod.de/schlussworte

- **Trauerei Podcast:** Podcast mit Gesprächen über den Tod, die Trauer und das Leben, vor allem an junge Menschen gerichtet. Website: trauerei.org

Für Sterbende und ihre Liebsten

- **ASB-Wünschewagen:** Bundesweite Initiative, um schwerstkranken Menschen in ihrer letzten Lebensphase einen besonderen Wunsch zu erfüllen. Website: wuenschewagen.de

- **Superhelden fliegen vor:** Initiative für junge Sterbende und ihre Freund:innen, die u.a. die Lebensumstände von jungen Palliativpatient:innen verbessern und die Bedürfnisse von jungen Sterbenden sichtbar machen will. Website: superhelden-fliegen-vor.de

- **Grüne Bande:** Jugendclub des Bundesverband Kinderhospiz e.V. für Jugendliche und junge Erwachsene mit einer chronischen oder lebensverkürzenden Erkrankung, für ihre Geschwister und andere enge Bezugspersonen und für Kinder von lebensverkürzend erkrankten Eltern. Website: gruene-bande.de

- **Clowns in Medizin und Pflege:** Dachverband von Engagierten, die als Clowns in Krankenhäuser, Palliativeinrichtungen und Altenheime gehen, um dort Leichtigkeit und Schmerzlinderung zu schenken. Website: dachverband-clowns.de

Abschied nehmen und trauern

- **Grievy:** Kostenlose App, die Trauernde nach einem Verlust begleitet und ein digitaler „Trauer Safe Space" sein möchte. Website: grievy.de

- **Dein Sternenkind:** Netzwerk von mehr als 600 Fotograf:innen bundesweit, die kostenlos Fotografien von Sternenkindern anfertigen. Website: dein-sternenkind.eu

- **Bundesverband Verwaiste Eltern und trauernde Geschwister in Deutschland e.V.:** Angebote für Familien nach dem Tod eines Kindes, u.a. mit Online-Forum, lokalen Gruppen zum Austausch und Ratgebern. Website: veid.de

- **Apart of Me:** Therapeutische App, die von Kinderpsychologen in Zusammenarbeit mit jungen trauernden Menschen entwickelt wurde und Kinder und Jugendliche durch Trauerphasen begleitet. Website: apartofme.app

- **Vergiss Mein Nie:** Plattform, die u.a. einen Shop für Trauergeschenke, Erinnerungswerkstätten, (Online-)Trauerbegleitung und Tiertrauersprechstunden anbietet. Website: vergiss-mein-nie.de

- **Im Herzen Vieler:** Trauer- und Erinnerungsbuch zum Ausfüllen, in dem Trauernde ihre Erinnerungen an einen verstorbenen Menschen festhalten und teilen können. Im Shop gibt es außerdem künstlerische Trauerkarten. Website: editiontrostkunst.de

- **Haferkorn & Sauerbrey:** Team von Designerinnen, die u.a. sehr schöne und moderne Trauerkarten entwerfen. Website: haferkorn-sauerbrey.de

- **Trauerkompass Meditation:** Meditation als Audiodatei oder mithilfe eines PDFs zur Selbstanleitung, entwickelt von einer Trauerbegleiterin und Trauertherapeutin. Website: trauerarbeit-maria-foerster.de

- **Das Trauerdorf:** Online-Community für trauernde Frauen mit virtuellem Austausch und Offline-Veranstaltungen. Website: leid-und-freud.de

- **Trauer ist Leben:** Blog mit Impulsen für Trauernde oder Menschen, die sie begleiten, geführt vom Journalisten, Buchautor und Trauerbegleiter Thomas Achenbach. Website: trauer-ist-leben.blogspot.com

Diese Hinweise beziehen sich auf Angebote in Deutschland und es handelt sich hierbei nicht um bezahlte Werbung.

Über die Autorinnen

Wir freuen uns, wenn du durch „BYE“ Lust bekommen hast, uns weiter kennenzulernen, dich mit uns zu verbinden, etwas von unseren Projekten zu erfahren oder mit uns zusammenzuarbeiten.

Julia Felicitas Allmann

Julia (*1986) liebt Geschichten und gute Texte – vor allem solche, die etwas bewegen können. Als freie Journalistin und Autorin schreibt sie unter anderem über Nachhaltigkeit, Female Empowerment, Gesundheit und Bildung. In ihren ersten beiden Büchern ging es um unsere Handlungsmöglichkeiten in der Klimakrise. Mit ihrem Angebot *„love to write“* gibt Julia ihr Wissen rund ums Schreiben weiter und begleitet andere Menschen dabei, ihr eigenes Buch in die Welt zu bringen. Julia lebt in Köln, hat zwei Kinder und wünscht sich für die beiden (und uns alle) eine Welt, in der wir uns selbst entfalten, aktiv etwas gestalten und offen mit allen Themen umgehen können. Idealerweise kann „BYE“ einen kleinen Teil zu dieser Vision beitragen.

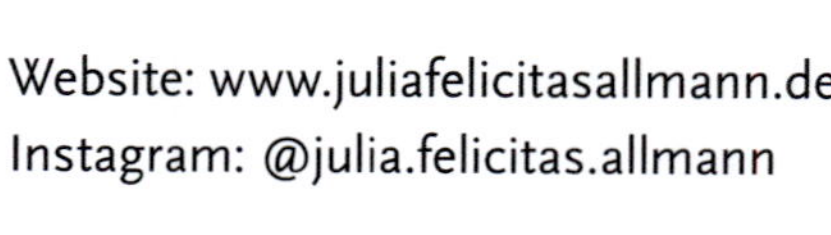

Website: www.juliafelicitasallmann.de
Instagram: @julia.felicitas.allmann

Bücher:
„Jeden Tag die Welt retten – Wie wir mit 66 Alltagsentscheidungen die Erde zu einem besseren Ort machen“ (2020, GU)
„40 kleine und große Weltretter-Projekte für die Sek I: Ausgearbeitete Ideen für mehr Umweltschutz und Nachhaltigkeit im Alltag“ (2021, Verlag an der Ruhr)

Laura Letschert

Laura Letschert (*1988) ist Coach für Veränderungsprozesse, bringt Menschen zusammen und begeistert sie (wieder) dafür, die Mitgestaltung der Gesellschaft in die eigenen Hände zu nehmen. Nach fünf Jahren in Barcelona lebt sie aktuell mit ihrem Partner in Warschau und ist sich sicher: Europa ist ihre Heimat, die Menschen verbindet viel und nur gemeinsam kann der Austausch zu gesellschaftlichen Fragen stattfinden. Als Autorin von „BYE" ist Laura überzeugt, dass mit einer Gemeinschaft und dem verbindenden Funke der Begeisterung aus großen gesellschaftlichen Aufgaben kleine, innovative Projekte entstehen können – die durchaus die Kraft haben, etwas für uns alle zu bewegen.

Website: www.lauraletschert.de
Instagram: @laura.letschert

Weitere Mitwirkende am Buch

Alexa von Heyden (Vorwort)
Alexa von Heyden (*1978) begann ihre Karriere als Modejournalistin, sie schrieb unter anderem für *Elle*, *Vanity Fair* und *Journelles*. In ihrem ersten Roman „Hinter dem Blau" (2013, Eden Books) erzählt sie die Geschichte eines Mädchens, das mit fünf Jahren ihren Vater durch Suizid verliert – es ist angelehnt an Alexas eigene Erfahrung und wurde ein *Spiegel*-Bestseller. Seitdem hat sie weitere Bücher geschrieben, ist Aktivistin für Mental Health und gegen die Stigmatisierung von Depressionen. Sie bloggt und teilt viele Einblicke in ihr Leben und ihre Gedanken bei *Instagram* – authentisch, geraderaus und humorvoll. Sie spricht dabei genauso selbstverständlich über Gesundheit, Genuss und Mode wie über die vielen Abschiede und die Trauer, die sie bis heute prägen. Alexa schafft es, über diese Verluste mit einer offenen, nahbaren und oft auch leichten Art zu sprechen – so, dass wir ihr alle gerne zuhören und uns klarmachen: Auch das ist Alltag, auch das ist Leben. Und spätestens, als sie auf unsere Anfrage für das Vorwort mit einem direkten „von Herzen gern" antwortete, wussten wir, dass sie genau die Richtige für diese Aufgabe ist.

Website: alexavonheyden.de
Instagram: @alexavonheyden

Weitere Bücher:
„Meine Sonne. Mein Mond. Meine Sterne. Das Leben nach der großen Liebe" (2014, Eden Books)
„Mohn und Regen – Wie die Reise mit meiner Mutter zu mir selbst führte" (2022, Diana Verlag)

Julie Ann Tarr (Cover)

Julie Ann lebt mit Mann und Katze in Düsseldorf und arbeitet seit mehr als zehn Jahren als freiberufliche Grafikdesignerin für Agenturen, Designbüros oder direkt für Kund*innen. Ihr Herz schlägt für tolles Branding, fabelhafte Farbwelten und Typografie. Ob Logos, Style-Routen für Social Media, Webseiten oder Printprodukte – Julie Ann verleiht mit durchdachtem Corporate Design supergern Marken eine ansprechende Persönlichkeit. Außerdem liebt sie Kreatives in jeder Hinsicht: Sie gestaltet zusammen mit ihrem Mann knallbunte Postkarten oder bastelt zum Abschalten gern hübsche Dinge.

Website: julieanntarr.com
Instagram: @julieanntarr_design

Über den Verlag

Palomaa Publishing ist ein unabhängiger Verlag für inspirierende Bücher, eBooks und Art Prints von Autorinnen und Künstlerinnen. Unsere Mission ist es, Frauen und nicht-männlichen Personen eine Bühne zu geben. Wir bringen Bücher von Autorinnen auf den Markt und so der weiblichen Sicht auf die Dinge mehr Raum.

Palomaa Publishing veröffentlicht Bücher in den Bereichen Frauengesundheit, Gleichberechtigung, kritische Mutterschaft, Working Women, Female Entrepreneurship, Female Centered Products, persönliche Weiterentwicklung – und noch vieles darüber hinaus. Unser Fokus liegt auf Non-Fiction, vor allem Sachbuch und Ratgeber. Außerdem vertreiben wir hochwertige Drucke von Künstlerinnen sowie zeitlose Kalender und Guides.

Wir haben zudem das Netzwerk *The Female Publisher* gegründet für Frauen in der Verlags- und Programmleitung und sind Preistragende des Sächsischen Verlagspreises 2022. Unsere Verlegerin Anne Friebel ist außerdem Co-Host des Podcasts „Die Bücher unserer Zukunft" über die Zukunft der Buchbranche.

Website: palomaapublishing.de und thefemalepublisher.com
Instagram: @palomaa_publishing